旅游管理
与旅游文化传播研究

黄 利◎著

时代文艺出版社

图书在版编目（CIP）数据

旅游管理与旅游文化传播研究 / 黄利著. -- 长春：时代文艺出版社, 2024.3
ISBN 978-7-5387-7340-8

Ⅰ.①旅… Ⅱ.①黄… Ⅲ.①旅游经济－经济管理－研究②旅游文化－文化传播－研究 Ⅳ.①F59

中国国家版本馆CIP数据核字(2024)第068436号

旅游管理与旅游文化传播研究
LUYOU GUANLI YU LUYOU WENHUA CHUANBO YANJIU
黄利 著

出 品 人：	吴 刚
责任编辑：	初昆阳
助理编辑：	张雨薇
装帧设计：	文 树
排版制作：	隋淑凤

出版发行：	时代文艺出版社
地 址：	长春市福祉大路5788号 龙腾国际大厦A座15层（130118）
电 话：	0431-81629751（总编办） 0431-81629758（发行部）
官方微博：	weibo.com/tlapress
开 本：	710mm×1000mm 1/16
字 数：	270千字
印 张：	16.5
印 刷：	廊坊市广阳区九洲印刷厂
版 次：	2024年3月第1版
印 次：	2024年3月第1次印刷
定 价：	76.00元

图书如有印装错误　请寄回印厂调换

前　言

受经济全球化的影响，旅游业得到了快速发展，呈现出多元化、多层次的文化格局。旅游业的迅速发展离不开旅游文化传播的带动，正是基于文化的传播，来自各地的游客才对旅游地点产生兴趣，从而促进旅游业的发展，因此，旅游文化和旅游经济发展两者之间具有紧密联系。

旅游文化的传播有利于旅游经济的发展，只有不断加强对旅游文化的重视，吸引旅游者的目光，才能带动旅游业的发展，从而促进其他产业的发展，提高人们的文化素养，实现文化的多元化发展。

本书基于旅游管理与旅游文化传播两个方面，先从旅游管理理论出发，介绍了旅游者管理、旅游资源管理以及旅游管理模式，接着分析了旅游文化，并探讨了旅游文化传播的理论及其旅游文化传播的创新等。本书可供旅游管理和旅游服务部门的从业者阅读。

本书主要汇集了笔者在工作、实践中取得的一些研究成果。在撰写过程中，笔者参阅了相关文献资料，在此，谨向其作者深表谢忱。由于水平有限，加之时间仓促，书中难免存在一些不足和疏漏，敬请广大读者批评指正。

目 录

第一章 旅游管理理论

第一节 旅游管理的基本常识 …………………………………… 001

第二节 我国旅游业的发展及趋势 ……………………………… 011

第三节 我国旅游管理体制的改革 ……………………………… 018

第二章 旅游者管理

第一节 旅游者行为及消费 ……………………………………… 040

第二节 旅游需求与旅游体验 …………………………………… 054

第三节 游客管理技巧分析 ……………………………………… 063

第三章 旅游资源管理

第一节 旅游资源概述 …………………………………………… 069

第二节 旅游资源开发规划 ……………………………………… 084

第三节 旅游资源整合与管理 …………………………………… 091

第四节 旅游资源的开发与保护 ………………………………… 100

第四章　旅游管理模式

第一节　旅游景区经营管理新模式 …… 106
第二节　网络环境下旅游行业财务管理模式 …… 111
第三节　休闲农业与乡村旅游管理经营模式 …… 116
第四节　校企协同培育旅游管理人才的合作模式 …… 120
第五节　风景旅游区经营管理模式探索 …… 127
第六节　旅游管理专业国际共建模式研究 …… 132
第七节　低碳旅游视角下酒店管理模式 …… 138
第八节　世界遗产地旅游绿色管理模式 …… 142

第五章　旅游文化

第一节　旅游文化的概念和内涵 …… 146
第二节　地区旅游文化的意义与建设 …… 149
第三节　旅游文化的本质与特征探索 …… 152
第四节　美学视野下的旅游文化 …… 158
第五节　旅游文化的内涵挖掘策略研究 …… 162
第六节　现代旅游文化的营销运作模式 …… 167
第七节　旅游产业与旅游文化融合 …… 173

第六章　旅游文化传播的理论

第一节　乡村旅游文化传播策略 …… 178
第二节　数字媒体艺术下的旅游文化传播 …… 181
第三节　城市文化旅游的创意传播 …… 185
第四节　中国旅游广告的文化传播 …… 194
第五节　智慧旅游背景下的文化旅游资源 …… 200
第六节　旅游对中国文化的跨文化传播 …… 205
第七节　旅游文化传播与旅游经济发展 …… 209
第八节　旅游英语翻译对文化传播的作用 …… 215

第七章　旅游文化传播的创新

- 第一节　旅游公示语跨文化误传播及管理 …………… 221
- 第二节　文化记忆视角下旅游城市的品牌传播 …………… 227
- 第三节　"一带一路"背景下旅游文化国际传播 …………… 231
- 第四节　媒介生态与红色旅游文化的对外传播 …………… 238
- 第六节　文化自信语境下我国旅游地形象塑造 …………… 243
- 第七节　导游人员传播旅游文化的途径 …………… 249

参考文献 …………… 253

第一章 旅游管理理论

旅游是一种综合性社会现象，是社会经济发展到一定阶段的产物。在社会经济发展的不同阶段，旅游活动具有不同的特点。旅游活动是一个系统，包括旅游者活动系统、旅游产业活动系统、旅游支撑系统和旅游影响系统四部分。现代旅游活动已发展为大众旅游，成为人们生活的一部分。旅游业是产业边界模糊的经济产业，只有树立起大旅游观念才能更好地发挥旅游业的经济、社会文化和环境效益。我国已成为世界旅游大国，旅游业已具有相当的产业规模。未来，我国将进一步向旅游强国迈进。

第一节 旅游管理的基本常识

一、旅游的定义

作为一种人类活动，旅游已有数千年的历史；作为一种广泛的社会现象，旅游也已有数百年的历史。20世纪以来，伴随着世界旅游活动的不断发展，使得人们对旅游的认识逐渐加深。鉴于旅游的重要性和综合性，以及研究目的的多样性，长期以来，国内外许多学者和相关国际组织，从不同的角度对旅游进行了研究，并提出了不同的旅游定义。这些定义的出发点和侧重点各不相同，但主要集中在两个方面：一是从旅游者活动的角度出发，强调旅游活动的目的、时间、流动、个人审美体和验特点等；二是从旅游活动整体出发，强调旅游者的旅游活动及其所引发的各种现象和关系。

（一）交往定义

1927年，以蒙根、罗特为代表的德国学者在其出版的《国家科学词典》中对旅游的定义是："狭义的理解是那些暂时离开自己的住地，为了满足生活和文化需求，或个人各种各样的愿望，而作为经济和文化商品的消费者逗留在异地的人的交往。"

（二）目的定义

1966年，法国学者让·梅特森对旅游下的定义是："旅游是一种休闲活动，它包括旅行或在离开定居地点较远的地方逗留。其目的在于消遣、休息或为了丰富他的经历和文化教育。"

（三）时间定义

1995年，世界旅游组织的定义是："旅游是人们为了休闲、商务和其他目的，离开他们惯常的环境，到某些地方去以及在那些地方停留的活动（这种在外地的暂时停留不超过1年）。"

（四）体验定义

1999年，谢彦君在《基础旅游学》中对旅游的定义是："旅游是个人以前往异地寻求审美和愉悦为主要目的而度过的一种具有社会、休闲和消遣属性的短暂经历。

（五）整体定义

1942年，瑞士学者汉泽克尔和克拉普夫在他们合著的《普通经济学纲要》中提出："旅游是非定居者的旅行和暂时居留而引起的现象和关系的总和，这些人不会长期定居，并且不从事任何赚钱的活动。"20世纪70年代该定义被旅游科学专家国际联合会正式采用，所以被称为"艾斯特"定义。

二、旅游的本质属性

随着经济社会的发展，旅游已发展成大规模的，涉及社会、经济和文化等多个领域的大众性活动，体现了多种社会现象和社会关系。因而，旅游不仅仅是个人离开居住地到他乡访问的现象，而且是一种社会行为，从整体上看，旅游的本质是社会经济文化活动。

（一）旅游产生于社会经济发展的一定阶段

在远古时期，人类出于生存需要，部落从一个地方迁徙到另一个地方的现象，只是一种旅行而已。随着三次社会大分工的出现，即畜牧业、手工业和商业从农业中分离出来，以及生产技术的进步，剩余产品的增加，产品交换数量的增加和范围的扩大，产生了专门从事商品交换的商人阶级，从而在人类历史上出现了经商旅行。虽然最初的经商旅行是个人外出谋生性质的活动，但是，它是一种社会的必然，是社会生产发展的需要。由于社会生产的进一步发展，人们需要到其他地区了解生产情况，在不同地区间开展产品或商品交换。所以，经商旅行的产生和发展实际上是不同地区间社会经济联系加强的反映。经商旅行本身也成为整个社会经济活动的组成部分。

人类经过奴隶社会、封建社会进入资本主义社会以后，特别是产业革命之后，科学技术的进步及其在生产中的应用，给人类社会带来了一系列的变化。交通运输条件的改善，劳动生产率的大幅提高和社会经济的迅猛发展，不仅使从前的经商旅行、宗教旅行等有了新的发展，而且以消遣为目的的旅行游览活动也迅速发展起来，从而使旅行在许多方面开始具有现代意义上旅游的特点。旅行人数的大量增加使它开始对社会经济的发展产生较为普遍的意义，而社会也为其发展创造了较便利的条件，如专业性的商业服务设施等。虽然这种以消遣为目的的旅游在形式和内容上表现为个人的行为，但却是在一定的社会经济条件下即商品生产和商品交换发展到一定水平时产生和发展起来的。只有当社会经济发展到一定阶段，人们才有能力超越生存的需要，追求较高层次的精神和文化生活。因而消遣性旅游与社会经济发展紧密相连，就其本质而言，是一种社会文化活动。

（二）社会经济的发展促进了现代旅游的发展，使旅游成为整个社会生活的组成部分

空间移动是实现旅游活动的前提，闲暇时间和可自由支配的收入是实现旅游活动的必要条件。"二战"以后，世界经济得以迅速恢复，一系列科技发明和创造推动了社会经济的迅猛发展。随着人们收入水平的提高，闲暇时间的增多，旅游活动空间范围的拓展，旅游需求的日益旺盛，使国际国内旅游业稳定增长，旅游发展成为大众旅游。尤其是城市化进程的推进，极大地改变了人们的生活方式，使旅游活动发生了质的变化。旅游成为人们的基本生活需要，人们通过旅游短期改换一下生活环境，或欣赏山水风光，或体验异域风土人情，从而愉悦身心，陶冶情操，开阔视野，增长见识，获得精神和物质上的双重享受。旅游在社会生活中的地位日渐提升，旅游开始成为具有相当意义的社会现象，成为整个社会生活的组成部分。

（三）旅游的重要性日益突出，与社会经济文化有着密不可分的关系

旅游的重要社会意义主要体现在旅游的经济性和文化性上。为满足旅游者的旅行和游览活动而提供"食、住、行、游、购、娱"等行业的服务产品，直接促进了旅游业的发展。随着旅游规模的扩大，旅游需求多元化的发展，旅游业及其相关行业面临着巨大的发展机遇。由于旅游属于高层次的精神文化活动，旅游目的地的吸引力就在于其与客源地的文化差异，旅游者的旅游动机在于对目的地文化的期望。因而目的地的所有旅游服务都应有自己的文化特色，文化设施既要满足旅游者的需求，又要充满文化性。目的地要深入挖掘文化旅游资源的内涵，开展文化旅游活动，展示和传播当地的旅游文化。所有这些还包括当地的风土人情构成的目的地的文化氛围，成为旅游者评价和选择目的地形象的重要依据。

三、旅游的特点

从个体的旅游行为来看，旅游还具有以下特点。

（一）旅游是一种精神享受型的消费活动

从人类需要的发展角度看，随着社会的发展，人类的需要会经历由单一向多元化发展、由低级向高级发展的过程，人们对物质和精神需要的层次也会不断提高。旅游消费活动主要是满足人们的精神需求，旅游产品的无形性，使旅游消费成为精神享受。美丽的风景、难忘的经历、让人魂牵梦绕的民俗风情等，都能给人们留下美好的回忆，即使是在目的地购买的旅游纪念品，因为它的纪念意义，带给旅游者的也是具有象征意义的非同寻常的感受，或是作为旅游者向亲朋好友"炫耀"旅游经历的载体，或是旅游者传递亲情和友情的特别方式。无论怎样，旅游都会带给旅游者极大的精神享受。

从整个社会发展看，旅游需要作为人的总体需要的一个组成部分，是在满足了人们的基本物质需要，如衣、食、住、行等需要后，开始向寻求享受、发展迈进的时候，才会进行的非基本需要性的消费。所以，旅游是一种高级的精神享受型的消费活动。

（二）旅游是一种独特而积极的交往活动

交往活动是人类社会固有的现象，也是人类社会生活中的一项最基本的社会活动交往。在现代社会，科技发展不仅提高了人们的生活水平，也改变了人们的生活方式。因而，社会交往的意义也愈加重要。交往的方式有很多，如工作交往、日常生活交往等。旅游的异地性决定了旅游交往是不同于其他交往方式的独特交往活动。交往对象的文化多样性、陌生的社会关系、异域背景等这些不同的交往因素，使旅游者可以达到"自我"的境界，从而对旅游活动中的交往产生积极的影响。淳朴、友好、平等的交往方式能够增进彼此的理解和宽容。通过旅游，旅游者可以轻松了解各地的社会风貌和风俗民情，感受和体验更多地域精神和文化现象，增长见识。丰富的旅游活动内容，使旅游活动更加愉悦，令旅游者彻底放松身心，为自身的工作和生活注入新的活力。

（三）旅游是一种以审美愉悦为特征的休闲活动

旅游活动是由一系列休闲娱乐活动组成的，如购物、娱乐表演、观光、户外娱乐（划船、露营、徒步旅行、滑雪运动等）等等。旅游目的地的休闲活动是旅游者作出行选择和决定时的决定性概念，这些活动的娱乐性程度和旅游目的地的基础资源条件，往往决定了旅游者能否获得满意体验。

由于工业化和城市化水平的提高，工作节奏加快，居住环境拥挤，加上都市的喧嚣与污染，人们迫切需要每隔一段时间放松一下身心，呼吸一下新鲜空气，以消除工作的紧张与疲劳。正是鉴于这种情况，许多国家的政府都通过法律赋予人们休息的权利。早在20世纪30年代中期，国际劳工组织在一次年会上正式承认了劳动者享有带薪假期。第二次世界大战后，西方一些国家先后普遍实行一年2—3周带薪假期的制度，加上每周工作时间缩短为40小时，使劳动者享受休息的权利有了切实的保障。随着收入水平的提高，使他们利用这些休息时间外出旅游和度假成为可能。

在旅游中，人们摆脱了日常事务的羁绊，走向大自然，追新猎奇，领略秀丽的风光和名胜古迹，参加体育娱乐活动，享受工作之余的乐趣，不仅实现了全身心的放松，有益于消除疲劳和紧张，增强体质，而且通过旅游了解和学习新的知识，增长了见识，结交了新朋友，建立了新友谊，使精神更加充实、饱满和愉悦。所以，旅游作为一种积极、健康的休闲活动，迎合了现代社会发展和个人发展的双重需要，因此会不断地发展壮大。

四、旅游管理的必要性

管理是管理者为了实现既定的任务,运用管理的各种职能对相关的人、事、财、物所进行的一系列活动的总称。

旅游业,是向旅游者的旅游活动提供服务的行业,主要由旅馆业、饮食业、交通客运业、旅行与游览娱乐单位组成。

旅游管理,是旅游业的管理者为了向旅游者的旅游活动提供有质量的服务,运用管理的各种职能,对旅游业的人、财、物、部门、地区所进行的计划、组织、指挥、调节和监督的活动。

旅游业是国民经济中有关部门或行业的边缘组合。它不仅同国民经济有关的其他部门或行业有着分工和协作的关系,而且与旅游业内部各个业务部门和各个旅游地区以及各个旅游企业之间,也有着各种各样的分工和协作的关系。所有这些,都需要指挥和管理。旅游管理的必要性,具体来说,有以下几个方面。

(一)旅游管理是协调旅游部门与其他部门、国内旅游业与国外旅游机构和旅游市场的关系的需要

旅游业是一项综合性的事业,与国民经济的许多部门有着密切的联系。另外,旅游业又是一个国际性行业,与国际旅游业的发展有着密切的联系。随着国际旅游业的不断发展,我国将逐渐成为旅游接待大国,入境旅游人数也逐年提高,我国旅游机构与国外旅游机构的往来也日益密切。为了发展旅游业,必须加强旅游管理,在全社会范围内进行统一的计划、组织、指挥、监督和调节,协调好旅游业与其他行业或部门的关系、国内旅游业与国际旅游业的关系、国内旅游市场与国际旅游市场的关系。

(二)旅游管理是协调旅游业内部各有关部门和企业之间关系的需要

旅游业内部各部门各企业是从事旅游经济活动的经济组织,是旅游经济活动的基本单位。旅游业是综合性服务行业，需要对旅游者的餐饮、住宿、交通、游览、购物等方面加以组合设计，制成整体的服务路线向旅游者出售并保证供应。因此，对构成旅游业的交通旅馆、饮食、文化娱乐、零售商业等各个部门或单位之间的关系，必须加强管理和协调，形成分工和协作，使旅游者在吃、住、行、游、购等各个方面的需求都能得到满足。

（三）旅游管理是发展旅游业的需要

在我国旅游业是一个新兴产业，是第三产业中的支柱产业。旅游业的发展，不仅能带来经济效益，而且更有不可忽视的社会效益，它从侧面带动了交通、餐饮、保险、娱乐业的发展，同时也提供了相当数量的劳动就业机会，更重要的是旅游业具有对外开放的窗口和先导、服务、桥梁的功能。随着人民生活水平的提高和对外开放的进展，将推动旅游业的进一步发展。为了满足国内人民和国外游客对旅游活动不断增长的需要，就必须从国民经济的全局出发，按照客观规律的要求，对旅游经济活动加强管理。

五、旅游管理的职能

旅游管理包括对旅游经济活动的决策、计划、组织、指挥、监督、协调六个方面的职能。这六个方面的具体职能各不相同，但又是相互联系相互制约的有机整体，只有六个方面的职能共同发挥作用，才能保证旅游经济活动正常顺利的运转。

（一）决策

决策是对如何进行经济发展和实现经济目标及其实现手段的最优选择。科学的决策以科学的预测为依据。科学的预测是在深入调查研究，掌握大量信息的基础上，对旅游管理进行分析判断后作出的决策，是旅游部门和旅游企业正确制定长期的和近期的奋斗目标，并对实现这一目标的手段所作的决定和选择。旅游管理的决策，分为宏观决策和微观决策。宏观决策也称为战略决策,是旅游业的最高领导层解决旅游经济活动长远的总体发展问题的决策,包括旅游部门和其他部门的同步发展、旅游投资的方向和规模、旅游饭店的建设、旅游点的规模、旅游业经济体制及旅游业发展的重大方针和政策等。微观决策也称战术决策,是旅游业的中层或基层解决近期具体问题的决策,包括旅游服务项目的确定、旅游设施的增添和更新、企业基本建设的规模等。

（二）计划

正确的决策是制订旅游经济计划的前提。旅游管理的决策,要通过旅游部门和旅游企业的计划来实现。

计划是人们对未来事业发展的部署和安排,是人们未来行动的准则和目标。旅游管理计划是根据旅游管理的决策所确定的奋斗目标,确定旅游业在一定时期内经营活动的目标和方针,制定出实现这一目标和决策的纲领、步骤和具体措施。旅游管理计划的目的,是根据旅游经济的发展目标,合理地、有效地调配和组织现有的人、财、物等资源,以取得最佳经济效益和社会效益。计划按时间来划分,可分为长期计划、中期计划和短期计划；按范围来划分,可分为旅游部门的整体计划、地区旅游计划和旅游企业的计划。

旅游管理的计划职能贯穿于确定旅游经济活动的目标和实现目标的手段的全部管理活动中,关系到旅游业发展的方向、方针和政策,是旅游业管理的中心环节和首要职能。

（三）组织

管理中的组织职能是实现计划目标的根本保证。组织职能是依照发展计划目标的要求,确定管理体制,建立组织机构,制定规章制度条例,选配所需人员,明确其职责权利以保证经济活动协调、有秩序地进行。旅游业包括食宿行游购各个方面,涉及旅行社、饭店、交通、旅游点、旅游商店等各个部门。旅游业的组织管理就是通过建立旅游业管理体制和相应的管理机构，制定旅游管理规章制度，明确各个部门、各个企业、各个岗位的权利和责任，在时间上和空间上合理地配备工作人员，把旅游经济活动的各种要素、各个环节以及旅游业同外部的各种联系合理地组织起来，使旅游管理计划得以有效地贯彻执行。

（四）指挥

一个统一、有效的指挥系统，是旅游经营活动正常进行不可缺少的条件。指挥职能是指管理者借助指示、命令等手段对下属的工作任务进行分工安排，以实现计划目标。在现代旅游经营活动中，各部门、各企业之间的分工协作关系一环扣一环，旅游者的需要既复杂多样，又变化迅速，这就需要建立一个强有力的行政指挥系统，使上下相通，左右配合，动作快捷，以做好旅游服务工作。指挥要具有高度的权威性，确保管理者的意图准确无误地贯彻执行，克服各单位自行其是，无组织无纪律的状态。同时，要充分发扬民主，管理者要虚心听取下级以及群众的意见和建议，使管理者的意图符合客观实际，要给下级管理部门和被领导者在一定范围内以自主权，发挥他们的主观能动性，这样不但有利于维护指挥的权威，而且有利于提高工作效率。

（五）监督

旅游管理的监督职能，是为了保证旅游计划目标和方案的顺利实现，对旅游活动过程及其结果进行监督、检查、调整和评价的一系列活动过程。

（六）协调

旅游管理的协调职能是指连接、联合、调和所有与旅游相关的活动及力量。

第二节　我国旅游业的发展及趋势

一、我国旅游业的发展历程

中国的现代旅游是指中华人民共和国成立以来的旅游历史。新中国旅游事业的发展，大体经过了初创、开拓和发展三个阶段。

（一）初创时期

从1949年到1955年，是中国旅游事业的初创时期。这一时期，我国旅游业发展的主要任务是增进我国与各国人民的相互了解和友谊，宣传我国的社会主义。新中国旅游业首先经营的是国际旅游业务。

1949年12月，厦门成立华侨服务社，创立了新中国第一家旅行社。此后，广东省的深圳、广州、汕头等十几个城市都建立了华侨服务社。1957年4月22日，华侨旅行服务总社在北京成立。从此，中华人民共和国旅游业从早期的公费接待少量观光团，发展到组织华侨、港澳同胞自费观光、旅游、探亲。其中，侨乡探亲旅游是初创阶段的主要形式。

1954年4月15日，中华人民共和国第一家面向外国人的旅行社——中国国际旅行社（以下简称"国旅"）在北京诞生。国旅是为适应日益繁重的外宾接待工作而设立的。1954年"日内瓦会议"后，特别是1955年"万隆会议"的召开，使中国的国际地位得到空前提高，国际影响日益扩大，与中国建立外交关系的国家数量明显增加。到1957年，国旅已和11个社会主义国家的旅行社有业务往来，另外还与西方国家的113个旅游机构建立了联系。据不完全统计，自1956年初到1957年10月，国旅总社共接待了各国自费旅游者3885人。

（二）开拓时期

从 1956 年开始到 1966 年，是中国旅游事业的开拓阶段，它的标志是"中国旅行游览事业管理局"的成立。这一时期，我国的国际旅游市场发生了根本变化。东欧一些国家来华的自费旅游者逐年下降，而西方国家旅行者人数却大幅度上升。1964 年 7 月 22 日，经由全国人大常委会正式批准，成立了中国旅行游览事业管理局（以下简称"旅游局"），旅游局作为国务院的直属机构，负责全国旅游事业的管理。国务院明确规定了发展我国旅游事业的方针和目的，即首先是为了学习各国人民的长处，宣传我国社会主义建设的成就，加强和促进与各国人民之间的友好往来和相互了解；其次才是通过旅游收入，在经济上为国家建设积累资金。

旅游局成立后，国旅总社以接待为主，旅游局则负责管理全国的旅游事业，制订发展规划以及统筹安排。从此，我国的旅游事业进入了正常发展的轨道。同第一阶段相比，它具有如下特点。

第一，以中国旅行游览事业管理局的成立为标志，我国旅游事业已进入一个新的时期。

第二，与西方国家的旅游机构产生了联系，我国的国际旅游市场开始出现重大转移，客源国市场更为广泛。

第三，旅游者的组成也发生了较大变化，多是民间团体组成的旅行团，零散客人增多且阶层较为广泛。

第四，来华旅游者的数量和经济收益均有较大增加。

（三）发展时期

1978 年改革开放以后，我国旅游事业进入了一个全面大发展的时期，在短短的十多年中，我国旅游业取得了巨大成就，具体表现在以下几个方面。

1. 从中央到地方建立起了一套旅游管理体制

为了加强对旅游工作的领导，1978 年，经国务院批准，中国旅行游览事业管理局改为"管理总局"，各省、市、自治区也相应成立了国务院旅游工作领导小组，负责全国旅游业的发展规划，统筹协调与旅游业有关的部门的工作。

2. 旅行社迅猛发展

这一时期，旅游者大量增加，使得旅行社如雨后春笋般发展起来。国际旅行社增加了地方分社，新成立了一些派生机构。1988年，全国旅行社达到1573家，10年间增长了约20倍。从结构看，在原来以入境接待为主的外联旅行社和接待旅行社分工的基础上，产生了专门组织接待国内旅游者的旅行社。

3. 旅游资源得到进一步开发

改革开放以后，国家每年拨出专款，对风景名胜区进行开发建设、整修和保护。国家还投资新建了一批旅游区、旅游景点。旅游商品销售点已遍布全国各旅游城市和风景旅游点。

4. 旅游人才的培养成绩显著

为了适应当代旅游业的迅速发展，我国开始培养旅游人才。1978年6月，我国成立了第一所旅游学校——江苏旅游学校。截至1992年底，全国共有高等旅游院校及开设旅游系（专业）的普通高等院校116所，中等旅游专业学校42所，旅游职业高中637所。

二、我国旅游业的发展状况

我国旅游业的真正起步是在70年代末。经过80年代10年时间的快速发展，可以说旅游业在我国已初具规模，但仍然存在基础薄弱、管理落后、结构不合理等问题。20世纪90年代以来，随着经济体制改革的深入，市场经济体制开始占主导地位，旅游业发展成绩斐然。

（一）入境旅游

1990年，全国入境旅游总人数是2746.18万人次。到2007年，入境旅游总人数达到1.32亿人次，入境总人数增加4.80倍，其中接待外国游客人数增加14.94倍，接待港澳同胞人数增加4.10倍，接待台湾同胞人数增加4.88倍。这既表明我国的开放程度增强，又表明我国旅游资源对国内外游客有极大的吸引力。

2006年，我国接待的来华旅游者中外国人为2221.03万人次（除港、澳、台同胞的总数）。外国游客数量前十位的国家分别是：韩国、日本、俄罗斯、美国、马来西亚、新加坡、菲律宾、蒙古国、泰国和英国。

目前，中国已跻身世界旅游大国行列。1978年中国接待国际旅游人数世界排名第51位，2007年中国已跃升为全球第四大入境旅游目的地国。根据世界旅游组织的测算，2020年，中国已成为世界最大的旅游接待国和第四大出境旅游国。

（二）国内旅游

随着人民生活水平的提高、闲暇时间的增加以及交通条件的改善，我国国内旅游从20世纪90年代开始迅猛发展，特别是1998年提出把旅游业作为国民经济新的增长点后，以假日旅游为重要支撑，国内旅游需求全面释放，进入大众化的消费阶段。2007年，我国国内旅游总人数达到16.1亿人次。

国内旅游在近年之所以形成高潮，除了与我国改革开放的背景直接呼应外，更在于近年我国居民可自由支配收入的增多和闲暇时间的增多，为居民选择旅游提供了多种可能性的客观基础。它表现出以下两个明显特征。

1."黄金周"制度的实施带动了国内旅游消费热潮

自1999年9月国务院出台新的法定休假制度，每年国庆节、春节和"五一"各放假7天。从此，"黄金周"掀起的旅游消费热成为我国经济生活的新亮点。1999年国庆，第一个"黄金周"到来时，一股猛烈的假日旅游消费潮"井喷式"爆发，让各界人士始料未及。在接下来的几年中也保持了持续旺盛的增长。"黄金周"长假对释放潜在的消费需求、拉动内需的作用有目共睹。由于休假日高度集中，旅游景点和相关公共设施的"超负荷"以及随之衍生的问题也开始凸显,社会上改革"黄金周"的呼声日渐增高。2007年12月16日,国务院公布了全国年节及纪念日休假办法和职工带薪休假条例,1999年起在我国实行的一年"3个黄金周、1个小长假(元旦)",从2008年起转变为"两个黄金周、5个小长假"。新休假办法特别是年假制度,能否被企业有效实施,对新旅游时代的来临起到决定性作用。

2. 国内人均GDP超过1000美元,旅游消费进入启动时期

根据旅游发展规律,人均GDP1000美元是旅游的临界点,1000美元以下,居民消费主要考虑温饱,旅游消费相对较少;人均GDP超过1000美元时旅游消费进入启动期;人均GDP达到3000—5000美元时,出境游启动。我国人均GDP在2003年首次突破1000美元大关,接近1080美元,国内旅游需求急剧膨胀。国内人民收入逐年上升,拉动了旅游收入的快速增长。旅游消费需求大幅度提升,将是未来中国旅游业持续兴旺的重要动力。

(三)出境旅游

与大多数旅游发达国家不同,中国旅游业的发展模式是先发展入境旅游,后发展国内旅游,再发展出境旅游。中华人民共和国成立不久,开始了入境旅游接待业务。改革开放后,加快经济发展成为重要目标。为了赚取外汇支持现代化建设,开始大力发展入境旅游;为了刺激消费开始鼓励国内旅游;为了满足公民日益增长的物质文化和精神需求,开始逐渐放开公民出境旅游。1988年,作为我国旅游业加快对外开放的重要标志,泰国成为中国公民对外开放的第一个旅游目的地国家。此后,中国公民出境旅游目的地国家和地区迅速增加。中国公民出境游以周边国家或地区为主要目的地,远程出境市场增长也较迅速。其中非洲作为新兴的旅游目的地,增长速度最快;欧洲仍然是最主要的远程旅游目的地。

(四)旅行社

国务院于1985年5月颁布的《旅行社管理暂行条例》中,规定了开办各类旅行社的条件。1996年,国务院在对条例进行修订后正式发布《旅行

社管理条例》。按照《旅行社管理条例》，对全国的旅行社进行转类，即把原来的一、二、三类旅行社转为国际和国内两大类旅行社。到1997年底，转类工作全面结束。国际旅行社的增加反映了我国国际旅游市场的结构发生了变化，从垄断走向开放，竞争的激烈程度大大增加。同样，国内旅行社的增加反映了国内旅游市场的急剧扩张。

我国旅行社的最大弱点是弱小散乱。小规模旅行社占到总数量的80%以上，具有较强核心竞争力的大型旅游集团还很少。此外，我国旅行社业的国际竞争力也较弱。首先，旅行社业的专门要素还比较缺乏，主要表现在高层次旅行社管理、旅游产品开发人才的缺乏和对先进技术应用的滞后两个方面。其次，我国旅游虽需求总量较大，但需求水平远远低于国际水平。旅游者人均消费低，对旅游活动质量的追求不强烈，持"到此一游"心态者甚众，从而未能对旅行社形成强大的创新压力。再次，相关的支持产业，如教育、信息、通信技术、旅游资源开发、旅游救援等还不够发达，制约了旅行社经营水平的提高和新产品的推出。最后，许多旅行社战略目标不清，缺乏架构完善、阶段目标明确的发展规划，导致经营中的短期行为严重。旅行社之间的竞争以无序竞争、不当竞争为主要表现形式。这些明显不利于我国旅行社业国际竞争力的提高。

旅行社的发展壮大需要很多内外界因素的支撑，除去国家政策和经济形势等外围资源之外，更重要的在于旅行社品牌塑造、信息化建设和个性化服务等内部资源的构建，这都需要在以后的改革中加以完善。

（五）旅游饭店

旅游饭店的规模和档次是一个国家或地区接待能力强弱的标志。20世纪90年代以来，我国旅游饭店的发展速度较快，旅游星级饭店不仅在数量上有所增加，而且质量和结构也发生明显变化。这说明我国旅游业已具备一定规模，饭店接待能力已接近一些旅游发达国家水平。

三、未来旅游业的发展趋势

据未来学家赫尔曼·卡恩预测，未来旅游业将成为世界上最大的产业，就业人口中将有很大一部分人从事旅游业。笔者认为，未来旅游业有如下发展趋势。

（一）旅游的多样化趋势

随着旅游者旅游经验的丰富，特别是快速交通工具如自驾车、高速列车、超音速飞机的发展，到达旅游目的地的时间缩短。信息网络技术的运用，使旅游者在出发前可直接安排自己在目的地的行程，团体旅游转变为个体旅游和个性化自主旅游，改变了目前旅行社的服务功能（组团、包车、票务、订房等服务功能将基本消失）。同时，旅游的需求也呈现多样化发展，如休闲娱乐型、运动探险型。旅游者多样化、个性化需求的对旅游设施和服务提出了更高要求，如进入老龄化社会后针对老年人出游增多推出的特色旅游服务等。

（二）旅游的大众化趋势

旅游不再是高消费活动，而是作为日常生活消费进入千家万户。旅游有广泛的群众基础，人们的工作、生活都可能是远距离的长途旅行方式，形成空前广泛而庞大的人群交流和迁移，传统的地域观念、民族观念被进一步打破，旅游国际化趋势进一步增强，旅游的淡旺季将不再明显。

（三）旅游空间扩展的趋势

科技进步使旅游的空间活动范围更加广阔，现在不但可以轻易地进行环球旅行，而且未来可能会向深海、月球或更远的宇宙空间发展，出现革命性的新旅游方式。

由此可见，未来的旅游市场将是规模异常广阔、活动异常频繁、科技含量异常高的极具发展前景的市场，它也因此对旅游经营管理提出了新的要求。我们要充分研究未来旅游的发展趋势，制定我国旅游业发展的战略目标，规划旅游事业发展的蓝图，进一步发展好我国的旅游产业。

第三节 我国旅游管理体制的改革

一、我国旅游管理体制及发展历程

（一）旅游管理体制的概念、结构与功能

1.旅游管理体制

旅游管理体制是指旅游经济运行中所产生经济关系的有效协调和管理及其形成的组织形式和管理制度等。其主要内容包括：多种经济形式和多种经营方式问题；中央和地方的关系问题；国家、旅游企业和旅游从业人员之间的关系；对旅游企业的管理方式与手段等。具体来说，它包括旅游业的组织机构、组织形式、调节形式、调节机制、监督方式，各种组织机构或组织的责任、权利问题等。

2.旅游经济管理体制的基本结构

旅游经济管理体制是以国家的旅游发展策略和规划为依据，以计划、税收、信贷等经济政策为调控手段，以旅游经济信息为媒介，以旅游相关法律法规为监督保证体系的一个完整的管理系统。该系统与市场机制相互配合，才能实现旅游资源的有效配置。根据旅游经济管理体制的运行规律，我们不难发现，旅游经济管理的运行系统是由以下五个子系统组成，它们互相作用，互相影响。

（1）旅游经济决策系统

旅游经济决策系统是旅游经济管理体制的中枢。旅游经济决策就是对旅游经济发展目标、旅游经济政策和重大措施作出抉择。旅游决策是进行旅游经济管理的基本依据。旅游经济决策系统的内在结构问题，主要是指正确划分决策权限和保证决策系统的科学性。在市场经济条件下，旅游经济决策结构是多层次的，中央、部门、地方、企业都有相应的决策权，国家旅游经济决策要集中在真正涉及宏观旅游经济全局性的问题上，对微观经济活动的决策则要体现在微观主体的自主权方面。另外，旅游经济决策应经过正确的程序，进行充分论证，以保证其决策的科学性。

（2）旅游经济调控系统

旅游经济调控系统是旅游经济管理体制中连接宏观经济决策和微观经济决策的中介，只有发挥好调控系统的作用，才能把宏观旅游经济决策所确定的目标和方案变为微观经济主体的行动方向，从而实现宏观经济发展目标。为了与社会主义市场经济要求相适应，旅游经济调控主要采取间接调控的方式，如通过财政金融、价格等经济政策，调节企业的经济利益，从而引导旅游企业作出符合宏观旅游经济发展总目标的决策。要使旅游经济调控系统发挥有效的调控作用，首先要协调各宏观调控部门之间的关系，使计划、财政价格、劳动等部门合理分工，互相配合；其次要健全各种调控手段，如合理的价格体系、严密而科学的税收制度、完备的经济法规等，并根据各种调控手段的特点，发挥各自的特长，对旅游经济活动起到综合协调的作用。

（3）旅游经济信息系统

旅游经济信息系统是旅游经济管理体制中沟通各管理环节、各经济主体之间联系的媒介，旅游经济决策与调控都离不开旅游经济信息的作用。旅游经济信息最初来源于市场，尤其在市场发育水平较高的各类旅游中心，旅游经济信息比较集中，国家宏观管理部门各自的专业经济统计机构，如旅游统计、商业统计、财政统计、金融统计等部门搜集、加工有关经济信息，然后再进行汇总、提炼，形成了可供宏观决策的旅游信息。宏观决策结果的信息及调控的信息又通过纵横交错的渠道传递到各旅游经济主体，成为他们决策的指导和参考。因此，旅游经济管理信息系统是一个由多层次、多环节的信息搜集处理、传输工作所构成的互相关联的整体。

（4）旅游经济监督系统

旅游经济监督系统是旅游经济管理体制中正确决策的产生和实施的保证，旅游经济监督系统由各级党组织、政府和人民的全面监督，专业和综合的旅游经济行政管理机构的业务监督和职能监督，审计和工商行政部门的专门监督，司法机构的经济法律监督以及人民群众团体的社会监督与舆论监督组成。通过监督系统的作用，一方面为旅游经济决策系统反馈信息，提高决策的科学性；另一方面要保证正确旅游决策系统的实施，维护正常的旅游经济运行秩序。尤其在社会主义市场经济条件下，旅游经济管理不再主要依靠行政命令，而主要依靠经济政策、经济手段起调节作用，这就更加需要一个强有力的监督系统的辅助。

（5）旅游经济组织系统

旅游经济组织系统规定着旅游经济管理体制各子系统的职能和相应机构，并使这些子系统互相衔接、紧密配合，形成旅游经济管理系统。

具体地讲，旅游经济组织系统不是独立存在的，而是融于旅游经济的决策、调控、信息、监督各子系统中，它一方面使各子系统有自身相应的组织机构，充分发挥各自的管理职能，保证旅游决策的科学性、调控的有效性、监督的严格性、信息的及时准确性；另一方面，各子系统能互相沟通，围绕着统一的宏观旅游经济管理目标而运行，共同完成旅游经济管理的任务。因此，旅游经济组织系统构成了旅游经济管理的基本框架，如果没有健全的组织系统，旅游经济就无从谈起。

3.旅游管理体制的主要功能

旅游经济管理体制要在市场经济条件下，实现宏观旅游经济管理的目标，就需要在具备上述基本结构的同时，在整体上发挥以下几方面的功能。

（1）决策功能

旅游经济决策系统要根据特定时期的经济条件，对未来一定时期的旅游经济发展目标和实施方案作出正确选择。旅游经济决策包括宏观决策和计划决策两个层次，计划决策通常是战略决策的具体化。旅游经济宏观决策从全局、总体的角度出发，对旅游业以及部门、地区企业的发展方向、规模、结构、效益等重大战略进行部署、指导和协调；同时，旅游经济宏观决策把长远利益和近期利益相结合，弥补了市场机制作用的局限性，是旅游经济长期稳定发展的重要导向。因此，旅游经济决策是旅游经济管理的核心，它贯穿于旅游经济管理的全过程，是旅游经济管理系统发挥其他功能的基本依据。

（2）调节功能

也称协调功能，就是要依据旅游经济宏观决策的目标，自觉运用经济、法律、行政手段，间接或直接地调节旅游经济各层次、各环节、各部门、各地区之间的经济关系，引导微观旅游经济的发展方向大体一致。调节功能的正常发挥是实施旅游经济决策的保证。由于旅游经济关系的各组成部分之间的经济关系是复杂而微妙的，对这些经济关系进行协调，使其符合一定的总体目标，是一项艰巨的工程。调节功能的实现不仅有赖于健全的调节系统，而且需要灵敏的信息系统、高效精悍的组织系统、强有力的监督系统的紧密配合。

（3）控制功能

针对旅游经济运行过程中出现的与决策目标和调控方向不一致的偏差随时采取措施，纠正偏差。决策实施和调节功能是相辅相成的，没有控制功能和监督功能也无法实现，而控制功能的实现还要依靠监督系统的作用。因此，控制功能实际上隐含了监督功能的作用。

（4）组织功能

通过建立合理分工、密切协作的旅游经济管理组织机构，有效地配置人力、财力、物力资源，并使各种组织机构发挥相应的职能，保证旅游经济运行的有序性。旅游经济管理的组织功能也是贯穿于旅游经济管理全过程的，它是实现其他功能的组织保障。

二、旅游经济管理体制的特征与实现的前提

（一）旅游管理体制的基本特征

我国经济体制改革的目标是建立社会主义市场经济体制。新型的经济管理体制的根本出发点，是首先让市场发挥基础性配置资源的作用。由于旅游经济管理体制同样也是以社会化大生产为基础的商品经济的表现形态，根据我国40多年来改革开放的经验，未来的新型旅游经济管理体制应具有如下基本特征。

1. 旅游宏观调控的间接性

就国家总体而言，旅游经济管理的性质是间接性的，政府部门原则上不干涉旅游企业的内部事务。旅游企业被推向市场，通过市场竞争决定企业的命运。

2. 旅游决策权限的分散性

首先在文化和旅游部以及地方旅游管理部门之间作出合理的权限划分，文化和旅游部的权限可进一步下放，地方旅游管理部门权限在增大的同时要作出新的调整，由此建立起两级调控体系，以国家为一级的调控中心和以中心城市建立二级调控中心，要逐步完善旅游企业自主权，同时还需建立必要的监督机构以保障正当权利的使用。

3. 旅游管理手段的多样性

旅游管理手段主要包括旅游计划管理和旅游政策管理两个方面，旅游计划管理着重对旅游经济管理工作进行长期性、战略性的指导，而旅游政策管理则主要是加强财政、货币、贸易、人力等政策的调节幅度，形成必

要的管理条件，如法律制度等。旅游政策管理以计划管理为依据，对短期宏观经济活动加强影响力，同时，必要的行政管理手段仍然要保留。

4. 旅游管理组织的合理性

应改变过去按旅游行政隶属关系划分的组织管理结构，按照符合商品经济的原则重组部门。适当加强旅游综合部门的调控能力，如加强旅游行业管理，也就是说，无论是哪个部门举办的旅游企业，从行业管理角度均应统归各级旅游管理部门管理。这种管理采取的是宏观调控、间接管理的办法，削弱的是各部门的条块分割管理。随着改革的深化和旅游事业的迅速发展，旅游经营企业也日益增多并扩大规模，行业管理将是我国经济体制改革发展的必然趋势。

（二）旅游经济管理体制实现的前提

一般而言，构成旅游经济管理的前提条件有：旅游经济管理的微观基础（企业和消费者主权）；旅游经济管理的环境（市场体系）；旅游经济管理的主体（政府及其职能）。为实现我国旅游经济管理体制的转型，首先需要使这三个前提发生转变。

1. 旅游经济管理体制的微观基础——企业主权和消费者主权

旅游企业是商品经济的基本元素之一，是活跃于旅游市场中的主体。旅游经济管理体制在市场经济条件下，一方面要通过市场中介来影响旅游企业的行为，另一方面又不能破坏其赖以存在的这个基础，其根本任务在于尊重和维护旅游企业作为商品生产者的主权。企业的主权涉及许多方面，但归结起来有两个，即资产占有权和资产使用权。我国旅游经济改革中出现的承包制、租赁制、股份制等多种企业主权制度，都是对如何实现合理的两权分离所做的积极探索。根据这个实践，旅游经济管理首先要维护公有制企业资产占有权，使公有制资产在经济发展中保值并不断增值。除此以外，还应对旅游企业的资产使用权给予重视，主要包括以下几种。

（1）企业拥有经济决策权

旅游企业在生产经营中，有权决策其生产要素在国民经济各部门、各行业和各地区之间的投放。除少数关系到国民经济命脉的骨干企业外，在生产规模、扩大再生产、横向经济联合及旅游企业发展、发展速度、更新改造等方面，应均由企业独立自主地作出决策。

（2）企业拥有资金支配权

旅游企业在对经营资金、发展资金的分配使用上拥有独立的决定权。为此，旅游企业应拥有独立的财务核算体系，实行自负盈亏，对银行贷款以及由此带来的投资风险承担独立的责任；对企业从市场上获取资金的来源形式及使用方式拥有自决权。

（3）企业拥有人事用工权

旅游企业根据自身发展的需要，决定职工人数、干部任免以及工资和奖金的发放比例及标准。旅游行政部门应为企业拥有此项主权并行使主权创造必要的条件，如建立失业社会保障体系、从宏观上控制工资基金的过度增长等。

（4）企业拥有产品定价权

价格是旅游企业开展竞争、参与竞争的关键因素。虽然市场价格的形成是一个竞争的过程，但参与竞争的企业应当根据自身的劳动耗费及条件拥有定价的自由。

消费者作为旅游市场主体的另一方，也应当拥有必不可少的权利。一般说消费者主权包括：对旅游消费品自由选择的权利（这种权利应受到法律保护）；消费者支配自己货币和消费的权利。其中关键是对消费品的自由选择权。旅游经济管理体制首先应在充分尊重消费者主权的前提下行使职能，制定消费者权利保护法，设立旅游投诉管理机构等。

2.旅游经济管理体制的运行环境——市场体系

市场体系的形成和完善，是实行市场经济条件下旅游经济管理的又一重要前提。旅游市场体系是指由一系列具体的市场形成的整体，主要包括以下几个方面。

（1）商品市场

包括以实物形态表现的旅游消费品市场和生产资料市场（后者往往又和劳动力、技术统称为要素市场）。两者的功能不一样：消费品市场以满足消费者需要，实现消费者主权为目的；生产资料市场以满足消费品生产企业需要，实现旅游企业主权为目的。

（2）技术市场

其市场交易的对象是知识商品，因此具有特殊性，需要有一系列特殊的制度予以保障，如技术专利制度、技术有偿转让制度等，技术市场较多表现为无形资产在旅游业的发展与竞争中发挥着日益显著的作用。

（3）劳动力市场

劳动力市场是社会劳动力流动的必要条件，是实现旅游企业选择劳动力、劳动力选择旅游企业的市场转化过程。如果没有劳动力市场或其残缺不全，市场经济均无法正常运行，尤其旅游业是劳动力相对密集的行业，所需的劳动力多，且季节性需求变化大，更需要有充足的劳动力市场做保证。

（4）资金市场

它分为货币市场、资本市场和外汇市场。货币市场是一种短期资金市场，主要通过银行之间的同业拆放、商业票据的贴现、短期国库债券的出售，以及中央银行的货币发行等形式，融通短期资金，调剂资金余缺，加快资金周转，提高资金利用率。资本市场又称投资市场，是将储蓄和社会闲散资金转化为中期的实际投资。通过吸收存款，发行股票、债券等创造虚拟资本，加速资金积累与集中，为社会扩大再生产创造条件。外汇市场是一个特殊的领域，主要沟通国际国内资金的交易，但受到的制约因素也错综复杂。

3.旅游经济管理的主体——政府及其职能

旅游经济管理需要有实行者,即管理主体。从这个意义上说,任何社会组织、团体或集团都可能成为旅游经济管理的主体。但经过商品经济的自然发展,旅游经济管理的主体最终归于政府名下,这是市场选择的必然结果。

政府主持旅游经济管理,是由政府组织本身的职能决定的。政府职能是政府的实质、活动内容与方向。政府作为上层建筑,其根本职能是为经济基础服务,为保护和发展这个经济基础服务。因此,政府的职能说到底是服务性的,但具体而言,政府的服务性职能又分为三个方面:政治职能、社会职能和经济职能。

（1）政治职能

其根本目的是维护国家制度,对外反抗侵略和对内实行统治。维护稳定的政治环境是发展旅游业的必要条件。

（2）社会职能

政府职能还表现在国家担负提高人民的物质文化生活水平,发展系列社会事业方面。如发展旅游文化,提高人们的旅游意识,促进旅游业进一步发展等。

（3）经济职能

在市场经济条件下,政府经济职能占有特殊地位。政府职能的根本特点是服务性的,因而经济职能也不例外,在旅游经济发展过程中,曾一度没有给予政府经济职能的服务性充分的重视和发挥,而是夸大和强化政府经济职能的非服务性,这是使得旅游经济管理僵化成行政性的一个重要因素。社会主义市场经济的建立与发展,要求首先转变被扭曲的政府经济职能,使政府成为旅游规划、咨询、协调和监督的服务性机构。

三、我国旅游管理体制经历的三个阶段

（一）第一阶段

从 1978 年至 1985 年，主要进行了由政治接待型向经济事业型转变的改革。

1. 强调政企分开，企业化经营

国家旅游管理部门与国旅总社正式局、社分开，为各地带好头。之后，各地也陆续政企分开，并向企业化过渡。

2. 逐步下放外联权

从 1982 年 9 月起，为适应旅游业发展，开始将外联权下放到各省、自治区、直辖市，调动了各地的积极性。

3. 逐步推广了各种形式的经济责任制，取得了良好的经济效益和社会效益，由此可见第一阶段的改革，只是通过改革完成了从政治接待型向经济事业型的转变

这些初步改革，对向社会主义市场经济过渡，是必不可少的基础性改革工作，今天看来，这些改革为建立社会主义市场经济旅游管理体制开了个好头。

（二）第二阶段

从 1986 年到 1992 年中共十四大召开前，主要是按照国际惯例把旅游业正式纳入了国民经济和社会发展计划，标志着我国旅游业开始从政治接待型转入了经济事业型。早在 1984 年 10 月，中共十二届三中全会所制定的《关于经济体制改革的决定》提出，社会主义经济是建立在公有制基础上的有计划的商品经济。这一论断与今天关于社会主义市场经济的提法还有一段距离，但对于刚刚转到经济事业型的我国旅游业来说，不仅为其提出了新的要求，也为我国旅游业进一步深化改革指明了方向。当时，我国

旅游业作为一项经济事业刚刚起步,要想在激烈的世界旅游市场竞争中占有一席之地,并逐步发展壮大,必须瞄准世界旅游发展的水准,向国际惯例靠拢。因此,从 1986 年开始,我国旅游部门在按照国际惯例改革旅游管理体制和管理制度方面陆续出台了一些新的举措。

1. 在管理体制方面

支持和鼓励成立旅游企业集团和成立我国自己的饭店管理公司。这些旅游企业集团和旅游饭店管理公司对于加强我国旅游业的行业管理、增强国际旅游高层竞争能力,发挥了骨干企业的作用。

2. 在管理制度方面

建立了星级饭店评定和管理制度。1988 年 8 月 22 日,经国务院批准,颁布了《中华人民共和国评定旅游涉外饭店星级的规定》。通过对旅游涉外饭店的星级评定和管理,促进了我国旅游涉外饭店服务质量和服务水平的显著提高。此外,我国还按照国际惯例,规定对导游人员实行合同管理,对旅游涉外饭店加收服务费,汇率调整后实施外汇保值,旅行社接待海外旅游者来华旅游期间统一实行意外保险,涉外旅游业务必须签订经济合同,以及建立了旅游者投诉制度和规定。这些按照国际惯例建立起来的规章制度,促进了我国旅游接待和服务水平向国际标准前进了一大步。

3. 在管理技术手段方面

广泛采用了电子计算机信息系统。到目前为止,旅游统计、旅游财务管理等计算机系统已建立起来并运转良好,计算机信息技术已在每个大的旅行社、旅游涉外饭店得到广泛应用,但这一阶段仍属我国旅游业的起步阶段,旅游业各个行业还处于规模形成阶段,许多业务环节仍受传统经济模式的影响,许多旅游部门的主要精力多用在建设开发上,用在管理方面的精力还比较少,这期间就是商品经济也并未充分展开。

(三)第三阶段

1992 年以来,按照社会主义市场经济的要求,推进旅游业的各项改革。

国家和各地旅游部门在贯彻落实中共十四大精神和贯彻落实国务院《全民所有制企业转换经营机制条例》中，都不同程度地加快了改革步伐。

1. 认真贯彻落实《全民所有制企业转换经营机制条例》，进一步简政放权

在旅行社审批方面，经营各类旅游业务的旅行社，不再由省、自治区、直辖市级审批，可由省、自治区、直辖市确定两级审批制度。在旅游价格方面，不再制定全国统一标准，而是由旅游企业之间协商议定。在旅游考试方面，不再实施统评卷，考证评卷工作下放到各省、自治区、直辖市旅游局。

2. 取消旅行社按一、二类划分的标准

按照市场经济的原则办事，按国际旅游市场通行做法，只划分经营国际旅游和国内旅游两种旅行社，这是旅行社体制改革的一大突破。

3. 建立旅行社营业保证金制度

旅行社营业保证金是旅行社开办前除注册资金之外拥有的专项资金，主要用于旅行社质量的保证和风险的保证。保证金的所有权属于交纳的旅行社所有，由旅游行政管理部门在指定的银行设专户储存和管理。

4. 在旅游行业内建立旅游服务质量标准体系

为适应社会主义市场经济的要求，在培育旅游市场体系的同时，必须运用法律、法规来规范旅游企业的行为。旅游管理部门将在旅游行业内建立起一套包括国家标准、行业标准、地方标准、企业标准在内的完整的旅游管理和旅游服务的标准体系，以规范旅游产品、旅游管理、旅游服务水平的质量，推进我国旅游企业经营管理水平向国际旅游市场水准迈进。

5. 支持和鼓励各类旅游企业建立现代企业制度

在转换企业经营机制过程中，坚持以公有制为主体，鼓励个体、私营、外资旅游企业的发展，支持国有企业承包经营、租赁经营和股份制、股份公司等现代企业制度的试点。

6. 按照国务院的部署，进一步精简政府机构，转变政府职能

文化和旅游部已按照国务院关于精简政府机构人员的精神，进行"三定"（定职能、定编制、定人员），为逐步实行政府机构的公务员制度做准备。

四、我国现行旅游管理体制模式

（一）传统模式

传统的旅游管理模式是与我国长期实行的计划体制相一致的，即按照行政区域和行政系统设置各级旅游局，各级旅游局直属各级人民政府，除直接管理所属旅游企业外，对隶属于其他区域或系统的旅游企业只有一定的业务指导责任，没有统一的管理约束职能。20世纪80年代末，为适应旅游业的改革步伐，国家旅游管理部门颁布实施了一系列的条例、规定，旅游主管部门的管理职能有所加强，但囿于我国整个经济管理体制的滞后，改进后的传统模式仍未克服条块分割、职能弱化等弊端。面对这种状况，我国许多地区先后开始了改革旅游管理体制的尝试。

（二）上海模式

1997年初，上海市政府作出决定，对上海市原有的旅游管理体制进行改革，新组建了中共上海市旅游事业工作委员会和上海市旅游事业管理委员会（简称"旅管会"），统筹协调和全面领导上海市的旅游业。上海市旅管会作为市政府的派出部门，对全市旅游行业行使管理职能，市政府下辖的旅游局、商务局、交通办、园林局和新亚集团等单位为旅管会的成员，锦江、华亭、衡山三大旅游集团公司和佘山国家旅游度假区也由旅管会领导，上海市副市长兼任旅管会主任，旅游局和各相关部门的负责人任副主任或委员。由此，形成了旅游、商业、交通、园林等部门共同组成的旅游管理机构。上海模式体现了政府部门的管理权威，两个委员会具有明确的职责和权利，确定了旅游与商业、交通、园林等部门的行政及业务关系，使旅游管理由单一变为综合，由部分转向全局，为上海市大力发展都市旅游产品提供了制度保障。进一步深入分析，可以发现"上海模式"的成功，在于上海市确定的"以大集团为骨干，以区县为主体，以产业规模和经济效益为目标，协调各行业部门"的方针，符合上海市旅游产业基础较好、区位优势明显、都市旅游的产业形象定位明确等特点。

（三）北京模式

1998年2月，北京市政府决定改革原有的旅游管理体制，按照小政府、大社会的思路，实行政企分开，将北京市旅游局的直属企业全部划出，组建北京旅游集团，直接隶属北京市政府领导。改制后的北京市旅游事业管理局作为市政府的职能部门，对全市旅游业实施统一的行业管理，研究、制定北京市的旅游发展规划及有关政策，会同有关部门审批旅游开发和建设项目，指导、协调各区县旅游业的发展。北京旅游集团作为大型国有旅游集团公司，集合下属的众多企业，开发更新旅游产品，积极开展资本运营，实施整体发展战略，充分发挥了系统化、网络化的优势。

（四）广东模式

广东旅游业的规模和效益在全国均列首位，这骄人的成绩除了地区优势和经济因素外，与其灵活的旅游管理体制也有关系。广东省旅游局及其各地市旅游局采取的是一种与旅游开发总公司合二为一的混合体制，省旅游局与旅游总公司实行一套机构两块牌子，局领导兼任总公司及下属企业的负责人，既承担政府管理职能，又从事企业经营活动。这种集管理、经营、发展为一体的管理模式虽然违背了政企分开的原则，也不符合市场经济的本质要求，但却适应广东省由计划经济向市场经济转变的实际状况。

（五）陕西模式

1998年12月，陕西省对原有的旅游管理体制进行了重大改革。第一，成立了陕西省旅游工作领导小组，负责制定陕西省的旅游法规、发展战略和区域规划，对陕西旅游业发展的重大问题进行决策，协调旅游经济活动中各部门、各地区之间的相互关系。陕西省省长兼任领导小组组长，旅游局、文物局、园林局、交通局、城建局、文化局、商务局和市容委的负责人任小组成员，下设办公室等职能机构，具体贯彻执行领导小组的各项决定。第二，成立陕西省旅游集团公司，将陕西省主要的国有旅游企业、主要的旅游景区和部分文博事业单位集合在一起，共同组建了陕西省政府直接领导下的大型旅游企业集团，该集团公司冲破了条块分割的樊篱，将旅游与文物结合在一起，将吃、住、行、游、购、娱融为一体，极大地提高了陕西旅游业的整体规模和综合实力。

（六）香港模式

香港的旅游业由香港旅游协会按照市场经济的原则进行管理。香港旅游协会成立于1957年，是推动香港旅游业发展的法定社会机构。旅游协会实行会员制，一类是旅游业会员，另一类是普通会员，会员包括国际客运商、酒店和旅行社代理商，以及饮食和娱乐等与旅游业有关的企业。旅游协会有六大工作目标：增加来港旅客数目，进一步发展香港为旅游胜地，提倡改善旅游设施，在海外宣传香港的各种旅游特色，统筹旅游业各种活动，就有关旅游业事项向政府提出建议。旅游协会理事会的委员一半由政府委任，一半由会员推选，既有行业自律，又有政府权威。香港旅协会的使命包括：和政府有关部门及旅游业紧密合作；协调航空公司、酒店、旅行社、商店、保安、休闲娱乐场所及其他旅游服务机构的各种活动；确保旅客可以享受完善齐备的设施和殷勤周到的服务；为香港树立良好的形象，向要求不同、文化迥异的各国人士宣传香港的魅力，令他们对香港产生向往，选择香港作为旅游目的地。香港旅游协会因其卓有成效的管理被誉为全球最成功的旅游业主管机构之一，其成功经验对内地旅游业的发展也有一定的参考价值和启示作用。

旅游产业的市场化进程，要求突破传统管理模式的种种限制，选择与之相适应的旅游管理体制。由于经济发展水平、旅游资源的特色以及旅游产业的功能形象定位不同，从而适应其特点的旅游管理体制也各不相同。我国的不同省市和地区在发展旅游产业的过程中，应注意旅游管理体制创新上的渐进性特点和不同的约束条件，选择适合本地区旅游业发展的管理体制模式。

五、深化我国旅游管理体制改革的思考

（一）我国旅游管理体制传统模式评价

我国在旅游行业管理体系建设方面基本上还是延续传统的部门管理模式，即各级旅游管理部门作为行业主管部门负责不同级别的旅游行政管理工作。在旅游基本法尚未出台的情况下，主要通过各种条例、管理办法、政府规章等规范旅游市场，管理旅游企业。但是这种体制的建设仍不完善，致使许多地方的旅游管理出现空白和缺位。

旅游产业具有综合性、广泛性、高关联性的特性，旅游行业管理必定成为跨行业、跨部门、协调性的管理。但是我国旅游行业管理的主体主要是各级旅游管理部门，由于旅游管理部门管理职能的局限性，使得旅游行业管理多年来缺乏全面性、权威性，致使旅游产业发展所依赖的许多资源和旅游产业内部的许多要素都游离于旅游行业管理之外，形成了"大行业，小管理"的局面，导致了旅游管理的范围和权限出现了明显的"有限性"特征，在管理行为上则表现为"被动性缺位"——旅游管理部门对许多相关领域无法实施有效的管理与监督。如对旅游度假区审批权、管理权、规划权的丧失。旅游度假区是旅游业的核心要素之一，本应是旅游管理部门最直接的管理范围，但在许多省份，旅游度假区的审批、管理和规划权等，却属于城建部门；对旅游娱乐设施建设、城市夜生活管理等无权过问，但这些领域对搞活地方旅游业关系重大。目前，在旅游产业体系中，只有对旅行社这个旅游行业的"直属"领域的管理相对规范，管理到位，而其他

一些领域旅游管理部门实际上很难实施有效的管理与监督。

作为综合性产业,旅游业发展依托的是大量的社会资源。这些资源分布在许多领域,旅游业也因此涉及国民经济体系中的几十个部门,这种强关联性势必要求旅游管理具有较广的覆盖面,但在传统的部门管理模式下,旅游资源的管理权被强制性地归属到多达12个不同的政府部门,包括建设、林业、水利、环保、文化、文物、宗教、海洋、地质、旅游等。多部门管理造成了资源分散管理、条块分割、政出多门,使资源管理极为混乱,管理空白、管理缺位、管理越位的现象都不同程度地存在,加上利益关系、部门和地方保护主义的影响,使许多资源被人为分割,妨碍了对资源的保护、合理开发和整合利用,大大降低了旅游资源的使用价值,使得地方旅游业的整体竞争力下降,行业宏观管理失衡。

(二)旅游管理体制改革的总体目标

我国旅游管理体制改革的总体目标是从国家和地方旅游事业全行业的发展需要出发,贯彻国家旅游事业发展的方针政策,协调各方面的关系,整顿市场秩序,维护旅游行业整体利益和旅游行业形象,提高旅游业全行业管理水平。具体表现在以下方面。

1.完善法律法规

根据旅游战略规划和实际需要,借鉴经济发达国家旅游管理组织的先进经验和成功做法,制定行业管理方针政策、法规条例,以此作为行业管理的依据,并组织贯彻实施。

2.建立健全行业管理领导机构

根据地方旅游发展实际需要,明确行业管理职责范围,在分工合作的原则下明确任务。行业管理机构要加强与各级各类旅游企业的联系,协调好各方面的关系,采取各种具体措施,做好行业管理的组织工作。

3.严格落实监管制度

直接会同有关部门,处理违反行业管理规定、破坏旅游秩序、敲诈旅游者或其他违法乱纪的有关单位或人员，维护旅游业整体形象。

(三) 我国旅游管理体制改革的趋势

建立有效的旅游管理体制，必须要从旅游业的产业特征去考虑。现代旅游已是一种"大旅游""大产业"的概念。旅游管理体制的建立与改革作为一种制度的变迁，必须与旅游业的这一基本特征相对应，建立一套能够全方位协调、统筹旅游供给体系的管理机制。我国现行旅游行业管理制度是适应我国特殊的旅游发展道路，在经济转型的背景下建立起来的。随着市场经济体制的建立和不断完善及经济体制改革的不断深化，特别是在被誉为"世界行政法典"的WTO规则约束下，我国各级旅游行业管理部门必须从管理旅游经济微观环节中抽身出来，发挥市场在资源配置中的基础作用，把行政管理的职能集中指向宏观调控、社会服务和公共管理，真正实现"小政府，大市场"。

1. 旅游管理体制改革的宏观方面

（1）提高认识，理顺管理体制

作为一级政府管理旅游业的主管部门，要充分发挥其政府职能机构的作用，必须理顺管理体制，按照统一领导、分级管理的原则，建立、健全各级政府旅游机构，提高其地位，加强其权威性。

①各省、自治区、直辖市和重点旅游城市，都应该设立或健全旅游委员会，发挥规划、协调、组织作用。

②作为一级政府的旅游主管部门，应列入政府单列，单独建制，在政治经济待遇上享受同级政府其他职能主管部门的待遇（如经费、权限等）。

③至于市、县旅游管理部门是否要单设，鉴于各地旅游业发展水平不尽相同，应视当地国际国内旅游发展的状况而定，有的单设，有的可与当地政府其他部门合署办公，但同时应具有一级政府职能部门的地位和管理旅游全行业的权威。

（2）转变管理职能是当务之急

行业化管理是针对部门管理而言的，作为政府旅游主管部门，行使的是政府职能，代表各级政府管理全国及本地区的旅游业，要解决行业管理问题，则必须转变旅游管理部门的管理职能。

①政企分开是根本。国家旅游管理部门从1983年开始实行政企分开；1987年把面向全行业管理作为经济体制改革的方向，工作重点转移到研究发展规划、研究制定方针政策、加强宏观管理上来；1988年经国务院批准的"三定"方案确定了政企分开和精简、统一、效能的原则，转变职能，加强对旅游全行业的政策指导和宏观控制的指导方针，并相应调整了机构，加强了宏观协调、控制职能。省一级旅游局经济体制改革也相应地加强了机构建设，以适应宏观管理和行业管理的需要。

②加速管理职能转变进程。在两种职能并存的过渡时期，既要发挥政府职能的权威性，又要加强对旅游全行业的管理，必须采用积极稳妥的步骤和切实的措施解决好两个关系，才能起到相辅相成的作用。

第一，旅游局对旅游经营单位应实施宏观管理、微观调控，而不是作为企业经营活动的组织者，更不能直接干预经营活动。应逐渐实现所有权和经营权分离，放权给企业，让它们以企业法人身份，走自主经营、自负盈亏之路，充分发挥企业在市场竞争中的活力。

第二，处理好与非本部门系统企业的关系。旅游经营单位要按照历史关系和行业归口关系，建立双重计划统计和考核管理制度。也就是说："各级各类旅游企业的人、财、物由企业归属部门负责领导、管理和协调。"因此，这既解决了旅游主管部门所属经营单位的领导和管理问题，又解决了非隶属部门所属经营单位的领导和管理问题，只有如此才可能真正实现政府旅游主管部门管理职能的彻底转变，由更多的微观管理转到宏观管理上来，由运用直接管理手段转到运用经济、行政及法律手段进行宏观调控和间接管理，由管理本系统部门彻底转到管理旅游全行业上来，这才能真正发挥职能管理部门的权威性，也才能真正加强对全行业的管理。

③充分发挥行业组织的作用。行业协会是由同业经营者基于共同利益的需要实行联合的非营利性民间组织。在市场经济条件下，旅游行业协会这一非官方的民间组织是管理体制中极为重要的辅助成分，旅游业发达国家的成功经验之一，便是很好地利用和充分发挥了行业协会的作用。旅游行业协会没有经济利益诉求，相对超脱和公正，可以起到公平公开地协调买卖双方利益的作用。虽然我国旅游行业协会的"官方"色彩比较浓重，但有效发挥行业协会的职能实施全行业的间接管理是体制改革的必然趋势。政府部门要为旅游行业协会提供更大的发展空间，扶持其健康发展，使旅游行业协会中介组织的作用在旅游市场发展中得到充分发挥。

旅游协会的主要职能包括：作为政府和企业之间沟通的桥梁；协调会员间的相互关系，发挥行业自律作用，制定行业自律公约；向会员提供国内外本行业的有关信息和咨询服务；开展业务培训，加强对外交流与合作。一些涉及行业标准的事宜，如饭店星级评定、导游员资格认定等，应由行业协会来负责，而不是旅游管理部门的职能。

④旅游管理的制度化、法制化因素逐步增强。依法行政是社会发展的大趋势，对于像旅游产业这样的综合性产业而言，法制化和制度化管理是理想的手段和途径。我国的旅游法已酝酿讨论了多年，出台只是时间问题，旅游管理走向法制化、制度化是历史必然。

2.旅游管理体制改革的微观方面

旅游管理体制改革的微观方面主要是旅游企业制度的改革。这主要需要解决两个问题：一是旅游企业所有制形式问题；二是旅游企业的经营形式问题。前者是后者的基础，只有旅游企业的所有制问题解决好了，企业的经营形式才有可能得到根本解决，但是，企业所有制形式问题解决了，并不意味着企业经营形式问题一定能够得到解决。如果一部分旅游企业明确为私人所有，私营企业主自然会选择自认为最佳的经营形式，政府不会深入参与，当然，旅游行政部门给予信息、政策咨询等方面的服务支持仍然是必要的。因此，旅游企业经营形式问题主要是国有旅游企业经营形式的选择问题，这是目前旅游行政管理部门关注的焦点。因为国家是投资的主体，旅游行政管理部门作为国有资产的代理人必须关心国有资产的保值增值。只有旅游企业的经营形式选择得当，才可能使企业的经营业绩良好，从而实现国有资产保值增值的目的。对于集体所有企业，也应当解决历史遗留问题，努力做到产权清晰。

根据我国经济改革的目标和旅游业的特点，旅游企业经营管理体制的理想模式可概括为：现代企业制度和企业集团化。

旅游企业要建立现代企业制度并实行集团化经营，这是由旅游产业的特点决定的。由于单项旅游产品以一定地域内的自然景观和人文景观为依托，既难以移动，也不能替代，若按某条线路或某种方式将各单项旅游产品组合起来，必然要跨越地域障碍。旅游活动是一项综合性的消费活动，集吃、住、行、游、购、娱为一体，若要满足旅游者的各种需求，众多行业或部门必须联合起来，冲破行业或部门的界限。以上两点决定了旅游业必然是一个社会化、市场化程度较高的综合性产业，也决定了旅游企业必须建立现代企业制度并实行集团化。

现代企业制度主要指产权明晰、责权利相统一、自主经营、自负盈亏，充满生机和活力，运行科学规范的股份制企业或股份公司。它们是现代企业制度的基本模式。旅游企业特别是大中型国有旅游企业，应积极实行股份制改造，逐步建立股份公司式的现代企业制度。

组建大型旅游企业集团具有以下三个方面的意义。第一，确定了旅游业的支柱地位。大型旅游企业集团规模巨大、资产雄厚、产业链完备、综合实力强，它的运行必将带动旅游业乃至整个国民经济的发展。第二，奠定了大产业的基础。中小型企业大多分属各地区、各部门，产品开发和市场竞争的能力普遍不强，经营管理水平也比较低。大型旅游企业集团冲破了条块分割的樊篱，在大范围内重组旅游业资产，把众多中小型旅游企业联合起来，从根本上改变了我国旅游企业地区所有、部门所有的状况。第三，促成了大旅游的格局。大型旅游企业集团改变了旅游业以旅行社、饭店为主的狭隘模式，把各相关行业或部门紧密结合在一起，融吃、住、行、游、购、娱为一体，极大地优化了旅游产业结构，增强了旅游业的吸引力和竞争力。我们相信，随着社会主义市场经济体制的建立和完善，我国旅游企业的股份制和集团化进程一定能够顺利完成。

第二章　旅游者管理

旅游者是旅游的主体，也是构成旅游活动的基本要素之一，没有旅游者，旅游也就无法实现。旅游者管理首先要从认识旅游者的需求开始，了解它的概念、特点、产生和发展变化等。旅游消费本来就是一种体验形式，旅游企业要为旅游者获得更好的旅游体验提供旅游产品和服务。要使旅游者获得最大的满足感，就要根据不同类型旅游者的行为特点来提供旅游产品，还要了解旅游消费的结构、模式和功能。为了强化旅游资源和环境的吸引力，提高旅游者的体验质量，实现旅游资源的永续利用和旅游目的地经济效益的最大化，就必须对旅游者进行各方面有技巧的管理。

第一节　旅游者行为及消费

一、旅游者行为与特征

（一）旅游行为的概念

旅游行为是指旅游者对旅游目的地的选择，以及以旅游为目的的空间移动、游乐活动及与之相关的生活行为。

1. 旅游决策行为

旅游决策行为是指旅游者根据所收集的各种信息，根据自己的主观偏好对旅游地的选择以及对旅游活动进行设计、规划和相关事项作出决定的心理过程。它包括对旅游目的地、交通工具及组织形式的选择，旅游内容和时间的安排，旅游花费的预算等。其中，信息收集的方式和对目的地的选择是旅游者最重要的决策行为。

2. 旅游空间行为

旅游空间行为是指旅游者奔赴旅游地和到达旅游地进行游玩的过程中一系列行为的总和。旅游空间行为是以决策行为为基础的，空间行为中的许多特征是由决策行为的原则所决定的。根据涉及的空间大小把旅游空间划分为大、中、小三个尺度，提出了各尺度空间行为所涉及的空间大小以及旅游者所表现出来的空间行为特征。

(二) 旅游行为的特征

由于旅游需求、旅游动机、旅游者个性心理特征的差别，不同的旅游者所表现出来的旅游行为特征也就有所差异。例如在大学生出游目的中，女生在调节精神、观赏风景、娱乐购物以及开眼界、长见识上的比率明显要高于男生，而男生的求知需求和喜爱体育娱乐活动的比率又要稍高于女生。

帕洛格根据心理类型将旅游者划分为五类：自我中心型、近自我中心型、中间型、近多中心型、多中心型，他们在旅游活动中具有各不相同的行为表现。"自我中心型"的人，以自己的理想为中心，只注意自己生活范围内的事情。这种人思想慎微、多忧多虑、不爱冒险，行为上表现为喜安逸，好轻松，活动量小，喜欢熟悉的氛围和活动。"多中心型"的人对各种事物都有广泛的兴趣，性格外向，行为自信，喜欢冒险，希望自己的一生有所造诣，旅游时虽然也需要旅游业为其提供某些最基本的旅游服务，如交通和住宿，但更倾向于自主性和灵活性，其中某些人还尽量少用或不用旅游企业的服务。"中间型"的人则属于"自我中心型"和"多中心型"之间，旅游行为上不那么极端。从人数比例来看，"中间型"的人数占绝大多数，而"自我中心型"和"多中心型"的人数比例则很小，在两个极端和"中间型"之间还可以划分出"近自我中心型"和"近多中心型"类型的人，是"中间型"向两个极端的过渡型，从而使不同类型的人数分布呈现中间大两头小的正态分布。

二、影响旅游行为的因素

不同旅游者的旅游行为是不同的，但是就旅游者这个群体而言他们在旅游行为的选择上还是有一定规律可循的。由于旅游决策行为是一切旅游行为的基础，所以，在此主要从旅游决策方面来讨论影响旅游行为的基本因素。影响旅游决策行为的主要因素有感知环境、最大效益原则、旅游偏好。

（一）感知环境

感知环境是人们把进行旅游决策时收集到的各种信息摄入脑中，形成对环境的整体印象。感知环境包括旅游地的旅游环境和客源地到旅游地的距离两方面。感知环境强烈的地方，易引起旅游决策行为。相反，没有被旅游者摄入脑中、感知环境薄弱的旅游地，即使具有较高的旅游价值，往往也不能引起旅游者的兴趣。

感知的旅游环境包括旅游地的知名度、性质，旅游地的资源、内容及组合状况，旅游地的环境质量、基础设施等多方面的内容。例如，外国旅游者到我国来旅游，往往会选择北京、上海、广州、西安等知名度高的城市，因为这些城市不仅在城市功能、城市规模、现代化水平等方面都达到了很高的程度，而且是历史文化名城，具有独特的风土人情和文化习俗，都体现了中国传统文化。当人们在对旅游资源内容、丰富程度、环境质量与基础服务设施完善程度相当的两个旅游地进行选择时，往往会选择知名度更高的旅游地。

感知距离是感知环境的另一重要方面。距离可分为客观距离和感知距离，客观距离以里程来衡量，而感知距离用克服距离所消耗的时间、资金和精力给人的感受来衡量。客观距离是感知距离的基础，但感知距离还受到交通条件的影响。旅途遥远，交通不便，感知距离就增加；反之则减少。现在越来越多的旅游者喜欢出国或出省旅游，就是因为随着交通工具的不断发展，客源地和旅游地航线的开辟和高速铁路的开通，使得客源地和目的地的感知距离大大缩短。

(二) 最大效益原则

当人们在旅游决策时往往考虑如何在资金和闲暇时间限制下获取最大的旅游效益，这种效益受感知环境的限制。最大效益原则主要表现在以下两个方面。

1. 最小的旅游时间比

往返于旅游地与客源地之间所耗费时间与旅游者在旅游地所耗费时间的比值称为旅游时间比。旅游时间比越小，用在交通工具上的时间就相对要少，反之在旅游地停留的时间就越多，所带来的旅游效益就越大，因此人们在作出到某一旅游地旅游的决策时总是追求最小旅游时间比。在两个类型相同、所供个人游玩时间相似，但到居住地所花时间不同的旅游地中选择时，人们肯定会选择最近的旅游地旅游。例如，美国旅游者选择夏威夷比选择塔希提度假的可能性更大，虽然旅游者在两个海岛上都可以参加基本相同的活动，获得同样的乐趣，但是，塔希提距离较远，因此，人们会选择较近的夏威夷。

2. 最大的信息收集量

人们外出旅游的目的主要是希望通过旅游获得环境信息，增强对异地环境的了解，同时使自己的心情获得最大的放松。对最大信息量的追求使人们在选择旅游地时有以下两个趋向。

（1）选择最有名的旅游地旅游

知名度大的旅游地往往比知名度小的旅游地有更大的稀缺性，人们通过旅游消除的稀缺性越大，获得的信息量也越大。

（2）选择自然环境和文化环境与居住地差异较大的旅游地旅游

差异是旅游地吸引力的最重要特征，环境差异越大越能引起旅游者的兴趣。这从人们对目的地的选择行为可以得到证明。例如，我国南方的居民对冰雪景观的追求。南方地区受其气候的影响，很少见到大片的冰雪景观，这里的居民在冬季外出旅游时就会选择跟南方景观有很大差异的北方地区。又如，在体验不同的文化和生活方式方面，我国的游客去欧洲和美洲比去亚洲其他国家旅游的兴趣更大。

（三）旅游偏好

不同旅游者的个性特征是不尽相同的，这些个性特征在选择旅游地的时候就显现出来了，我们把这种个性特征差异对旅游行为的影响称为旅游偏好。对旅游偏好的研究可以从年龄、职业、学历、性别等方面去探讨。

1. 年龄

人的兴趣爱好、气质等个性都是随着年龄增长和生活经历在不断变化的。少年儿童天真活泼，他们有极强的好奇心，对新鲜事物充满热情，特别喜欢游乐场所和动物园。青年人求新、求知、求享受等倾向较强，具有较高的冒险精神，因而对冒险性强、刺激性强和体能消耗大的旅游活动感兴趣。中年人有较多的生活经验，处事稳重，对与自身专业爱好及享受方面的旅游活动感兴趣。老年人沉着老练，喜清静之地。

2. 职业

旅游者的身份有工人、农民、学生、干部、军人等。不同的职业环境影响到旅游者的个性形成和发展，产生不同的旅游兴趣。如教师、干部对风景名胜区较感兴趣，退休人员较喜欢保健、森林、疗养等。因此，旅游的偏好往往与个人的职业有密切的关系。

3. 学历

不同的学历反映着旅游者受教育程度的差异,同时也影响着旅游者的个性、感知范围和感知深度等。一般来说,旅游者的旅游愿望与对外部世界的了解是呈正相关的,旅游行为的层次与学历也是呈正相关的。学历高的人基于理性的认识丰富,其旅游的目的性较强,对较有内涵的旅游地较青睐;而低学历的人易受大众媒介影响,旅游的目的性也相对较弱,喜欢娱乐和消遣性的旅游活动。

4. 性别

由于男女在生理上和心理上的偏好存在不同,导致男性和女性在旅游行为上也存在较大差异。如男子的主动性、冒险性使其偏好于较刺激的旅游活动,因而男性对文物古迹、探险类旅游目的地的偏好比女性高;而女性由于其被动性、求实性,使其在旅游行为上显得矜持,一些女性对山水风光、民俗风情、田园风光和海滨沙滩等旅游目的地类型的偏好比男性高。

三、旅游行为过程

旅游行为过程包括旅游出发之前的旅游信息收集到从旅游地回到居住地之后的与旅游活动有关的所有行为。旅游者的旅游行为过程可概括为旅游前的旅游决策阶段、旅游途中目的地游览阶段和旅游后返回家园三个阶段。

(一)旅游决策阶段

旅游决策是旅游者对各种旅游信息、机会或备选旅游方案进行整理、评估、筛选,直至最终作出决策的过程。旅游者通常需要确定旅游目的地、旅游方式、旅游最佳出行时间,在此期间会受到诸如旅游者的经济条件、个人爱好、对目的地的了解程度、朋友建议等众多主客观因素的影响。

旅游决策过程一般包括以下三个步骤：第一是认识需要阶段，旅游者在此阶段了解自己的旅游需求。第二是信息搜集阶段，旅游者需要从多种渠道搜集旅游信息资料。这些渠道包括各种新闻媒介、旅行社、导游手册、亲朋好友、有经验的旅游者等，其中旅游者的亲朋好友以及有经验的旅游者会对旅游者的旅游决策起到很大的影响，然后是互联网，由于其信息全面，成为越来越多的旅游者搜索资料必不可少的工具。据艾瑞市场咨询（IResearch）的资料整理显示，旅游者了解旅游信息的主要渠道是通过亲朋好友介绍、媒体广告和上网查询，只有大约1/3的网民直接向旅行社查询相关旅游信息。第三是评价对比阶段。旅游者对收集到的信息进行比较和判断，首先就是确定旅游目的地，然后再结合自己的闲暇时间等安排旅游方式和旅游日程，即对旅游线路、游览日期、游览时间进行选择并作出决策，还要根据自己的经济能力选择交通工具和住宿。旅游者对目的地的选择是最重要的决策行为，主要受出游的花费与时间限制、旅游价格、消费者偏好、旅游产品、信息与广告、旅游城市化及新旅游目的地的出现等因素的影响，其中旅游产品的多样性和差异性是最具有吸引力的。

（二）目的地游览阶段

在目的地旅行游览是整个旅游活动过程的主体和核心部分，包括旅游者从居住地出发前往目的地一直到从目的地返回居住地这一段时间的旅游行为。旅游期间，旅游者首先经历的是前往目的地的旅行。到达目的地后，以宾馆饭店为基地，游客们穿梭于各个景点、景区之间，观赏自然风光、人文景观，参加各种游乐活动，接触不同人群，了解当地的风土人情，全身心地投入到各种旅游体验中，直至旅程结束。

1. 旅游观赏

旅游观赏是指旅游者在旅游目的地通过视听感官对外部世界中所展示的美的形态进行欣赏体验的过程，旨在从中获得愉快的感受。旅游观赏是旅游审美活动的主要形式，是对旅游景观所包含的美景要素的具体感受和把握的过程。旅游观赏具有其他一般观赏所没有的特征，主要体现在以下方面。

（1）异地观赏

日常生活中的许多可供观赏的物象，与旅游观赏的物象在本质上没有什么不同，但由于旅游观赏是一种异地感官体验，从而带有一种新鲜、奇特、特殊的感觉。

（2）实地观赏

旅游者在目的地的观赏是一种身临其境、获得全身心审美愉悦体验的实地实景观赏，这份感受是全面的、终生难忘的，与在家中坐在电视机前观赏旅游纪录片、网上虚拟旅游或与亲朋好友一起欣赏照片时的感觉截然不同。

（3）非功利性观赏

旅游者一旦进入旅游观赏中，无论观赏对象是自然的山川胜景，还是世俗的人间万象，都会摆脱功利性的束缚，扬弃欣赏对象中的功利性成分，专注于汲取对象物中美的部分，以获得纯粹的审美愉悦。

2.旅游交往

在旅游过程中，旅游者会接触到各种不同的人群——本国的旅伴和旅游经营者，目的地的居民和旅游经营者，其他国家或地区的游客，以及自己远在异国他乡的亲朋好友等，彼此通过接触交往，产生影响并相互作用。旅游交往起始于旅游之时，终止于旅程的结束。

旅游交往有别于日常交往，其主要特征表现在以下几个方面：

（1）异地暂时性

旅游交往是一种异地暂时性的个人间非正式交往。旅游交往多属于邂逅式交往，彼此间缺乏相互了解的基础，且接触时间短，无法深入了解对方，也缺少进一步交流的机会。但是有的旅游者却把旅游交往视为外出旅游的一个新目的，不断地返回某个既定的目的地，原因是他们已与当地居民结下了友谊，由游客变成了当地居民的朋友。这是旅游交往追求的最高境界。

（2）非约束性

旅游交往是自愿平等的，没有组织规范的严格约束。旅游者在旅游过程中角色发生了变化，由日常生活中的普通人变成了"旅游者"，于是便具有与普通人不同的心态，会全然不顾年龄、社会地位和长幼之分，皆以旅游者的身份进行旅游体验的交流。

旅游交往方式一般分为五种，即潜在性交往、示意、互动、互助和竞争。潜在性交往没有发生现实的接触，通常是旅游者在未出发之前对旅游服务提供者和当地居民的一种猜测。示意是以向交往伙伴做出某种姿态而不介入对方的活动。示意可以是向同行的人提议、启发、试探和商量，也可能是向旅游经营商提出的各种旅游咨询。示意虽然已经有了现实的交往对象，但还不是真正意义上的交往。互动是在旅游活动过程中最为重要的一项交往方式，是人与人最直接的交流沟通。通过互动式的交往，可以和不同国家、不同地区、不同民族、不同文化背景下的旅游者进行沟通，以增进理解。互助不仅体现在旅游活动需要依赖他人提供的以物资设备、设施形式表现的产品，而且还体现在旅游过程中旅游者与旅游者、旅游者与旅游企业员工之间、旅游者与当地居民之间的互相帮助、理解与支持。旅游过程中的竞争主要表现在旅游者之间争夺优质低价的旅游产品，旅游者与旅游经营人员之间的经济利益之争，旅游者与当地居民对资源使用的竞争。

旅游活动的本质是一个经历的体验过程，旅游者需要在旅游观赏、旅游参与、旅游交往和旅游消费中获得体验。愉快有效的交往是旅游者获得所期望的旅游体验的前提。在旅游者与当地的旅游企业和居民的旅游交往过程中，旅游者能够充分地体验到旅游地的本土文化和风俗习惯。这些会使旅游活动产生丰富的体验。

3. 旅游参与

在旅游过程中，不同的旅游者会有不同的参与热情、能力和表现。有的旅游者只是走马观花，而有的旅游者却深入当地社会，渴望通过各种活动体验异地文化。有的旅游者会不顾自己的年龄、社会地位和长幼之分的约束，忘我地融入旅游环境中，达到人与自然的交融，这种情况被特纳称为"康牟尼塔激情"，如初见到大海的人们会惊叫着投身大海。更多的旅游者喜爱参与式旅游活动，体现了旅游产品发展的方向。有的旅游者喜欢以模仿等形式参与或体验地方生活，如学几句当地简单的礼貌语和日常用语，或者穿上少数民族的服装。旅游是脱离了日常生活内容和方式而在异地的暂时性行为，旅游者通过模仿体验他人的生活，以实现旅游愉悦。例如在北京故宫颐和园参观时，旅游者就喜欢穿着仿制的宫廷服装留影，感受古装带来的愉悦；在西藏，旅游者就会用刚学会的藏语"扎西德勒"与他人打招呼；在少数民族地区，旅游者不仅会穿上少数民族服装，还与当地人一起跳舞娱乐，表现出对当地风土民情的浓厚兴趣。

4. 旅游消费

旅游者的消费行为是旅游过程中最显著的行为特征之一，旅游消费在量上等于旅游者在旅游过程中支出的总和。旅游者消费和日常消费相比，具有以下特点。

（1）旅游消费行为主要是一种心理体验过程。当旅游消费过程结束后，体验记忆会长期保留在消费者的头脑中，让消费者愿意为其体验付费，因为这个过程是美好、难得的，并且是不可复制、不可转让、瞬间即逝的。

（2）旅游消费获得的多是消费对象暂时的观赏、使用和享受权利。一般的日常消费获得的多是物品的所有权和使用权，而旅游消费不能获得消费对象的所有权。旅游者对旅游产品不同组成部分的消费行为也不完全一样，例如在对旅游资源进行消费时，所获得的是对旅游资源的暂时观赏权。除此之外，其他旅游产品都是以服务的形式提供的，在对此消费时，所获得的是对旅游设施和服务的使用和享受权利。

（3）旅游消费中包含较多的冲动型购买。旅游者在旅游过程中的消费不像居家消费时那样理智，因为旅游过程中见到的多是新奇、陌生的地方特产、工艺品以及其他旅游纪念品，较容易激发旅游者的购买欲。

（4）旅游消费有较高的价格弹性。一方面，旅游消费是一种追求发展和享受的高层次消费，必然随着收入水平、旅游价格的变动而变化；另一方面，从消费项目的结构上看，多数项目的性质和地位处于对核心旅游消费的追加地位，表现出其从属地位和弹性支出，如娱乐、购物消费。当然，旅游消费中有些项目的价格弹性呈刚性，是旅游者的必需消费，如交通、住宿、饮食、旅游景点等消费。

（三）返回家园阶段

当旅游者结束了旅游目的地的全部游览活动，返回居住地之后，旅游者的角色也由旅游者转回到了普通居民。返回家园后，旅游者虽然开始了常规的日常生活，但是却进入对旅游回忆的兴奋中。旅游过程中所发生的一切在一段时间内仍然萦绕在旅游者的心头，使旅游者的心情难以平静，在向亲戚朋友炫耀或诉说那些令人高兴而又难忘的经历或者不愉快的经历的过程中，继续享受着旅游的快乐或发泄不满。当返回家园后，旅游者在精神上也恢复了日常生活的秩序，旅游活动的全部过程才算真正结束。

旅游者对旅游活动满意度的评价是这一阶段最重要的内容。旅游者会把旅游的实际感知与期望进行比较，包括比较所经历的各个旅游环节和目的地整体的服务。当感知超过期望，旅游者对本次旅游就感到满意，他会对目的地做口碑宣传。当感知不如期望，旅游者的满意度下降，甚至不满意，他一定会对目的地进行反面宣传，损害目的地的形象。所以，旅游企业和旅游目的地要重视返回家园后阶段游客评价的管理工作。

四、旅游者消费

旅游者消费是从旅游者的角度来讲的，表现为旅游者在旅游活动中的各种花费。

（一）旅游者消费的概念和特点

1. 旅游者消费的概念

旅游者消费是指旅游者在旅行游览过程中，为了满足自身发展和享受的需要，而进行的各种物质产品和精神产品消费的总和，是对多种形式的产品和服务的综合性消费。消费内容包括食、住、行、游、购、娱各方面消费。

2. 旅游者消费的特点

消费是对产品和服务的消费，但旅游者消费和其他产品消费方式不同的是旅游者消费过程和生产过程是同时进行的，而且旅游者消费主要是为了满足旅游者个人精神需求的一种较高层次的消费活动。因此，它具有与其他消费不同的特点。

（1）综合性

旅游者消费是一个连续的动态过程，是一个集食、住、行、游、购、娱于一体的综合性消费。从旅游消费对象上来看，旅游者消费的对象是核心旅游产品，它是由旅游资源、旅游设施、旅游服务等多种要素构成的，其中既包括有形的以商品形式存在的物质产品和无形的以文化形式存在的精神产品，还包括以此为依托的消费性服务在内。因此，旅游者消费的对象是多种要素、多类项目的综合体。从参与实现旅游者消费的部门看，许多经济部门和非经济部门都参与了旅游消费的实现过程，经济部门包括餐饮业、旅馆业、交通业、商业；非经济部门包括环保、文物等。因此，旅游者消费是众多部门共同作用的结果。另外，在旅游过程中，旅游者消费不仅追求满足高层次的精神需求，也要满足基本生存的需要、自我实现的需要，等等。总之，旅游者消费具有综合性。

（2）伸缩性

消费的伸缩性就是人们所需消费品数量和品种之间的差异，以及这些差异随着影响消费诸因素的变化而变化，表现出扩大和收缩的性质。旅游者消费作为一种个人的高层次消费，其伸缩性是由旅游需求层次、需求弹性和闲暇时间等方面的因素决定的，具体表现如下：①旅游者消费需求数量大且具有层次性。随着社会经济的发展、人们消费水平的提高和闲暇时间的增多，人们的旅游需求数量也在不断增多，从潜在的旅游者逐步向现实的旅游者发展，而且旅游者的消费层次也从低档消费向高档消费转变。旅游目的地数量不断扩展，出游率也在不断提高，旅游消费在不断增加。②旅游者消费具有较大的弹性，旅游者消费是为了满足人们的享受和发展需要的高层次消费。这种消费的弹性较大，会受很多因素的直接或间接影响。③旅游者消费具有季节性，这是因为受到旅游需求的季节性的影响，旅游者消费的需求也集中在某些特定的季节。

（3）互补性和替代性

旅游者消费的互补性是由于旅游消费对象的各个部分具有互补的性质，旅游者消费的实现必然伴随着很多其他项目旅游消费的产生。一个旅游者去旅游目的地旅游，首先就得支付从居住地到目的地的交通费，到了旅游目的地以后，不仅要支付购买核心旅游产品的费用，还必须支付餐饮费、住宿费等。

旅游者消费的替代性是指旅游消费对象的每一构成部分之间的相互替代的性质。旅游者在选定了某个消费对象后，就势必要放弃其他消费对象。例如，旅游者一旦选择了飞机作为前往目的地的交通工具，就不会再选择火车或轮船。这种替代性同时也加剧了旅游业的竞争。

（4）暂时性和异地性

旅游活动具有暂时性和异地性，也就决定了旅游者消费也具有暂时性和异地性。旅游者消费的对象，不管是形成旅游产品的旅游吸引物、旅游设施和设备，还是在旅游过程中为旅游者提供的各种服务，都是不能转移的，需要旅游者亲自到旅游目的地去消费。而且旅游产品中的旅游服务的时间性更强，只有当旅游者消费这些服务的时候，服务才是产品。随着旅游活动的结束，旅游者消费也会终止，旅游产品的使用权也就消失了。

（二）旅游者消费的功能

1. 经济发展功能

旅游者消费的经济发展功能主要表现在两个方面。第一，旅游者消费能促进旅游地经济的快速发展。旅游业作为先导产业，其主体旅游者的消费可作为最终消费推动经济增长。因此，各旅游目的地的地方政府都将旅游业作为支柱产业或主导产业，将旅游者消费作为地区旅游经济发展的原始动力。旅游者的消费刺激旅游地经济的发展，主要体现在提高旅游地居民的收入、解决旅游地就业问题、改善他们的生活质量、带动与其相关的一系列产业的快速发展、加快旅游地经济增长速度。第二，旅游者消费还促进旅游客源地的经济增长。旅游者发生了旅游消费后，为了追求更高层次的旅游消费，就会想办法不断地提高自己的收入水平，从而促进旅游客源地的经济增长。

2. 愉悦身心的功能

旅游者消费很重要的一个功能就是使旅游消费者感到身心愉悦，达到最大的满意度。在旅游过程中，旅游者对旅游产品和服务的消费，可以使旅游者获得物质上和精神上的最佳感受。这种满足感尤其体现在旅游者精神方面的需求上，旅游者在发生旅游消费后缓解了生活与工作中的强大压力、拥有了轻松愉悦的心情。当旅游者消费得到最大满足后，往往能使得游客对旅游地流连忘返，这是旅游者再次进行旅游消费的基础。

3. 实现旅游产品价值的功能

旅游者消费是实现旅游产品和服务价值的唯一途径。只有通过旅游者消费行为，旅游产品和服务的价值才能得到实现。旅游消费能够促进旅游产品在数量、质量和多样性上更加符合旅游者消费需求，从而确保旅游业的持续发展。

4.特殊功能

旅游者消费除了以上的功能之外，一些为社会、经济、文化、科研、修学、宗教、保健等某一专门目的而进行的专项旅游活动消费还具有特殊的功能。如学术、会议商务考察旅游，最重要的就是它的学习功能，能使人学习到更多的知识，开阔视野；我国现在比较流行的温泉旅游，它最大的功能就是医疗、保健。如河南嵩山的武术文化旅游的主要功能则是文化体验、体育锻炼。

第二节 旅游需求与旅游体验

一、旅游需求的概念及产生

（一）旅游需求的概念

旅游需求是指为实现特定的偏好或欲望，在某一特定时期内，在核心旅游产品的各种可能价格和在这些价格水平上，潜在旅游者愿意并能购买的数量关系。然而很多地方都混淆了旅游需求和旅游需求量的概念，在此，有必要对旅游需求和旅游需求量作一个区分。旅游需求只是反映了人们主观上对旅游产品购买欲望的大小和需求的强度，并不是人们实际购买的旅游产品数量。而旅游需求量是对旅游需求的种种度量，它是指人们在一定时间内愿意按照一定价格而购买某种核心旅游产品的数量。

（二）旅游需求的产生

旅游需求的产生既有主观方面的作用，也有客观条件的影响，从主观上看，旅游需求是由人们的生理和心理因素所决定的；从客观上讲，旅游需求是科学技术进步、生产力提高和社会经济发展的必然产物。

1. 旅游需求产生的客观因素

（1）旅游产品的吸引力

旅游产品的吸引力是指旅游产品吸引旅游者的能力，它是激发人们的旅游需求和吸引旅游者的重要前提条件。一个旅游地的旅游资源越丰富，旅游吸引力就越强，激发旅游者需求的能力就越强。

（2）旅游支付能力

旅游支付能力是形成旅游需求的基本条件，在旅游消费还没有成为日常性消费的时候，旅游支付能力是指个人或家庭的全部收入中扣除全部纳税、必需的日常生活和社会消费后所剩下的可能用于旅游消费的那部分收入。收入水平就意味着支付能力，可自由支配收入的水平就决定着一个人的旅游支付能力，即可自由支配收入越高，旅游支付能力就越强。旅游支付能力不仅影响着人们的旅游消费水平和旅游消费构成，而且还影响到旅游者对旅游目的地及旅游方式的选择等。

（3）闲暇时间

旅游需要时间，人们闲暇时间的增多是产生旅游需求的必要条件。闲暇时间就是人们在日常工作、学习、生活之余以及必需的社会活动之外，可以自由支配的时间。闲暇时间并非完全用于旅游，较长距离的旅游需要有较长而且比较集中的闲暇时间才能实现。闲暇时间的长短影响旅游地域范围和旅游者的旅游方式，从而影响旅游需求的实现程度。

（4）交通运输条件

现代科学技术的进步，为人们提供了方便快捷的现代化交通运输条件，大大缩短了旅游的空间距离，促进了旅游需求的产生和国际国内旅游的迅速发展。各种大型民航飞机、高速空调客车、高速列车等运输工具的应用，促使旅游者在旅游活动中的空间移动更加舒适、方便和安全，有效地刺激了人们的旅游需求。

（5）其他客观因素

除了以上几个因素外，还有其他很多客观因素影响旅游需求的产生，例如人们的性别、年龄、职业、受教育程度、家庭结构等。

2.旅游需求产生的主观因素

旅游需求产生的主观因素，实质上是人们在各种外在因素和条件综合作用下，所反映出来的从生理和心理上对旅游的一种渴望。它包括生理因素和心理因素。

（1）生理因素

人们的生理需要不仅是人们的先天性需要，也是维持人的生命所必不可少的基本因素。随着生活水平的提高，人们的生理需要由主要追求食物、安全、穿着等方面的满足发展到对新鲜空气、良好的环境、健康的体质等方面的追求，同时也促使人们产生了休闲、度假、疗养、健身等旅游需求和动机。因此，从生理因素看，旅游需求的产生和发展实质上是人们不断追求生活质量提高的结果，是基于人体生理需要而产生的原动力。

（2）心理因素

人们的心理需要是人们在与自然、社会、他人之间的相互交流过程中所反映出来的主要心理状态，其表现为人们的一种高层次的需要。例如，人们通过学习、工作、社交等活动，促使人们产生了扩大视野、见识世界、探亲访友等的旅游需要和动机。因此，从心理因素看，旅游需求的产生实质上是人们对自然和社会文化环境的一种反应和自我适应的过程。

（3）旅游动机

旅游动机是旅游需求产生的主观条件之一。旅游动机是自主的、能动的主观愿望，是形成旅游需求的首要主观条件。旅游动机除了受个人的经济能力和闲暇时间的影响外，还要受个人的兴趣、爱好、专业、对生活的态度、对环境的知觉、受教育程度、个人生活的社会环境和背景等各方面因素的影响。

二、旅游需求特点

旅游需求是人类需求的重要组成部分，是人们消费需求的一种特殊需求。因此，旅游需求具有不同于人类其他需求的重要特征。

（一）高层次性

人类需求具有多样性，通常由低级到高级的顺序将需求分为生理的需求、安全的需求、社交的需求、自尊的需求和自我实现的需求。随着人们生活水平的提高，人们在满足了低层次需求后就会追求更高层次的需求。研究旅游心理学的专家往往把旅游视为追求心理满足的活动，尤其是在现代工业化社会的快节奏状况下，由于人们对原始淳朴的大自然的迫切需求，各种追求新、异、奇、美为主的旅游需求就成为人们更高层次的心理需求。

（二）多样性

由于人们的个性差异、生活条件的不同、经济收入的差别和人们所处的社会环境的影响，使人们的需求呈多样性，因而旅游需求也表现为一种多样性的需求。例如，为了缓解紧张的工作压力，有的人会选择攀岩、漂流、蹦极等冒险性的旅游项目，有的人却喜欢观赏自然风光、欣赏人文景观等舒缓活动的旅游项目，还有的钟情于疗养、温泉、健身、医疗等康体保健的旅游项目。正是由于旅游需求的多样性，导致对旅游产品的需求也具有多样性。

（三）主导性

旅游需求是在外部刺激影响下，经过人的内在心理作用而产生的。旅游需求的产生虽然受旅游产品吸引力作用，受经济、社会、政治、文化及环境等各种因素的影响，但最根本的还是由人的心理所决定。人们的价值观、生活方式、生活习惯、消费特点等都会直接决定和影响旅游需求的产生，因而旅游需求是一种主导性的需求。尤其是在现代，随着经济的发展，随着人们支付能力的提高，使得旅游需求迅速成为人们积极追求的一种主动性消费需求。

（四）敏感性

旅游需求对社会、政治、经济以及旅游风尚的变化敏感度很强，如果旅游目的地的社会政治状况良好，则为旅游的发展提供了很好的社会旅游环境，旅游需求会明显增加。若旅游目的地的政治不稳定，不论其旅游产品如何低廉，对游客吸引力都不会大，旅游需求明显减少。例如，我国每年推出的专题旅游年，加上一系列的促销活动，引发了新的旅游需求热；而"9·11"事件发生后，对美国的旅游需求量明显减少。

（五）季节性

旅游需求具有较强的季节性，主要是与旅游目的地的自然气候有关，同时也与客源地的气候条件、假期分布以及旅游者的闲暇时间有关。由于旅游者的闲暇时间大多集中在某段时间，如我国的春节、"十一"黄金周，尤其是寒暑假最为集中，这也就使得旅游需求在这段时间大量集中。

三、旅游需求的发展变化

旅游需求是伴随着社会经济的发展而发展和变化的。旅游需求的变化具体体现在三个方面：旅游需求量的增加、旅游需求质的提升和旅游需求的多样化。

（一）旅游需求量的增加

游客需求量的大小与社会发展水平、社会富裕程度成正比。生产技术的提高，使得人们收入水平提高和闲暇时间增多，这是旅游需求量增加的一个因素；另外一个因素就是信息技术的发展，使得人们视野更加开阔，对于自然、文化、历史的探索欲望更加强烈，并希望有更多的受教育和跟外界深入交流的机会。

(二) 旅游需求质的提升

随着旅游者旅游需求量的增加,他们对旅游产品的质量要求也随之提高。现在的旅游者越来越注重体验过程,他们开始追求一种回归自然、参与性强的旅游活动,并且希望在旅游过程中增长知识、陶冶情操,体验大自然所带来的轻松、自由和快乐的感觉。

(三) 旅游需求多的样化

随着旅游需求的发展,旅游需求开始由过去单一的观光、娱乐等形式向休闲化、个性化和参与性转变。主要转变体现在以下几个方面。

1. 休闲旅游需求

近年来,休闲度假的旅游需求在大幅度上涨,农家乐、度假村成为城市大多数居民周末放松和休息的好去处。

2. 个性化旅游需求

个性化的旅游需求趋势越来越明显,许多旅游者开始自主地选择旅游路线和消费方式。

3. 自驾车旅游需求

随着越来越多的家庭拥有私家车,自驾车旅游需求也变得越来越普遍。自驾车旅游,既满足了旅游者休闲旅游的需求,又享受了与亲朋知己聚会和驾车的乐趣。

四、旅游体验的概念、特点与类型

(一) 旅游体验的概念

当旅游者离家踏上出游的旅途后,便开始了旅游体验。旅游体验是一个过程,即旅游者通过与外部世界取得联系从而改变其心理水平并调整其心理结构的过程。这种体验是旅游者的内在心理活动与旅游客体所呈现的表面形态和深刻含义之间相互交流和相互作用的结果，是借助于观赏、交往、模仿和消费等活动方式实现的一个时序过程。旅游从本质上来讲就是人们离开惯常环境，到其他地方去寻求某种体验活动，体验是旅游者的核心需求。

旅游者的旅游体验除了受自身心理和生理因素影响外，往往还要受到一些旅游者无法控制的外界因素的影响，比如旅游地的气候、交通、环境等。但是他们常常都是带着愉悦身心及获得趣味、美感和知识的强烈愿望参与到旅游活动中的，他们总是能尽力克服障碍，达到预期的满足感。

（二）旅游体验的特点

旅游是一种在异地的暂时活动，其内容、环境与日常工作、生活有很大的不同，这就注定旅游体验有别于一般的体验，是一种带有愉悦性、真实性、综合性和价值性的综合体验。

1. 愉悦性

旅游体验的愉悦性主要包括审美愉悦体验和世俗愉悦体验。旅游体验最主要的是审美愉悦体验，这种体验是没有功利成分的，审美愉悦来自旅游者用全部的情感和理智对景观进行无意识、直接、瞬间的分析、判断和评价。审美活动是一种外向活动和内向活动同时进行的活动，旅游者首先感受到的是审美对象的外部形态和特征，然后通过对外部世界的感知，对内在情感进行调整、梳理、和谐，产生愉快的情感感受，这就是旅游审美愉悦的体验过程。而世俗愉悦体验主要建立在对感知对象的功利性认识的基础上，通过视听感觉以外的其他感官来获得。如亲人团聚的天伦之乐、品味美食时的感官之乐、获得知识的顿悟之乐、参加娱乐节目的激奋之乐等都属于世俗人生的愉悦情感。

2. 真实性

旅游体验是一种实实在在的切身直接体验，是任何间接的手段所无法获得的亲身感受。人们可以在网络上驰骋于世界各地，但是，不同地区的气候、自然环境、民俗风情、人与人之间的情感交流是无法模拟的，高科技手段制造的虚拟旅游永远无法取代旅游者在旅游过程中的真实环境体验。

3. 综合性

旅游体验是一种内容和形式都很丰富的综合性体验过程，主要是由于人类生存和发展条件的复杂性、旅游者个体心理的复杂性以及旅游者追求目标的多重性。

4. 价值性

旅游体验既能满足人们的生理需求，又能让游客们真切地感受到环境氛围，留下深刻的印象，也满足了人们的精神需求，因此它的价值远远超过了旅游活动的价格。例如，在环境优美的海滨度假地品尝海鲜，人们满足口腹之欲的同时，也对如此独特的用餐环境留下了极其深刻的体验，这种体验所获得的价值已经远远超过了菜肴本身的价格。

（三）旅游体验的类型

旅游体验按功能划分为五种类型，即审美体验、娱乐体验、教育体验、逃避体验以及冒险或刺激体验。

1. 审美体验

审美体验是旅游者通过对旅游地的自然风光和风土人情的直接观察所获得的美的享受和身心的放松与快乐。审美体验能使旅游者回归自然，感悟人生，热爱生活。与其他体验相比，在审美体验中，旅游者更多的是被动参与。

2. 娱乐体验

娱乐体验是旅游者从娱乐活动的参与中获得惊喜、兴奋、宣泄等体验。现在社会体力劳动的繁重程度正在逐渐减轻，但是精神压力在不断加重，越来越多的人希望参与娱乐活动，旅游产品中也出现了以娱乐为主题的，诸如登山运动、冰雪运动、节庆狂欢等丰富多彩的娱乐旅游产品。

3. 教育体验

教育体验是指人们为了获得某种知识、技能而主动参与到一项活动之中，在事件发生的过程中获得知识，如考古旅游、文化旅游以及其他专项或专题旅游等。

4. 逃避体验

旅游是暂时的、异地的一种活动，旅游者可以暂时离开自己非常熟悉的生活和工作的地方，逃避繁杂的生活和工作所带来的压力、逃避复杂的人际关系、逃避严寒酷暑，享受自然、体验浪漫、消除疲劳、缓解压力，以获得全身心的放松。

5. 冒险或刺激体验

这是一种旅游者积极主动参与、全身心投入的体验活动，主要是一些探险旅游者和体育爱好者参与的旅游活动，如登山、潜水、极限运动等旅游项目。他们认为只有这种体验才更刺激、更有乐趣、更能挑战自我，也更具有冒险性。

五、旅游体验的实现方式

（一）优化产品组合

为了适应和满足不同层次、不同类型、不同需求的旅游者，需要优化旅游产品组合，提高旅游者的参与性，增强旅游体验的效果。目前，就观光旅游、度假旅游和专项旅游这三大类产品而言，应对其结构适当进行调整和平衡，使度假旅游和专项旅游比重上升，观光旅游比重相对下降，形成一个协调发展的格局。另外，还要加强三大类产品的优化组合，发展"观光+度假""观光+专项""度假+专项"等组合型产品，建设旅游精品库，以适应多样化的市场需求。

（二）增加互动的体验过程

因为旅游产品具有生产和消费的同时性，这就使得旅游者和旅游经营者之间的相互依赖程度很高。在旅游过程中，旅游经营者和旅游者之间的交流和互动在很大程度上决定了游客的旅游体验。因此，增加彼此之间的互动体验过程，才能够让游客获得更大的体验满意度。

（三）制造更多的体验成分

随着旅游者越来越注重感受、注重旅游体验，旅游企业应该从生活和情景出发，为旅游产品创造更多的体验成分，让游客感到情感的愉悦和满足。当旅游过程结束以后，这种体验感才会长久地保留在旅游者心中。

（四）提高旅游服务质量

以服务为导向的旅游业，旅游经营者的服务质量直接影响着旅游者是否能获得好的体验。旅游者的服务消费和旅游企业员工的服务生产是面对面的，所以旅游企业必须提高员工的素质，提高员工的旅游服务技巧。如果旅游企业员工没有良好的职业态度，对游客粗心大意或是有不礼貌的态度和行为，都将对旅游产品产生不良影响，会破坏游客的体验。因此，提高旅游企业的服务质量是提升旅游体验质量的关键部分和很重要的工作内容。

第三节 游客管理技巧分析

一、游客购买行为管理

游客购买行为是指游客购买和使用旅游产品或服务过程中的各种活动，旅游者在现实的购买活动中，受个人特点、社会因素和环境因素的影响，表现出复杂多样的购买行为。游客的购物行为主要是为了满足购物过程中的精神需求和文化享受，因此具有以下四个特点：即时性。游客的购物行为是在旅游过程中发生的，从见到商品、产生购物欲望到购买产品的整个过程往往只有几分钟或者几十分钟；风险性。主要表现为对产品掌握的信息有限、没有全面的售后服务等；模仿性。当游客对产品是否购买还不确定的情况下，有一个人购买，就很容易形成模仿行为；回头客少。游客不断寻找新的商品，很难培育游客的忠诚度。

根据游客的购买行为特点，旅游营销人员应针对不同的特点制定不同的营销手段，如针对它的即时性和模仿性，通常采用传统的促销手段，尤其是主题促销，推出特色产品对旅游者吸引力很大；针对它的风险性的特性，采用口碑营销，口碑传播具有很强的说服力，旅游者是通过亲朋好友的口头称颂而得知旅游产品的，购买性也比较大；针对回头客少的特点，应该采用创新促销和整合促销，将旅游地的所有旅游产品根据旅游者的需要重新组合。

随着信息化时代的到来，旅游业与互联网联系也日益紧密，网络营销成了各个旅游企业最主要的营销手段之一。网络营销就是以互联网为主要手段开展的营销活动。网络营销可以使旅游者完全通过互联网上的平台安排自己的全部行程，完成从设计旅游行程、获取详细的旅游资讯、享受线上预订服务、电子地图查询等。例如，南海旅游网将南海旅游企业纳入网络化营销，企业可在该网上建立自己的企业级旅游营销系统，发布、编辑、更新企业信息，进行网上交易活动。网络营销投资少，持续时间长，并且营销效果可以通过技术手段进行有效跟踪、量化和分析，帮助客户及时有效地整合营销方案，优化资源配置。

二、游客期望管理

游客期望是指游客在以往旅游的相关经验、各种信息渠道（广告、口碑、宣传促销等）以及自身心理偏好的共同作用下，所形成的对本次旅游的预期。游客的旅游期望与旅游后实际感知的服务质量之差，就形成游客对旅游服务质量的评价。因为游客期望是经过间接方式获得的信息产生的，与实际体验有一定的差距。因此，游客期望往往会影响到游客的满意度和忠诚度。当实际感知与游客期望相差很大时，游客的失望感油然而生，满意度和忠诚度就明显下降。在遇到游客期望与实际感知发生冲突时，游客不会因为旅游目的地的条件与期望之间的矛盾而放弃旅游，他们会被迫调整，以缩小游客期望与体验之间的差异，来获得尽量大的满足感。通常他们会根据具体情况改变旅游线路、旅游活动等，重新建立起一个游客期望，以从其他的旅游活动中获得新的满足感。游客期望影响到游客对旅游地的忠诚度。所以，提高对游客期望的管理水平，是提高游客满意感的重要措施。

（一）旅游营销宣传手段

旅游营销宣传对游客的旅游期望有很大影响。旅游企业往往倾向于拔高宣传旅游产品与众不同的特色、富有人情味的服务细节设计、超值的享受等，尽力提高旅游宣传的效果，从而吸引潜在旅游者或促进旅游者购买。这些无疑提高了游客的期望。但如果旅游企业整体服务质量的可靠性不强，游客往往很失望，出现不满和改购，会给企业带来很大损失。所以，旅游企业在营销宣传中，应把握适当的度，既要考虑吸引力提高，又要考虑对游客满意度的影响，尽力做到恰到好处。

（二）提高旅游产品的附加价值

产品附加值是一种能够使消费者在消费产品时获得"额外"身心满足的效用。提高产品附加值可以增加产品的整体价值，有助于激发消费者产生购买欲望和购买行为，同时也是增强旅游体验、提高旅游满意度的一种十分有效的手段。提高旅游产品的附加价值有很多途径，如营业促销性途径、增加旅游服务项目等。

（三）注重服务细节

细节决定成败，旅游企业在为游客提供旅游服务的过程中，任何服务细节的差错都会影响游客对整体服务质量的满意度。例如，韩国釜山海云台海水浴场有很长的沙滩,他们在进入沙滩的每个入口处都修建了洗脚池,方便游客返回时洗掉沙子。因为有了洗脚池,使很多不想下海的游客也纷纷脱了鞋子,尽情地享受釜山的沙滩和海水。这无疑加深了游客对釜山的印象。从沙滩回来上车时,旅游服务人员手持旅游车上配备的高压喷气枪站在车门前,帮助游客吹掉沾在鞋子上的沙粒。洗脚池和喷气枪,看似小事,却体现了细致服务的理念,提高了游客对感知服务质量的评价。

三、游客排队管理

游客到达旅游服务场所,如果要求服务的游客数量超过服务机构(服务台、服务员)的服务能力,即在旅游业服务能力全部利用的情况下,到达的游客不能立即得到旅游服务,而只能等待的情况,就是游客等待现象。等待是游客在接受旅游服务过程中所经历的一个较常见的现象,尤其是旅游高峰时期非常普遍,但游客可能会因此产生抱怨情绪,影响旅游服务质量,因为服务时间是旅游服务质量的标志。排队管理指的是管理者如何控制和管理游客得到服务所需要的等待时间,从而提高服务质量。

在旅游过程中,需要进行排队管理的地方主要有旅游交通集散地、旅游餐饮、各景点的售票点、旅游娱乐场所等人流量集中地。尤其是在公共假日和旅游季节,当太多的游客都需要旅游服务的时候,就会出现等待现象,需要用排队管理减少游客等待过程中产生的不满情绪和游客终止消费的行为。

(一)提高旅游企业的服务能力

旅游高峰期,旅游企业一方面应该提高服务接待能力,如增加一些接待设施和服务人员,对原有服务设施设备进行更新升级,加强服务人员的培训,适当扩展原有的服务供应能力等,而且管理者还要根据实际情况做出具体的人员和设备的调配。例如,火车站可以相应地增加几班列车,在景区售票处可以多增加几个窗口，景区内应该间隔不远就建立一个厕所，满足大量游客的需要。另一方面应该在确保排队的秩序后，加强和游客的沟通，并且告知游客需要等待的具体时间。还有安抚好出现不良情绪的游客，及时分散过量的游客。

（二）利用科技手段提高旅游企业管理能力

现代科技既是保护和开发旅游资源，加大旅游产品的科技文化含量的工具，又是提高旅游企业管理水平的重要手段。利用互联网平台，结合数据库技术、多媒体技术等多种高科技手段来提高旅游企业管理能力成为信息化社会必然的选择。例如，南岳衡山国家首批重点风景名胜区，为提高旅游企业服务能力水平，方便客人观光游览，提高旅游景区品位，开始实行景区电子门禁系统。整个门禁系统包括门票生成管理系统、电子门票初始化系统、电子监控系统、售票系统、验票系统、信息统计及查询系统。该系统的实施，不仅提高了售票验票的速度，而且杜绝了假票、过期门票等类似问题的发生。由此可见，利用高科技手段提高旅游企业管理能力，可以很好地缓解游客的排队现象。

（三）分散游客注意力，减少游客相对等待时间

游客在排队过程中，因为长时间等待容易造成游客的不满情绪，进而影响到旅游者对整个旅游过程的满意度。服务专家大卫·梅斯特曾提供了几类排队信息：无所事事的时间比有事可做的时间感觉漫长；不公平的等待要比公平的等待感觉要漫长；不确定时间的等待显得要长；服务越有价值，游客越值得等待。因此，旅游企业可以安排一个舒适的环境或者安排一些其他的事情来分散游客的注意力，如在排队处安装电视机，放一些有吸引力的节目，或旅游宣传片，这样既宣传了旅游产品，也缓解了游客的情绪。不仅如此，旅游管理者还应该维持好队伍的秩序，保持公平的等待。而游客则要尽量避免参加游人过多的项目，在排队过程中也要遵守秩序，做好长时间等待的心理准备，或者做一些其他的事情来消耗等待时间。

（四）免费开放排队地点附近的景点

排队参观的景点往往是知名度较高的景点，其周围可能有一些名气较小的"陪衬"景点，因"屏蔽效应"的作用，这些景点门庭冷落。免费开放排队地点附近的景点，可以缓解热点景点的压力，分流部分游客，缩短排队等待时间。

四、游客非生态行为管理

游客非生态行为是指游客在旅游目的地的旅游过程中所表现出来的有可能损坏旅游地环境和旅游产品质量等的不文明行为，如随地吐痰、乱丢垃圾、乱刻乱画、越位游览、违章拍照、危害动物、践踏草地等。游客的这些不文明旅游行为可能导致旅游景区环境污染、景观质量下降、破坏环境气氛，最终会导致旅游景区整体吸引力下降、旅游价值降低。

游客非生态行为对旅游者、旅游景区都会造成危害，因此要采取有效的措施来控制这种旅游行为的发生：第一，政府环保部门、社会环保组织、旅游管理部门要加强引导和管理，应加强环境保护重要性的宣传，提高公众的环保意识，尤其是应该让游客知道这种不文明行为带来的负面影响的严重性。第二，旅游景区采取有效的管理、防范措施。例如合理放置美观有趣的垃圾箱，使游客便于、乐于负责任地处理废弃物。第三，明确导游的环保职责，带队导游要向游客明确说明禁止的不良行为，对游客的行为起到直接的示范、监督、制约作用。在旅游过程中，导游不仅要完成组织协调、解说等传统职责，同时还应负有监督游客不文明行为的职责。第四，加强对旅游景区内居民的环保教育，引导居民积极参加景区环保活动，充分发挥其示范作用与监督作用。

第三章　旅游资源管理

资源是产品（商品）的原料，是产业的基石，旅游资源也不例外。旅游资源是旅游活动的前提和核心，是旅游业可持续发展的基础和旅游产业生产力增长的潜力之所在。因此，为了旅游学科理论体系的科学构建与旅游资源的科学评价、开发、利用、管理和保护，首先必须科学界定旅游资源的概念与内涵，准确把握旅游资源的基本属性，充分掌握旅游资源研究的进展和趋势。

第一节　旅游资源概述

一、旅游资源的概念及其内涵

（一）旅游资源的概念

"旅游资源"是一个合成词，既具有"资源"的共性特征，又具有鲜明的"旅游"个性特征。根据《辞海》解释，所谓"资源"，是指"可资利用的来源"。另有学者认为资源属于经济学概念，原指取之于自然的生产与生活资料，现在常指自然界和人类社会中客观存在的生产资料或生活资料。例如，自然界中的煤炭资源、石油资源、水力资源、风力资源、森林资源、土地资源等，人类社会中的人力资源、技术资源、资本资源、文化资源、政治资源等。"有用性"和"基础性"是最基本的属性。显然，旅游资源作为资源的一种，要体现出可利用性和经济价值这个共性特征，但更为关键的是，如何把握和阐释旅游资源的个性特征。几十年来，国内外学者对旅游资源的内涵做了积极的探讨，提出了很多建设性的概念和定义，虽然目前仍然存在一定的争议，但已经接近于取得共识。

1. 国外学者对旅游资源概念的理解

国外研究文献中，和"旅游资源"相似性较高的概念是"Tourist Attractions"和"Visitor Attractions"，国内学者通常译为"旅游吸引物"。英国学者霍洛韦认为："旅游吸引物必须是那些给旅游者积极的效益和特征的东西，它们可以是海滨或湖滨、山岳风景、狩猎公园、有趣的历史纪念物和文化活动、体育运动，以及令人愉快的舒适会议环境。"澳大利亚学者内尔·雷坡在他的《旅游吸引物系统》一文中，将旅游吸引物定义为一个综合系统，由3个要素组成："旅游者或人的要素，核心或中心的要素，标识或信息的要素。当这3种要素合为一体时，便构成旅游吸引物。"英国旅游协会（ETC）认为："旅游吸引物是一种永久固定的游览目的地，其基本目的之一是允许公众为了满足娱乐、兴趣和教育的需求而进入，而不是一个主要提供体育、戏剧或电影表演的零售市场或地点。吸引物必须在每年预先确定的特定时期向公众开放，而不是需要事先预订，并且应该能够吸引本地居民、旅游者或一日游客。另外，吸引物必须是独立的，有独立的管理，并且直接从游客那里得到收入。"

由此可见，国外学者或旅游组织倾向于从人（旅游者）的视角解读旅游者的行为对象（旅游业的客体），特别强调该客体对旅游者的吸引向性，所以运用的概念是"Tourist Attractions"和"Visitor Attractions"，是指旅游地吸引旅游者的所有因素的总和。

2.国内学者对旅游资源概念的理解

改革开放之后,我国旅游业起步发展,实践中不断要求厘清旅游资源的内涵与外延,以便科学地进行旅游资源的调查、评价、开发与管理,促进旅游资源的价值实现和可持续发展。就目前的研究现状而言,对于旅游资源的概念,可以作出以下几点解读。

(1)旅游资源的吸引功能

旅游资源对旅游者具有吸引力,能激发人们的旅游动机,能使旅游者得到一定的物质享受和精神满足。吸引力是认定旅游资源的基本条件,吸引力因素是旅游资源的理论核心。同时,吸引力也是评判旅游资源质量高低的关键性指标。

(2)旅游资源的可利用性

旅游资源具有旅游价值,能够被旅游业所开发利用,并能够产生经济效益、社会效益和环境效益。但一些学者通过列举反例,如一些地区旅游资源的过度或不适当开发,破坏了生态环境,同化了当地文化,甚至影响了长远的经济效益,由此对旅游资源的三大效益产生怀疑。实质上,这是由于旅游资源不当开发行为导致的,和旅游资源本身的效益性并无直接关系。世界工业化的进程已经使人们吸取到深刻的教训,如今绿色旅游、生态旅游的兴起足以说明问题。因此,从长远看,没有社会效益和环境效益的旅游资源是不能吸引旅游者的,也就不能称为旅游资源了。

(3)旅游资源的客观存在性

旅游资源(现代的某些人造景观除外)是客观存在的一种实在物,有的表现为具体的实物形态,如自然风景、历史文物等;有的则为不具有物质形态的文化因素,如地区民俗风情等。绝大多数旅游资源都是先于旅游业而存在的,并不以人们的开发利用为转移,即使是现代形成的旅游资源,如城市风貌等,也是在其形成之后,被人们所认识,并为旅游业开发利用的,随着旅游者爱好和习惯的改变,旅游资源所包含的范畴会不断扩大。

（二）旅游资源的内涵

旅游资源与一般的资源相比，具有较为丰富的内涵和独特的属性。为了更好地深入理解旅游资源的概念，我们对旅游资源的内涵做如下解释。

1. 功能：对游客的吸引力和旅游价值

旅游资源应该和其他类型的资源一样，具有一定的利用价值，即对人类有某种用处。旅游资源的利用价值主要体现在对游客的吸引力上。西方人将"旅游吸引物"作为旅游资源的代名词，足以说明吸引力对于判定一种事物能否成为旅游资源的重要性。

（1）吸引力的唯一性

旅游者出游的目的是满足好奇心，寻求新的感觉和刺激，获得新的知识和体验，满足身心健康等方面的需要。自然禀赋的、历史遗存的和人工创造的客观实体多种多样，文化的、艺术的和教育的非物质形态因素更是名目繁多，但严格地说这些并不一定都是旅游资源。只有那些能够提供审美和愉悦，对旅游者具有旅游吸引力的内容才算是旅游资源。不具有这种吸引力的任何资源形式都不是也不可能成为旅游资源。

（2）吸引力的相对性

旅游资源对旅游者的吸引力是对旅游者群体而言的，不同的旅游者群体往往对于不同的旅游资源有喜好的倾向性。如农村居民被城市的现代化建筑、设施构成的城市风光所吸引。而城市居民久居闹市，对农村的田园风光非常向往。所以，只要是对某一类旅游者群体具有吸引力的资源，就可以认为是旅游资源。另外，时代的变迁也可能使得吸引力发生变化，这一点将在后面的延展性中阐述。

（3）吸引力的效益性

对于旅游者具有吸引力的旅游资源必须能够为旅游业所开发利用，并产生三大效益。因此，在所有的可供旅游业利用的事物和因素中，旅游资源的核心吸引力特性要符合经济、社会和生态原则，要剔除那些不符合经济原则、社会伦理规范和生态原则的部分，保持旅游资源概念的健康，如赌博、偷猎等可能带来负面作用的社会文化和环境影响成分，虽然能达到一定的规模经济效应，但对旅游业来说，这些事物违反了社会公德标准，侵犯了人类的根本利益，不应列入旅游资源范围之内，不具有利用的可能性。

2.形态：客观存在性和多元化

（1）旅游资源包括物质的和非物质的形态

物质的、有形的旅游吸引物（如名山、秀水、溶洞、瀑布、湖泊、古遗址、古建筑、珍稀动植物等），看得见、摸得着，容易被人们所认可，称其为旅游资源是无可非议的。然而，那些无形的、非物质的旅游资源（如文化艺术、文学、科技、技艺、神话故事等），有时是难以被人们理解和认可的。实际上，这些非物质要素，是在物质的基础上产生的，与一定的物质相联系，并依附于一定的物质而存在，能通过人们的想象感受到（如历史记载、文学作品等能给人以充分的想象），通过人们的思维获得快感。当然，这些想象和思维一般需要具有较高的文化修养和宽广的知识面以及丰富的想象力。当这种无形的旅游资源一旦与有形的旅游资源紧密结合后，就更加具有吸引力。以湖北赤壁为例，由赤壁山、南屏山、金鸾山加上历史遗存的亭台楼阁所构成的赤壁古战场旅游区，单纯看有形的物质旅游资源，很难说赤壁和同类型的旅游区有什么绝对的竞争优势。但1800年前三国时期那场著名的"赤壁之战"，在战争中曹操、周瑜、诸葛亮等三国风云人物的粉墨登场以及那场战争背后的演义故事，激起了人们怀古的情怀和探究历史真相的好奇心，于是，赤壁景区的命运改变了。由此可见非物质旅游资源对旅游者的巨大魅力。

（2）旅游资源包括原生的、人造的和虚拟的形态

作为旅游资源的自然存在、历史文化遗存等，是旅游资源的重要内容和组成部分，它们是原生的旅游资源。随着社会的进步、经济的发展和人类生活水平的提高，人们已不再满足于原生的旅游资源和旅游产品，为了

满足不断增长的旅游需求，人们依靠资金、智力和现代技术，通过模仿、模拟创造出许多人造景观，甚至把世界上已经存在的知名度很高的旅游资源进行移植微缩，以弥补当地旅游资源的不足，充实旅游活动的内容。因此，这些为了满足人们不断增长的旅游需求的人造内容，应属于旅游资源的形态表现。此外，随着现代信息技术的发展，虚拟技术已经能够使人与虚拟三维环境进行视觉、嗅觉、听觉等感觉的实时交流，虚拟旅游资源也应运而生。虚拟旅游资源是人类现有或未知的旅游资源的数字化形式，是原生、人造旅游资源的多维立体、全景动态的数字化展示而不是门户宣传网站（那是旅游资源宣传工具，而非旅游资源）。虚拟旅游资源对旅游者的吸引力源于其附着的原生或人造的旅游资源吸引力。据报道，一些以真实旅游资源为内容的虚拟主题公园已在国外开始建设。这些通过模拟真实旅游体验的虚拟旅游资源，也应属于旅游资源的形态表现。

（3）旅游资源包括未开发和已开发的形态

从开发程度上看，旅游资源分为未开发的旅游资源和已开发的旅游资源或者潜在的和现实的旅游资源。旅游资源是客观存在的，只是由于人们价值观的缘故，一些旅游资源在一定历史时期内尚未吸引人们去观光和游览，或由于经济和技术水平的原因尚未被开发和利用，但不能说它们不是旅游资源。人们是否对旅游资源进行观光，不在于旅游资源本身，而在于旅游资源地的地区组合状况、旅游地的旅游设施、旅游地的宣传力度，以及客源地人们的经济能力的限制。但作为资源形态，无论人们观光与否，开发与否，只要是能激发人们的旅游动机、具有旅游价值的要素，都应该称为旅游资源，因为人们观光以及开发与否并不会改变旅游资源的性质和功能。未开发利用的那些能对游客产生吸引力的客观实体或因素，由于它们既可被看作是加工后的旅游产品，同时又可作为继续开发的对象（确实存在一个再开发的问题），不断地加工提高，进行深度开发和重复使用，更应属于旅游资源。

3. 范畴：延展性和动态性

随着社会经济的发展和科学技术的进步，人们的旅游需求不断多样化、个性化，而人类对未知领域的探索更加广阔，对旅游资源开发利用的技术水平更加高超。所以，这导致旅游资源的范畴在不断扩大，旅游资源的种类在不断增加，由新型旅游资源所产生的旅游新产品和新业态层出不穷。全域旅游体系下，旅游资源不再局限于传统的景区景点，而是以旅游为导向整合社会资源，让社会资源旅游化。比如，从单一的水体资源扩大到流域资源，从单纯的山地资源放大到生态系统资源，包括城市资源、乡村资源都可以当作一个整体来看，在资源的利用方式上更加综合。在全域旅游视角下，有些资源本身是在不停发展和变化的。如城市建设、乡村农业、新兴产业和其他新探索发现的资源，资源在被利用的同时也在被创造，并在不断发生着变化。

过去，人们只知道山岳森林、江河湖泉、宫殿寺庙、亭台楼阁等是旅游资源。如今，由于人们对工业时代的怀念或好奇，使得废弃的工厂生产车间经过开发成为工业旅游资源；由于人们对田园生活的怀念或向往，使得绿色的田园风光和淳朴的乡野生活等成为农业旅游资源；由于人们保健意识的加强，历史悠久的药膳房、中药材博物馆、医疗器械博物馆等也成为旅游资源；甚至是寒冷的北极、深邃的海底、广阔的太空，都成了旅游资源。由此可见，旅游资源的范畴是不断延展丰富和动态发展的。

二、旅游资源的基本属性

旅游资源是一种普遍存在而又特殊的资源，它既有资源的共有属性，又有不同于其他种类资源的特有属性。不同种类的旅游资源也会因为空间、时间、环境、文化等因素出现差异而产生自己的独特属性。在把握旅游资源概念和内涵的基础上，需要进一步从功能、形态空间、时间经济和文化等多重视角认识旅游资源的基本属性，这对于合理开发、充分利用、有效保护与科学管理旅游资源，发展旅游业，具有积极的促进作用。关于旅游资源的基本属性，结合不同学者的相关研究，可分别从功能、形态、空间、时间、经济和文化六个角度归纳出所有旅游资源类型共有的基本属性。

（一）功能属性

对旅游者的吸引性是旅游资源的本质属性和核心价值，离开吸引性，旅游资源就不能称为旅游资源了。这个本质属性源于旅游资源作为资源的有用性和基础性，是由于旅游资源能够从不同方面满足旅游者的旅游休闲需要，具有实用价值。旅游资源实用价值的大小及其与旅游者旅游需要的契合度，共同决定了旅游资源的旅游吸引力。吸引力是判别某事物是否是旅游资源的根本标准，吸引力的强弱是判断某旅游资源品级的重要标尺。

（二）形态属性

1. 多样性

多样性是指旅游资源的类型十分丰富，其存在形态是多种多样的，从自然到人文，从物质到精神，从原生、人造到虚拟，从物体与事件到现象与活动，但凡世间万物只要对旅游者有吸引力皆可成为旅游资源。在《旅游资源分类、调查与评价》（GB/T18972-2003）的分类系统中，对旅游资源共列出了 8 主类 31 亚类 155 个基本类型。实际上，随着旅游者旅游需求的变化，旅游资源的类型正呈现不断增长的趋势。旅游者的足迹已经从世界最高峰到了海底，从繁华的城市到了渺无人烟的沙漠和严寒的极地，甚至有人已开始策划太空旅游。那些原来看似平常的事物，现在也颇受旅游者青睐，如"森林浴""滑草""绿色旅游"等。而且各种生产和商业场所（如特种艺术工厂和驰名的工厂、水库、电站、废弃的矿井、造币厂、影视基地、著名的商业街、古文化街等）、文教单位（如学校、幼儿园、著名文艺团体等）、科研基地（如科研单位、火箭发射基地等）等处，也常有旅游者光顾。地震、火山爆发（火山喷发景象和火山遗迹）等自然灾害的发生地，战争（古战场、战争纪念物等）、监禁（监狱）等社会活动的地点和场所，有的已被利用进行旅游开发。今天，世界上很多事物和现象都是旅游资源的存在形态。

2.组合性

组合性是指不同形态的旅游资源单体（包括地文、水域、生物、天象与气候等自然旅游资源和遗迹遗址、建筑与设施、旅游商品、人文活动等人文旅游资源），在一定区域内相互依存、相互衬托，共同形成一个和谐的旅游资源组合体。旅游资源的组合形式是多样的，而且自然景观与人文景观的兼容互补性越强，两者就越能融为一体，彼此呼应。旅游资源单体的形态越多，比例越协调，联系越紧密，对旅游者的吸引力就越大。如山与森林、动物组合，山体与河湖或瀑布等水体组合，彩虹与天空、云朵组合，村落与田园、村民生活场景等组合，古寺庙与所在山景组合等。景观要素非常单一的情况很少见，而孤立的景观要素很难形成具有吸引力的旅游资源。旅游资源的组合性，为旅游产品的开发和旅游活动的组织提供了必要而有利的条件。例如，南方多湖而少沙，北方多沙而少湖，有多种鸟类栖息的地方更少。而在干旱的宁夏回族自治区平罗县境内的沙湖风景区，却有湖、有沙、有苇还有鸟，虽然沙丘不高，湖水不深，芦苇不密，鸟的数量也不是很多，但其良好的资源组合状况却使其在众多湖泊景观中脱颖而出，一跃成为全国的王牌风景区之一。

3.空间属性

（1）广域性

广域性是指旅游资源在空间分布上十分广泛，在地球上不同地域都有旅游资源的分布。在陆地上有各种自然人文景观。在海洋中有汹涌澎湃的海浪、一望无际的海面和奇特的海洋生物；天空中有瞬息万变的天象、气象；在地下有神秘的溶洞、地下河、湖泊；在城市有体现现代建筑、先进科技水平的都市风貌；在乡村有浓郁的民俗风情和优美的田园风光；在人烟稀少的山区、沙漠，有原始、淳朴的自然风光；在赤道地区有热带雨林；在极地有冰天雪地等，几乎地理范围内每个区域都有旅游资源的存在。

（2）地域性

地域性是指旅游资源总是分布在不同的地理空间中，由于受自然演化、自然环境、社会环境、历史和文化传统等多种因素的影响，形成了地域差异性和独特性。正是由于不同地域的旅游资源之间存在差异性，才形成了旅游者的空间流动。也正是由于一个地方的自然景物或人文风情具有吸引异地旅游者的功能，这些自然景物或人文风情才成为旅游资源。就旅游资源而言，越是与旅游者通常的生活习俗、文化背景和居住环境有较大差异，对旅游者来说，就越独特，越具有吸引力。

例如，就园林的地域分布而言，我国园林可分为北方园林、江南园林和岭南园林。江南园林造园时，可利用的河、湖较多；丘陵地带靠近城市，造园之石到处可寻；气候温和，常绿阔叶树种多；但南方城市人口密集，可以用来造园的地面狭窄，故而江南园林盆景式的私家园林较多，其特色为明媚秀丽，淡雅朴素，曲折幽深，但使人感到局促。北方园林在造园时，其地形开阔平坦，但可利用的河川湖泊很少，圆石、常绿树种也很少，北方园林又多为皇家园林，故而形成了富丽堂皇但秀丽妩媚略显不足的特点。岭南园林由于地处亚热带，造园条件比北方、江南都好，具有明显的亚热带风光特色。三种类型的园林体现出风格迥异的地域特色，成为吸引旅游者的重要因素。

由于旅游资源的地域性在构成旅游资源特色方面占有重要地位，因此地域性成为在旅游资源的利用和保护中尤其要引以重视的因素。如果利用好旅游资源的地域特色，则可以让旅游者获得不同的旅游经历与感受，增强旅游吸引力。

（3）不可移动性

不可移动性是指旅游资源是在特定的自然条件和历史文化氛围下形成

的，是不可能异地重复出现的，是靠旅游者移动来"消费"旅游资源形成的旅游产品。旅游资源的区域差异，意味着资源的可模仿性极差，并导致旅游资源具有不可替代性和不可移动性。即便是在某些情况下将某项旅游资源迁移，这一资源也会改变它某些固有的特性，因为其赖以存在的环境发生了改变。例如，淳朴的民族歌舞可以在大都市上演，但却失去了它在故乡的浓郁风情；微缩景观主题公园虽然力图再现异国他乡的原生景观，但显然已不可和原物相比，它已变成另一种新的旅游资源种类了。尽管许多有关民族风情的主题公园仿制了逼真的民族村寨或居室，但因缺乏地域背景、周边环境与民族习俗等的依托，在旅游者的视域中，却是泾渭分明，无法替代。而那些历史感强烈的旅游资源如宫殿楼阁、石刻壁画等，更无法离开特定的地理环境和历史背景，否则将失去其本身的历史价值和欣赏价值。

4. 时间属性

（1）节律性

节律性是指旅游资源的景致会随着季节而变化的特征，并且影响到旅游活动和旅游流的季节变化。旅游资源的节律性主要是由自然地理条件，特别是气候的季节性变化决定的，同时有一定的人为因素。首先，有些自然景色只在特定的季节和时间里出现，这方面有很多鲜活的例子。其次，同样的景物在不同的季节里表现出不同的特征。例如，桂林龙胜县的"龙脊梯田如链似带，从山脚盘绕到山顶，小山如螺，大山似塔，层层叠叠，高低错落。春如层层银带，夏滚道道绿波，秋叠座座金塔，冬似群龙戏水"，春夏秋冬各有特色。另外，由于人的社会活动的节律性（如改革开放后我国法定公共假日制度的4次调整，即1994年5月1日、1995年3月25日、1999年9月18日、2008年1月1日）也决定了人们出外旅游的时间属性，使得旅游具有明显的"淡季"和"旺季"之分。如东部沿海地区一年内有春、秋两个高峰；西北地区有些地方全年只有8月份一个高峰期；而一些节事旅游,其时间性就更为显著了,如哈尔滨的冰灯节、潍坊的风筝会、彝族的"火把节"等都会引起突发的旅游高峰。

(2)时代变异性

时代变异性是指在不同历史时期、不同社会经济条件下,旅游资源的范畴是不同的,旅游资源是随着时代的需求而产生、发展或消亡的。现代旅游业向多样化、个性化方向发展,旅游资源的含义也越来越丰富,原来不是旅游资源的事物和因素,现在都可能成为新的旅游资源。如帝王的宫殿和陵墓、古城的城墙、宗教寺庙、火山喷发的岩浆、地震遗迹等,其存在之初并不被作为旅游资源,但随着时间的推移和旅游者需求的变化,许多已成为颇具吸引力的旅游热点。当然,由于人类旅游活动对环境的影响以及旅游需求的变化,如过量开采地下水使泉水枯竭、河流上游兴建水库使瀑布断流等,原有的旅游资源也会因失去吸引力而不再成为旅游资源。此外,随着人类科技的进步,可以预见未来在深海旅游、太空旅游、虚拟空间旅游等方面将为人们拓展更加广阔、神奇的旅游世界。

5.经济属性

(1)价值不确定性

价值的不确定性指的是旅游资源的价值难以用能够满足旅游者旅游需求的效用进行货币衡量。通俗地说,无法衡量某类旅游资源值多少钱。而在旅游资源的开发利用过程中,无论是经营权转让、股份制改革还是旅游产品的定价都涉及旅游资源价值大小的问题。如果把旅游资源的价值估计过低,轻则造成国有或集体资产的流失,重则使旅游资源遭到不可恢复的破坏,从而遗恨千古。如果把旅游资源的价值估计过高,有可能导致景区无人问津,门庭冷落,失去了旅游资源开发的意义。要处理好这些问题,必须正确认识以下几个问题:

①稀缺性。资源具有稀缺性,旅游资源也不例外。尽管旅游资源的范畴不断拓展,其涵盖的景观对象范围越来越广,而且可以重复利用,但在

一定时期内旅游资源的增量是有限的，旅游资源的存量就很紧张。而旅游需求随着人们可支配收入的增加、闲暇时间的增多以及生活观念与方式的更新日益旺盛。人们对于高品质旅游资源的需求使得一些知名景区的超负荷运营就是最好的例证，这种稀缺性使得旅游资源价值有升高的趋向。

②不可分割性。旅游经营活动出售的是对旅游资源消费的权利，而不是具体的物质产品。旅游资源的消费只能是在保持完整性的前提下，由众多的旅游者共同享受，而不能像一般的商品那样分割为可以计价的单位进行销售。所以，这种不可分割性使得很难将旅游资源货币评估建立在"成本+利润"的模式之上。

③潜在价值的不易衡量性。从宏观角度看，一方面从观光旅游阶段的名山大川到新兴起的生态农业旅游、传统工业旅游和高科技工业旅游，乃至未来的太空旅游等，旅游资源涵盖的范围不断扩大，内容包罗万象，旅游资源的范畴不断扩大，旅游资源的潜在储量无法估计；另一方面，在不同的历史时期，受国家政策、政治局势、经济水平、文化水平等因素的影响，人们的旅游需求往往会有很大的波动。从微观角度看，某一具体的旅游资源，受自然和人为两方面因素的影响，旅游资源的美学价值、环境状况、景区承载力、区位条件、经营模式的变化往往会对旅游者产生影响。旅游需求的不确定性导致旅游资源的潜在价值不易衡量。

旅游资源价值存在不确定性的更重要原因是旅游资源的价值是随着人类的认识水平、审美需要、发现迟早、开发能力、宣传促销条件等众多因素的变化而变化的。在当地人眼中司空见惯的事物在旅游者眼中有可能是一项很有价值的旅游资源，如乡村地区的"老房子"。在一般人眼中不足为奇的东西，对一些专业旅游层次的游客而言，可能正是他们苦苦寻求的目标。所以，不同的人可以从不同的角度评估旅游资源的价值。另外，旅游资源价值会由于资源开发利用方式及开发利用外部条件的不同而不同。例如，同样一个湖泊，如果把它用于不同的观光度假、体育疗养或开辟为自然保护区,其经济价值的大小会有明显的不同。因此,旅游资源的价值只存在于一定的时间、开发条件与方式以及游客市场之中。

(2)永续利用性和不可再生性

永续利用性指的是旅游资源具有可以重复使用的特点。与矿产、森林等资源随着人类的不断开发利用会不断减少的情况不同,旅游产品是一种无形产品,旅游者付出金钱购买的只是一种经历和感受,而不是旅游资源本身。在旅游资源中,除了一些"特殊事件"(如重大的纪念庆典、奥运会和自然界奇异景象等)不可再现重复利用,以及少部分内容在旅游活动中会被旅游者消耗,需要自然繁殖、人工饲养、栽培和再生产来补充外,绝大多数资源只要不搞"竭泽而渔"式的过度开发都具有长期重复使用的价值。也就是说,旅游资源大多数都不属于一次性消耗性资源,一般不存在耗竭的问题。因此,从理论上讲,旅游资源可以长期甚至永远使用下去。

不可再生性指的是旅游资源一般是自然界的造化和人类历史的遗存,总是在一定的条件下产生,一旦破坏就很难恢复,即使进行人工复原也是风韵无存了。旅游资源虽然丰富,但作为一种特殊资源又是有限的,尤其是高品位的旅游资源极为有限。这些有限的资源,往往因为自然的损耗和人为的破坏而不断受到损毁乃至消失,尤其是现代城市化、工业化进程给旅游资源带来了极大的损毁。一些地方急功近利的旅游开发活动也对旅游地的自然生态环境文化传统及文化氛围、景观环境风貌乃至旅游景观本身造成了巨大的破坏。因此,在开发旅游资源的同时,旅游资源的保护工作必须同步进行。通过各种保护措施,一方面,减少其自然的损耗和人为的破坏;另一方面,保护好生态环境,也能为某些自然景观、人文景观的存在和发展创造良好的条件,从而延长旅游资源重复使用的期限。

6.文化属性

(1)美学观赏性

美学观赏性指的是旅游资源具有美学特征和观赏价值。尽管旅游动机因人而异，旅游内容与形式多种多样，但观赏活动几乎是所有旅游过程不可缺少的。从一定意义上说，缺乏观赏性，也就不构成旅游资源。形形色色的旅游资源，既有雄、秀、险、奇、幽、旷等类型的形象美，又有动与静的形态美；既有蓝天、白云、青山、绿水、碧海、雪原的色彩美，又有惊涛骇浪、叮咚山泉、淙淙溪涧、苍莽松涛等的声色美；既有建筑景观的造型美、气势美、时代美，又有地方特色菜肴的味觉美、嗅觉美和视觉美……它们都给游客以符合生理、心理需求的美的享受。旅游，就是一次体验美的历程。旅游资源的美学特征越突出，观赏性越强，对旅游者的吸引力也越大。当然，由于旅游者的性格、爱好、年龄、性别及审美观念的差异以及自然旅游资源和人文旅游资源的美感、丰度、价值、结构和布局的因时因地而异，旅游欣赏也是多层次，具有多样性的。

（2）知识启迪性

知识启迪性指的是旅游资源具有知识内涵，其中蕴含着科学道理、自然规律、技术原理、艺术手法、文化意蕴，使得旅游活动本身成为一种文化交流与文化学习活动。人们通过观光、游览、参与、体验，可以得到各种知识和美的享受，丰富人们的知识，提高人们的智力水平，增加人们的美感。例如，奇峰异石、古树名花、幽深山谷、寂静山林、奇特天象等自然风光，无不蕴含着一定的科学哲理，激发人们热爱自然，探索未知；各种历史博物馆可以帮助人们回顾历史，了解历史，从历史的兴衰看社会的发展规律，从历史人物的命运学做人的道理；各种民族工艺品，让我们了解其他民族文化的精髓和特点，增进相互了解，促进民族团结；石窟碑林等艺术宝库让我们看到古代艺术的手法，体会美的震撼。旅游，也是一次获取知识、启迪心智的历程。同样，要获得这种知识和文化享受，往往与旅游者的文化修养、精神境界有着密切的关系。旅游资源的开发者应该深入研究旅游资源的文化内涵，并采取合理的措施使其文化内涵充分地展示在旅游者面前，增加对游客的吸引力，使更多人受益。

第二节　旅游资源开发规划

一、旅游资源开发理论

（一）主要内容

"区位"一词来源于德语"Standort"，英文于1886年被译为"Location"，即位置、场所之意，我国译成"区位"。某事物的区位包括两层含义："一方面指该事物的位置；另一方面指该事物与其他事物的空间联系。"区位活动是人类活动的最基本行为，是人们生活、工作最初步和最低的要求。可以说人类在地理空间上的每一个行为都可以视为一次区位选择活动。如农业生产中农作物种的选择与农业用地的选择，工厂的区位选择，公路、铁路、航道等路线的选线与规划，城市功能区的设置与划分，城市绿化位置的规划以及绿化树种的选择，国家各项设施的选址等。区位理论是关注经济活动地理区位的理论。该理论假设行为主体为自身的利益而活动，解决的是经济活动的地理方位及其形成原因的问题。如果用地图来表示的话，它不仅需要在地图上描绘出各种经济活动主体（如农场、工厂、交通线、旅游点、商业中心等）与其他客体（自然环境条件和社会经济条件等）的位置，而且必须进行充分的解释与说明，探讨其形成条件与技术合理性。实用性和应用的广泛性使区位理论成为人文地理学基本理论的重要组成部分。

自冯·杜能创立农业区位理论以来，区位理论迅速发展，经历了古典区位理论、近代区位理论和现代区位理论三大发展阶段。如今它的研究和应用范围遍及农业、工业、商业、贸易、城市和交通等领域。其代表理论有冯·杜能的农业区位理论、阿尔弗雷德·韦伯的工业区位理论、瓦尔特·克里斯塔勒的中心地理论及奥古斯特·谬什的市场区位理论。

(二) 实践应用

旅游区位的研究起步比较晚，开始于20世纪50年代。瓦尔特·克里斯塔勒首先对旅游区进行了研究，之后众多学者也对其进行了研究和补充，使其逐渐成熟起来。区位理论对旅游资源开发的地域选择、区域定位、旅游市场竞争、旅游规划空间布局和旅游与产业布局等都有着重要的参考价值。

1. 旅游中心的界定

对特定的旅游地，可以根据一定的标准来判断其是否为该地域范围内的旅游中心地，如该旅游地提供的旅游产品或服务，被周边地区的大多数客源市场所消费，该旅游地人均旅游业的收入占人均收入的比重较周边地区大等。一般来说，旅游中心地必定拥有丰富多彩的旅游资源和得天独厚的交通条件，因为这两个条件是旅游地成为区域旅游中心的先决因素。

2. 旅游中心地的市场范围

旅游地资源的吸引力大小在很大程度上决定了旅游地的影响范围。而除了旅游资源之外，旅游产业的配套服务设施和旅游地的旅游活动容量都会对旅游地的市场范围产生程度不同的影响。总的来说，旅游中心地的市场范围有上限和下限之分。所谓旅游中心地的市场范围上限，就是由旅游地的旅游资源吸引力、旅游业的社会容量、经济容量以及旅游业的生态环境容量共同决定的客源市场范围或接待游客数量，上限值不能超过上述4个变量中的最小值。而旅游中心地的市场范围下限则可以引用瓦尔特·克里斯塔勒中心地理论中的"门槛值"来进行说明："门槛值"指的是生产一定产品或提供一定服务所必需的最小的需求量。这个概念同样适用于旅游地的研究，此时的"门槛"为旅游地提供旅游产品和服务必须达到的最低需求量。

3. 旅游中心地的等级

旅游中心地的等级划分是根据它的市场范围即吸引力进行的。所谓高级旅游中心地就是指为较大市场范围提供旅游服务的中心吸引物。而低级的旅游中心地则是指其提供的旅游服务为较小范围内的市场所消费的中心吸引物。一般来说，高一级的旅游中心地都领属几个次一级的旅游中心地。随着旅游中心地等级层次的变化，旅游区域也呈现等级结构的变化，旅游区域内城镇体系结构影响旅游中心地等级结构。

4. 旅游中心地的均衡布局模式

高级和低级的旅游中心地具有不同的服务职能。由于不同等级旅游中心地服务的市场范围各异，产生了旅游中心地的均衡布局问题。即在一个地域范围内可能存在多个不同等级的旅游中心地，如何进行均衡布局，使得区域旅游在不同等级旅游中心地的带动下获得持续的发展，是布局模式要研究的主要内容。

在瓦尔特·克里斯塔勒的中心地理论中，谈到了在市场作用明显的地区，中心地的分布要以最有利于物资销售和服务最方便为原则，即要形成合理的市场区。在市场最优原则下，一个较高级的中心地提供的服务能力实际上应该相当于3个较低级的中心地，用公式表示就是：$K_n=3^{n-1}$（K表示每个单元内各级中心地的数量，n表示中心地的级别高低）。国内外的许多实证研究表明，这样的一种布局模式在区域旅游市场中也是适用的。

同样，冯·杜能的农业布局圈层理论也可在旅游规划和开发中得到体现。冯·杜能认为从城市向外延伸，不同距离的地方适宜的生产方式是不同的。他从实际研究中发现，以城市为中心，由里向外依次可分为不同的生产圈层。吴必虎在此理论的基础上提出了环城市游憩带的概念。所谓的环城市游憩带，指的是产生于大城市郊区，主要为城市居民光顾的游憩设施、场所和公共空间，特定情况下还包括位于城郊的外来游客经常光顾的各级旅游目的地，一起形成的环大都市游憩活动频发地带。这一地带的划分，形象地刻画了大城市周边区域的旅游市场布局模式，即围绕城市呈现出环状特征。同时，环城市游憩带随着距离城市的远近不同，其主要旅游功能也会出现差异。如距离城市较近的游憩带依托城市以市民休闲和康体健身为主导功能，距离城市较远的地带则依托自然生态以生态旅游、度假旅游为主要的吸引点。

二、旅游资源开发的规划原则

（一）以人为本原则

旅游活动是用来满足人们的精神和文化需求的，应该能够有效地促使人们身心愉悦，提高生命质量。因此，旅游资源开发规划应该将"以人为本"作为根本原则，通过对旅游资源科学系统的规划、引导与开发，使游人在亲近自然山水、接触社会人文、享受美食、休闲购物的旅游过程中，能够充分地体会到旅游所提供的审美价值、文化价值、健康价值、知识价值、精神价值等人们所期望的体验和收获。

（二）整体优化原则

旅游资源开发规划的对象通常不是一个单一的旅游景点，而是一个复杂多元的地域系统。这个系统是由相互作用的各种类型的旅游资源及其相关的经济社会人文因素构成的。因此，旅游资源开发规划不可能将其中的旅游资源单独割裂开进行规划开发，而应该是以旅游资源为核心，以整体优化原则为指导，对系统整体的组合、平衡和协调进行规划，进而建成一个功能完善、稳定、可持续的旅游地域系统。

（三）市场导向原则

市场导向原则是市场经济体制下的一条基本原则，旅游资源开发应该注重旅游市场信息的调研，把握旅游市场需求的趋向，从而确定旅游资源开发的主题、规模、速度和层次。这样，既能够有效实现旅游资源开发的经济效益，又能够极大地满足游客需求而实现旅游资源开发的社会效益与生态效益。

（四）环境保护原则

大多数旅游资源具有不可再生性，尤其是那些环境敏感、生态脆弱的区域极易受到影响。大量旅游资源过度开发、无序开发的反例已经为我们敲响了警钟，不适当的开发行为往往导致环境负效应。因此，环境保护原则是旅游资源开发过程中需要时刻牢记的一条重要原则，规划中，应妥善处理旅游资源开发与保护的关系，坚持保护与开发并重，科学划分旅游资源开发的区域、类型、等级与次序，采取切实有效的措施使旅游资源保护工作落到实处。

（五）特色制胜原则

在旅游资源开发规划中，挖掘旅游资源特色，巧妙设计包装旅游资源，从而形成重点突出、内涵丰富、形象鲜明、独具特色的旅游产品，才能够对游客形成巨大持久的吸引力。因此，规划中切忌模仿、抄袭、跟风，否则缺乏新意，旅游规划区域将不具备竞争力和生命力。

三、旅游资源开发规划编制内容

按照旅游资源类型和空间尺度差异，旅游资源开发规划包含风景名胜区规划、旅游度假区规划、自然保护区规划、（地质、森林、主题）公园规划、世界遗产地规划、特色旅游街区规划、历史文化名城规划、旅游城市（镇）规划以及旅游资源开发的项目用地规划等类型。这些类型的规划主要包含以下内容。

（一）规划依据和原则的提出

规划依据包括中央及地方制定的各种有关的法律、政策、决定（特别是与该地区旅游规划相关的管理办法或条例）。同时，规划者应充分考虑旅游资源开发利益相关者的权益，结合旅游资源自身特点，制定旅游资源开发规划的基本原则，并以此为规划的准则。

(二) 规划区域概况

在规划时，必须对旅游规划对象有一个大致清晰的了解，否则就失去了规划的基础，容易脱离实际，导致可操作性差。规划区域概况一般包括自然地理状况和社会人文状况。前者包括当地的自然条件、环境质量、自然灾害、气候、植被等；后者包括历史变革、民族成份、社会经济、民风民俗等。在规划中，应对主要的特征部分加以详细阐述，甚至掌握某些方面的详尽材料。例如，民俗文化旅游区的开发规划，除了解基本的自然社会状况外，还必须掌握各个民族具体的人口数目、民俗节事情况、民族生活方式与禁忌等。

(三) 旅游资源调查和评价

旅游资源调查和评价是编制旅游资源开发规划的前提条件和基础工作。首先，要确定规划范围，即被规划区域的占地面积和边界。规划范围的大小多由委托方提出，必要时受托方可以与委托方协商，提出合理的规划范围。然后，主要参照《旅游资源分类、调查与评价》（GB/T18972-2003），建立拟开发区域旅游资源数据库，分析评估旅游资源的种类、数量和分布等，确定当地旅游资源的特色和优势，初步确立旅游资源的开发方向与开发时序。

(四) 区域旅游资源竞争状况分析

旅游资源开发规划还应考虑本地区或邻近区域正在兴建或已经建成的旅游资源开发项目，包括旅游资源的级别、规模、种类、替代性、互补性、关联性等，分析未来可能出现的竞争与合作情况，习惯采用的方法为SWOT分析法、旅游空间竞合分析法等。

(五) 旅游客源市场分析、定位与预测

根据旅游资源的特点、区域旅游资源竞争态势、旅游者偏好等旅游资源开发主客观条件分析，预测拟规划区旅游客源市场未来的总量、结构和水平，明确规划区的主要客源市场，包括客源市场范围、客源地、客源规模及结构、市场目标体系，制定相应的扩大客源地和开拓各种旅游市场的

营销策略。客源市场分析将直接涉及旅游资源的开发程度、旅游接待服务设施的容量设定等问题，同时，对于旅游项目的创意设计产生重要影响。

（六）空间布局和功能分区

旅游空间布局解决的是如何在旅游开发区域范围内合理地安排各类旅游景点、接待服务设施、旅游基础设施、游览交通设施以及其他设施，确定用地结构，并限定各项设施的体量、风格、高度、容量、用途及其他要求等。功能分区是指根据用地条件、旅游资源特色和旅游活动安排等要素，把旅游区划分为以满足旅游者某种需要为主的若干个区域，如景观观赏区、休闲娱乐区、野外活动区、服务中心区、专业园区、后勤工作区、康体度假区、自然保护区等。划分功能区的目的是合理地用地，科学地安排旅游活动，有效地保护旅游区资源和环境。

（七）旅游项目设计与安排

旅游项目设计是旅游资源开发规划的核心，它最能体现出规划者的水平，直接影响旅游开发区域的生存与发展。旅游项目设计的主要内容有：旅游项目的特色和主题；旅游项目的内容编排；各项目的重要程度、先后次序、建设年限和标准；投资规模和筹资渠道等。

（八）旅游交通与线路组织

旅游交通包括对外交通系统和区内交通系统。对外交通系统规划一般依靠原有的交通条件，故其不是规划的重点，但应保证游客在景区能够"进得来，散得开，出得去"。同时，在与外部联系的线路组织过程中要考虑游览的组织方式、游览的交通工具选择、游览时间安排等。区内交通系统规划包括游览线路布局和交通方式。景区的游览线路应尽量避免平直、垂直路线，要充分利用小山、河流等景物，使得道路适当弯曲，让游人获得移步换景的感觉。同时，游览线路要尽量避免让游客走回头路。交通方式要力争多样化，并互相配合，步行道、登山道、索道、缆车、游船、自行车等方式均可以采用，让游客有尽可能多的选择。

（九）旅游开发支持保障体系规划

旅游开发支持保障体系规划是旅游规划不可或缺的内容，主要涉及住宿设施、餐饮设施、商贸设施、邮电通信、医疗卫生等方面。这些旅游基础设施、配套设施，一是要与旅游开发区域主题风格一致，尤其避免"建筑垃圾"和城市化倾向；二是要充分考虑游客需求，体现人文关怀。服务项目种类应该齐全并丰富多彩，在服务方式上可考虑地方特色，从而给游客留下深刻的印象。

（十）旅游资源环境保护

环境保护是当今世界发展的主题。投资任何项目，生产任何产品，也只有和环境保护联系起来才有持久的生命力。旅游资源开发规划同样要注意环境保护，从而提高旅游资源的天然性、原真性、生态化，使其更具品位和吸引力，同时实现可持续发展。这部分内容往往基于各种旅游容量（或环境承载力）指标的测算，从而制定科学系统的旅游资源开发环境保护措施。

第三节　旅游资源整合与管理

一、旅游资源整合

"整合"一词最早是地质学名词，后来被广泛应用到企业管理、经济科技、社会人文各领域，出现了诸如营销整合、产业整合、知识整合、文化整合等许多新兴词汇。关于"整合"的含义，1999年版《辞海》的解释为"整理、组合"。徐国志从系统论出发，认为除了上述释义，还有结合、耦合、融合等词义，以及把诸多差异的东西整理、安排，集成为一个统一体的含义。王正新认为，"整合"更突出的是互动的过程与可能的发展，以协商或协议为工具来达成某些共识，并且在此共识下承认并接受个体的个别性存在。综合来看,"整"是一个调整、协调、适应的过程,是手段方法,是"合"的前提和实现途径;"合"是一种匹配、融合、协同的状态,是"整"的目的和预期结果。旅游资源整合一般是指旅游资源的管理者和经营者根据区域旅游发展的总体目标和旅游市场供求情况,借助法律、行政、经济和技术等手段,使各种旅游资源要素结构合理、功能统一,从而实现区域旅游资源综合效益最大化的过程。

(一)旅游资源整合有利于实现旅游产业升级

旅游资源是旅游产业升级的基础。改革开放以来,我国开发建设了大量各种类型的旅游景区(点),但目前存在着旅游资源空间结构相对松散,同类旅游资源重复开发,旅游资源产业链条单一,特定区域旅游资源缺乏主题,"门票经济"现象严重等诸多问题。要实现旅游产业升级,势必要解决上述问题,而旅游资源整合提供了有效的思路和手段。旅游资源整合能够集合单体旅游资源优势,合理分工、有效互补,容易实现规模优势与集群优势,从而夯实旅游产业升级的资源基础。

(二)旅游资源整合有利于促进区域协调发展

在世界经济全球化与区域化的背景下,旅游业的竞争已经从景点竞争、旅游线路竞争、旅游目的地竞争发展到区域竞争。随着人们可支配收入的提高和闲暇时间的增多,旅游者更倾向于进行深度旅游、个性旅游,这对于旅游资源的品级、丰度等提出了更高的要求。如果一定区域范围内旅游资源重复开发、恶性竞争,显然不利于区域旅游的全面、协调、可持续发展。旅游资源整合要求打破地域限制、行政分割,更加科学合理地对旅游资源点和资源区进行划分和布局,使区域旅游活动内容丰富、层次多元,满足各类旅游者的需求。目前,我国各区域开展的区域旅游合作都已经充分认识到旅游资源整合的必要性和重要意义,一些区域提出了明确的整合目标和策略,初见成效。例如,2006年长江三角洲旅游城市高峰论坛通过的《金华宣言》提出:"建立长三角区域旅游产品开发、宣传促销、信息发布、目的地环境营造等联动机制，逐步形成沿江（长江）环湖（太湖）、沿海（东海）、沿河（大运河）、沿线（高速公路、铁路）的十大长三角旅游精品线路及子区域的 50 条旅游精品线路，整体形成长三角旅游产品体系。"实质上运用的正是旅游资源整合的思想和方法。

（三）旅游资源整合有利于形成区域品牌形象

在旅游供给极大丰富、信息传媒日益发达的社会里，内涵丰富、鲜明生动的旅游形象会对旅游者产生巨大的吸引力。在一定区域范围内，往往存在着若干个旅游资源单体，其旅游形象千差万别，带给旅游者的印象通常是碎片式的。旅游资源整合就是要在全面分析各种旅游资源特点的基础上，寻找共性，设定主题，重组资源，集合优势，塑造区域形象，形成品牌优势。例如，截至 2009 年 6 月底，山东省共有 2 处世界遗产，33 个 AAAA 级以上旅游区，5 个国家级风景名胜区，100 个全国文物保护单位，36 个国家级森林公园，7 个中国历史文化名城，29 个中国优秀旅游城市，旅游资源种类繁多、各具特色。如何定位山东省旅游形象，着实具有难度。山东省旅游主管部门在不断调查、评价、整合旅游资源的过程中，先后提出"一山一水一圣人"和"走近孔子，扬帆青岛"等口号。2007 年，山东省旅游局推出了"文化胜地度假天堂"的形象宣传口号和"好客山东"的旅游品牌标识，这些品牌形象产生了良好的市场效应，山东的旅游总收入连年增长。山东旅游形象的定位，正是在对全省旅游资源整合评价的过程中，不断改进提高，真正形象生动地凸显了山东省旅游资源的特点和优势。

二、旅游资源整合原则

（一）整体优化原则

整体优化原则强调在整合过程中，要重视各旅游资源要素之间相互依存、相生相养、共同发展的关系，避免区域内各旅游资源主管单位或开发主体受利益的诱导而使旅游资源人为分割，整体吸引力和竞争力削弱。本着各要素或各景区之间为一个利益共同体的原则，划分内部开发小空间，从各要素与各景区之间的差异中找出共性，作为开发的基础，进行资源的合理配置。但需要注意的是，整体优化原则并不是各旅游资源单体平起平坐，在开发时序上也不是齐头并进。整合的过程可能要牺牲一些局部的利益，尤其是在开发初期的整合，往往实施"重点优先，分步开发"，逐步形成整体优势。区域旅游资源整合开发应站在战略高度上把握区域旅游资源的整体特点、主导优势、内部差异与互补、周边环境状态、与他域之间的比较优势等，进行区域整合的整体运作，实现旅游资源经济、社会与环境效应的最大化。

（二）协调互补原则

协调互补原则强调整合过程中要促成同类旅游资源的错位开发与异类旅游资源的优势互补，形成品种丰富、层次多样、功能完善、适应多种不同需求的旅游产品体系，提高区域旅游的核心竞争力。同类旅游资源一般具有天然的竞争性，保继刚等学者对旅游资源空间竞争的研究，证明了同类旅游资源间存在着替代性竞争现象。旅游资源整合要从全局出发，探索有被替代可能性的旅游资源的发展路径，从而避免恶性竞争对区域旅游形象和利益的影响。异类旅游资源一般具有天然的互补性，整合就要在不同类型旅游资源中寻找共性，设计共同的开发主题，进行有效的衔接和串联，形成游客心目中整体的旅游形象，促进各旅游景区（点）高效互动，塑造区域旅游品牌，保障区域旅游发展的良性循环。

（三）市场导向原则

市场导向原则强调整合过程中要不断根据市场需求变化，调整旅游资源构成、主题和层次，提高旅游资源效用值，最大限度地满足游客的需求。在旅游资源整合开发之前，要进行市场调查，准确掌握市场动向，包括目标市场的规模、结构、消费者特征等。在初次开发后，要关注市场的变化，及时调整旅游资源构成进行再开发,从而保证区域旅游竞争力。旅游资源整合是一个优化提升区域旅游产业的基础性工作,市场需求为其指明了方向和目标,所以,旅游资源整合要坚持市场导向原则。

(四) 以人为本原则

如今旅游发展倡导"以人为本,和谐旅游",旅游资源整合也要做到以人为本,统筹兼顾,持续发展。因此,旅游资源的整合既要把握整合中各要素的内在联系,又要体现旅游资源开发的地域组织规律;既要统筹区域旅游的当前利益与长远利益,又要兼顾局部利益与全局利益;既要满足旅游者的旅游需求,又要尊重社区居民的感受。在需要牺牲个体利益换取区域整体利益的情况下,要建立利益补偿机制。坚持以人为本的原则,才能保证区域旅游整合开发沿着科学的轨道发展。

(五) 政府主导原则

参与旅游资源开发的有各地方政府、行业主管部门、交通能源部门、景区经营者、酒店宾馆、旅行社、当地居民等,其中,政府发挥主导作用。旅游资源整合的主体是资源的所有者、管理者或经营者,由于旅游资源的实际所有权掌握在负责管理的各级地方政府手中,即各行政区"主宰"旅游资源的所有权和开发权,因此,对边界共生旅游资源进行整合的核心主体应是相关的行政区政府,它们应在资源整合中扮演倡导者和组织者的重要角色。归纳起来,政府的职责主要有:转变观念,倡导整合;建立模式,引导整合;制定政策,保障整合;组织协调,促进整合。

三、旅游资源的管理

(一) 旅游资源产权管理

产权不是一般的物质实体。著名的产权经济学家 Furubotn 和 Pejorich 认为,产权不是指人与物之间的关系,而是由物的存在及对于它们的使用所引起的人们之间相互认可的行为关系。产权安排确定了每个人相对于物时的行为规范，每个人都必须遵守与其他人之间的相互关系，或承担不遵守这些关系的成本。因此，产权是一系列用来确定每个人相对于稀缺资源使用时的地位、经济和社会关系。产权作为人与人之间的经济权利义务关系，无论以何种形态存在，都不同程度地表现出排他性、有限性、可分解性和可交易性等基本属性。旅游资源产权除了具有产权的一般属性外，还具有一定的特殊性，如旅游资源产权是公共产权，具有社会公益性；旅游资源产权的行使具有较强的"外部性"；旅游资源产权保护功能的内生性等。

旅游资源产权是指由于旅游资源的存在及对于它们的使用所引起的人们之间相互认可的行为关系。它是旅游资源所有权和各种利用旅游资源权以及义务的行为准则或规则。具体来说，是指在旅游资源开发、治理、保护、利用和管理过程中，调节地区与部门之间以及法人、集团和国家之间使用旅游资源行为的一套规范的规则。

由于完整的产权是以复数形式出现的，因此旅游资源产权也是一组权利，主要包括：①狭义的所有权，即旅游资源的终极性、归属性。②使用权，包括消费性使用和生产性使用两方面。③管理权，决定如何使用旅游资源的权利。其他一些权利，如收益权、处置权等均可归入这三项权利中讨论。旅游资源产权有三大特征：①旅游资源的所有权主体大多是国家。②政府代表国家支配旅游资源，旅游资源的行政管理在很大程度上代替了旅游资源的产权管理。③旅游资源管理部门分散，资源利用率较低。

（二）旅游资源信息管理

旅游资源信息是一切事物现象及其属性标识的集合，是客观事物状态和运动特征的一种普遍形式，人们通过它可以了解事物或物质的存在方式和运动状态。信息一般通过数据、文本、声音、图像这四种形态表现出来，能够被交换、传递和存储，是一种能够创造价值的资源。

人们在调查、研究、管理旅游资源过程中产生的信息被称为旅游资源信息。旅游资源信息不仅包括旅游资源本身的信息，而且包括与旅游资源相关的信息，如旅游交通、购物、娱乐、当地社会经济概况等方面的信息。随着旅游业的发展，对旅游资源的调查、规划、管理工作也相应地越来越细致，因而产生的旅游资源信息也随之出现了较大的变化，逐渐表现出了衍生信息迅速增加、表现方式多样化的发展趋势。

不仅旅游资源信息内容非常丰富，而且旅游资源信息的服务对象也相当广泛，它不仅为与旅游相关的人员服务，还为一般的用户服务，这些都使得旅游资源信息相对于其他资源信息有许多不同之处。概括起来，旅游资源信息主要具有海量性、区域差异性、时效性、不易传播性、综合性和层次性等特点。

旅游资源信息管理是对旅游资源信息进行开发、规划、控制、集成、利用的一种战略管理。其实质就是对信息生产、信息资源建设与配置、信息整序与开发、传输服务、吸收利用等活动的各种信息要素（包括信息、人员、资金、技术设备、机构、环境等）的决策、计划、组织、协调与控制，从而有效地满足旅游者、旅游经营者、旅游管理者使用旅游资源信息需求的过程。

尽管政府部门和有关专家为旅游资源信息的收集、利用制定了相关的政策和实施办法，旅游主管部门和行业组织对旅游资源信息的收集、发布做了很多工作，但我国在旅游资源信息管理的自动化方面起步较晚，与使用信息技术手段相比，传统的管理手段存在许多不足之处，突出表现为采集和管理手段落后，信息涵盖面和精度均不尽如人意，信息的管理和使用不成体系，信息更新缺少动态性和时效性等，很难为旅游资源信息的收集、管理、使用提供可靠、权威的保障。因此，迫切需要新技术、新手段来代替人工方式，以提高旅游资源信息采集和管理的效率和准确性。

（三）旅游资源开发利益相关者管理

1. 旅游资源开发经营者管理

在景区保护的所有核心型利益相关者中，开发商的利益诉求指向最为清晰。而开发商的经济利益如何与社会公共利益对接，传统经济学理论对此作出了回应。它指出，企业的社会责任主要通过提供能满足社会需求的产品和服务来实现，如果一个企业在保证高效率使用自然和社会资源的前提下，为消费者生产和供给价格适宜的需求物，那么它就为维护社会公共利益做出了分内的贡献，即企业唯一的任务就是在合法经营中追求自身利润最大化。然而，在监管机制不完善的情况下，对于历史文化景区的保护与发展方面，开发商为实现自身利益最大化而损害他人合法利益的现象依然存在，迫切需要健全相关机制，加强监管。

因开发商在追求经济利益最大化的过程中不可避免地对景区的历史文化遗产造成威胁、对自然生态系统施加压力，因此，常被研究者视为景区保护与可持续发展中的危险分子，开发商对经济利益的疯狂追求最终会衍生出一系列社会责任的问题。早期，在开发商还没有意识到历史文化遗产的保护与景区旅游的可持续发展的必要性时，在发达国家，大多数开发商不自觉地赞同温和学派对保护与持续发展的解释。也就是说，早期开发商在实现利润增长过程中会对资源和环境造成持续破坏。而如今，随着旅游者与当地居民日益忧虑景区历史文化遗产和自然生态环境的破坏问题，他们不断呼吁开发商在景区保护与发展中承担一定的社会责任，于是有不少开发商转而关注起社会责任问题。他们开始考虑保护历史文化遗产及自然生态环境，坚持可持续发展原则，遵守相应法规与制度，通过尊重历史文化遗产的原真性、减少污水排放等"绿色"行为来提升自身企业形象，扩大市场需求，进而达到提高收益或降低成本的目的。综上所述，我们可以将开发商的利益诉求归纳为：获得高额利润回报、树立良好企业形象、提升企业知名度、实现企业可持续发展。

2. 旅游者管理

游客管理是指旅游管理部门或机构通过运用科技、教育、经济、行政、法律等各种手段组织和管理游客的行为过程，通过对游客容量、行为、体验、安全等的调控和管理来强化旅游资源和环境的吸引力，提高游客体验质量，实现旅游资源的永续利用和旅游目的地经济效益的最大化。游客是旅游活动的主体，是旅游产品的需求方，打造高质量的旅游产品、获得满意的旅游体验等是游客的主要利益诉求。科学有效的游客管理可以使游客获得良好的旅游环境氛围和高质量的旅游体验，使游客获得最大限度的旅游满足。

3. 社区居民管理

（1）社区参与内容

社区是旅游的发展者，本身也是旅游资源的一部分，并且是旅游的最终受益者。目的地居民正逐步被视为旅游资源产品的核心，是可持续旅游资源开发的重要因素。从社区的角度探讨旅游目的地可持续发展是可行的途径，这在众多的研究中得到共识。当地社区对旅游地的态度、行为参与程度对旅游目的地资源开发至为关键，决定了政策执行力与管理有效度，是旅游的可持续发展规划、实施过程中的重要因素，他们的支持具有重要意义。

当然，社区参与旅游发展，也需要达到一定的条件。首先，旅游目的地社区要有动力参与旅游活动，最主要的动力就是能从旅游发展中受益。其次，社区参与旅游发展，还需要有效参与。Okeh认为社区有效地参与决策过程，需要对旅游发展有建议的权利和充分的认识。总之，旅游地与社区直接的对话和相互学习，比单纯依靠技术和科学解决办法可靠得多。

（2）社区参与模式

根据社区参与程度不同，可以将其分为三类模式：

第一类是社区全权支配管理旅游产业，如在加拿大安大略省尼亚加拉大瀑布周边的酒庄，依托私人拥有的葡萄园及家族传统酿酒知识，吸引旅游者前去品尝、购买特色酒产品，甚至发展出小型食品供应店、娱乐场等多样化旅游产品，旅游产业由社区完全拥有并加以管理。

第二类是部分参与旅游发展，分为经济参与和管理参与。在许多发展较好的旅游目的地，当地社区居民抓住契机，以家庭式餐馆、旅馆等形式参与到旅游开发中来，成为旅游产业中相对独立的有机组成部分，与旅游发展经济上唇齿相依，互惠互利。或者社区和家庭选择与外来的开发商联合，合作开发旅游，不少学者提出建立股份制合作制公司的设想，并在实践中提出"景区公司＋农户"等参与模式。社区参与还可以是管理参与，包括初级的参与到旅游目的地发展方式的意愿表达，以及有决策权的社区共管模式。在特定的旅游目的地，可能出现经济参与和管理参与的双重参与模式。

第三类是社区不参与旅游发展。包括：社区分享旅游收益。吴忠军等认为在旅游利益分配中，应树立当地居民利益第一思想，保继刚等也主张对没有直接涉足旅游业的社区居民，通过集体基金补偿、利益二次分配等形式保障他们也能分享旅游收益，获取经济补偿。旅游的发展必然对当地社区产生冲击和影响，通过经济形式对利益受损的居民进行补偿，是旅游尤其是自然旅游采用的一种方式。

第四节 旅游资源的开发与保护

旅游资源大多是自然及人类文化遗留下来的珍贵遗产，虽然某些自然旅游资源主要由再生资源组成，如植被、水景等，若破坏不甚严重，有可能通过自然调节和人为努力得以恢复，但旷日持久，耗资巨大。而更多的旅游资源属非再生资源，具有难以恢复的不可再生性特点，如山岩、溶洞以及人类历史长河中遗留下来的文化遗产等，一旦被破坏便可能从地球上消失，即使付出极大的代价进行仿造，其意义也与原来的绝不相同。因此，旅游资源保护的意义重大，要始终贯穿于旅游资源开发与管理的整个过程中。

一、旅游资源开发的影响

（一）自然过程对旅游资源的影响

旅游资源是大自然的一部分，大自然的发展、变化都会影响旅游资源的变化，旅游资源在自然的风雨中会遭受到不同程度的破坏，这就是旅游资源的自然衰败，导致自然衰败的原因包括风、雨、洪水、泥石流、动植物、地震、地质沉降等，根据影响的速度和程度不同，又可细分为灾变性破坏和缓慢性破坏。

1. 灾变性破坏

自然界中突然发生的变化，如地震、火山喷发、海啸等自然灾害的出现，会直接改变一个地区的面貌，毁掉部分或全部旅游资源，这种现象称为旅游资源灾变性破坏。灾变性破坏具有突发性和破坏强度大的特点。如1997年8月，夏威夷岛上最古老的瓦吼拉神庙被基拉维火山喷出的熔岩全部淹没，一座有700多年历史的名胜古迹在一瞬间毁于一旦。

2. 缓慢性风化

一般情况下，长期的寒暑变化、流水侵蚀、风吹雨淋等都会慢慢地改变旅游资源的形态。这种缓慢的变化即为缓慢性风化。缓慢性风化的破坏过程往往是渐进的，但长年累月引发的损害也不容小视。如埃及的基奥斯普大金字塔表层每年损耗约3mm，我国的云冈、龙门、敦煌三大石窟无一例外地也受到了类似的破坏。

自然力作用造成的破坏，人类无法阻止它的产生，只能通过一些科技手段延缓或补救这种破坏，尽可能降低它的破坏程度。

（二）人为开发对旅游资源的影响

1. 旅游开发促进对旅游资源的保护

旅游开发是一个人为的过程，是通过人的主观能动性，将旅游资源转化为产品与项目的过程。旅游开发促进了旅游资源的利用，使之能发挥出潜在的综合效益，但保护和利用是旅游开发的两个方面，保护的目的是更好地利用，而利用也有助于保护。

人们对于旅游资源的开发在一定程度上改变了人们对资源利用的传统思维。很多旅游资源在没有开发之前，往往没有认识到它们的价值，只有通过旅游开发，才能促进人们认识和理解旅游资源还具有供人们休闲、游憩，获得精神和物质享受的功能。例如在山区，长期以来森林资源的唯一功能被认为是木材的价值，人们将树木砍伐，然后运出山里，在市场上获得它的价值，这造成很多森林地区过度砍伐，既过度消耗森林资源，又破坏环境，造成水土流失，原来山清水秀的美景一去不复返。随着旅游开发，过去地处偏远的森林现在成为旅游开发的热点，人们才认识到让树木生长在那里可以产生同样的，甚至是更多的效益，人们这种观念上的转变就得益于旅游的开发。旅游开发促进了文化传统和自然环境的保护。因为旅游开发挽救了很多濒临灭绝的旅游资源，旅游开发将传统的城市和传统的文化从消亡的边缘拉了回来。

2. 旅游开发造成旅游资源的破坏

与旅游开发促进对旅游资源的保护相对应的是一些不当的旅游开发往往也会造成旅游资源的破坏，这种破坏有的是非旅游活动造成的，有的是旅游开发中的不当活动所引起的，有的则是旅游开发活动本身所带来的。

旅游开发对旅游资源的破坏可以分为建设性破坏、保护性破坏、管理性破坏和制度性破坏四种。

（1）建设性破坏

建设性破坏是指旅游业发展进程中开发不当等引发的对旅游资源的破坏。景区索道建设在我国是一种普遍性的旅游开发性破坏方式，如丽江玉龙雪山索道的建设和运营，给保护区带来了生态灾难，大量游人的涌入，使亘古冰川遭到破坏，部分冰川开始融化，高山植被和野生花卉被游客践踏、破坏，野生动物数量急剧减少。

（2）保护性破坏

保护性破坏是指以旅游资源的保护为目标，但因保护措施失当，导致保护设施与周围环境不协调，或因保护性修护方法欠妥，引发旅游资源新的破坏。与建设性破坏不同，由于保护性破坏有良好的初衷，使其隐蔽性更强。如某些历史遗址，一旦周围环境遭破坏，也会导致历史性建筑失去了原真性、整体性，而这种原真性、整体性一旦消失就无法再恢复。

（3）管理性破坏

管理性破坏是一种更深层次的破坏方式，又可进一步细分为直接的管理性破坏和间接的管理性破坏，前者是由于不当的管理决策直接导致的对旅游资源的破坏，后者则多是由于对游客管理失当或管理缺位而引发的，超过景点容量的超规模接待破坏了旅游区自然生态系统的平衡，从而对旅游区生态系统带来危害。

（4）制度性破坏

制度设计上的产权重叠与监督缺位，是旅游资源人为破坏的根源所在。由于目前存在同一旅游资源分别委托给林业、环保、建设等多个部门进行"代理"的现象，实际上造成了产权设置重叠，即同一资源实体的一些产权同时委托给不同的平级政府部门，各政府部门对资源的"处置权"并不具有排他性，他们在实际中相互竞争使用。同时，信息不对称与制度性监督缺位也是旅游资源制度性破坏的另一导火索。

二、旅游资源的保护手段

旅游资源是一个国家发展旅游业的生命线，要使旅游业得以持续、快速、健康地发展，就必须采取各种行政的、经济的、法律的、科技的、教育的手段来保护旅游资源。

（一）旅游资源保护的法律手段

旅游资源保护的法律手段，就是通过各种涉及旅游资源与环境保护的法律、法规来约束旅游开发者和旅游者的行为，以达到对旅游资源进行保护的目的。法律保护手段具有权威性和强制性，是最为有力的保护措施。目前，我国并没有专门的旅游资源保护法，与旅游资源保护有关的法律法规，主要散见于各环境与资源单行要素保护法律及行政法规、部门规章中，旅游资源保护法律法规较为松散，缺乏系统性和整体性。

（二）旅游资源保护的经济手段

旅游资源保护的经济手段就是国家或主管部门运用价格、利润、利息、税收、罚款等经济杠杆和价值工具，调整各方面的经济利益关系，把企业的局部利益同社会的整体利益有机结合起来，制止损害旅游资源的活动，奖励保护旅游资源的活动。

（三）旅游资源保护的行政手段

发展旅游业，如果管理得当，会促进旅游资源保护的进展；如果管理不善，会给环境带来灾难性后果，最终导致旅游业赖以生存和发展的基础被破坏。各级地方政府对旅游资源的行政管理以及对发展旅游业和保护旅游资源方面起着不可替代的重要作用。

（四）旅游资源保护的技术手段

旅游资源保护的技术手段是指运用各种科学技术手段进行旅游资源环境的管理，这些手段包括数学手段、物理手段、生物手段、工程手段、新兴科技手段等。

(五) 旅游资源保护的教育手段

旅游资源保护教育是指通过各种宣传手段和教育方法，对从事旅游开发经营活动的开发商、参与观光游览活动的旅游者进行资源环境的道德伦理教育及资源开发与环境保护技术教育，特别是加强对青少年的环境教育、生态知识普及，加强对教育机构、教育投入机制、媒体的组织、领导和管理等教育，在全社会形成旅游道德、环境意识和环境技能教育的网络体系。其包括施教者、宣传者、组织者、被教者、管理者等各个群体系统。

第四章 旅游管理模式

第一节 旅游景区经营管理新模式

随着社会经济水平的不断提高,我国旅游业发展势头强劲。但是与之对应的一些经营管理问题也越来越受到人们的关注。本节提出必须充分发挥市场机制在旅游景区经营管理过程中的重要作用,阐述了旅游景区经营管理的新模式,主要有国家直接经营管理模式、市场化经营管理模式以及公益性经营管理模式三种方式,在此基础上,提出在当前旅游景区制度改革的背景下,相关人员必须突破传统思维的局限,实现经营权与所有权分离。通过积极政府与企业的合作,促进旅游景区的进一步发展。

社会主义市场经济的发展,使得人民的生活水平极大提高,旅游逐渐走入老百姓的日常生活中。作为一项蓬勃发展的朝阳产业,旅游极大地推动了我国 GDP 的增长。随着人们精神需求的不断增长,旅游在经济发展中的重要性日益凸显。但是,我们必须清醒地认识到当前旅游景区管理经营存在的诸多问题。虽然我国早已步入市场经济的时代,但是大多数景区依然实行计划经济的方式,依赖于国家财政拨款进行旅游开发。这种模式虽然对旅游景区的效益起到了一定的保护功能,但是容易导致政府和企业之间职责混淆,产生效率低下、机构人员冗杂等问题,不利于旅游景区经营管理的进一步发展。因此，在当前旅游景区经营管理模式改革的背景下，必须充分发挥市场的调节作用，促进旅游景区经营管理模式的创新。

一、旅游景区经营管理的新模式

（一）国家直接经营管理模式

国家直接经营的模式就是对当前旅游景区经营模式的发展，国家充分发挥管理作用，集所有权与经营权于一体，国家财政对景区的管理和开发费用进行全面覆盖，而景区价格由国家自主定价，所获得的收入纳入国家税收，从而促进相关公共服务行业的发展。这种管理模式可以实现对景区资源的保护，充分体现人民群众的利益，实现旅游景区的可持续发展。但是长远来看，这种管理模式存在着一定的问题。虽然国家在旅游景区资源整合方面具有巨大的优势，但是由于政府部门的固定工作模式，会使得旅游景区的经营管理效率低下，难以及时应对市场的变化，从而无法促进旅游景区经营管理质量的进一步提升，阻碍了旅游景区的发展。但是对于一些重点的旅游景区，例如森林公园和文物保护区等公益性景区，通过实行国家管理的模式，可以严格控制景区的过度发展，切实保护公共利益不受损失，实现旅游景区经济和社会效益的可持续发展。

（二）市场化经营管理模式

市场化经营管理模式就是充分进行经营权制度改革，使得企业获得更好的经营自主权，从而充分融入市场竞争中去，提高旅游景区服务的质量和水平。通过实现旅游景区的经营权和所有权分离，实现旅游景区的产业经营，可以充分调动相关企业的积极性，促进旅游景区效率的提升。当前市场化改革主要有两个方向，包括吸引社会资本介入景区经营权，实现多元投资主体，另一种是独资的垄断经营模式，实现一家企业统筹管理的模式。近年来，随着市场化进程的加快，很多旅游景区进行所有权拍卖，积极推动景区经营管理模式的创新。但是在进行市场化改革的过程中，必须充分认识到旅游景区的环境效益，景区的开发必须以可持续发展为目标，实现经济效益和社会效益并重，完全的市场化经营管理模式必将对公众利益带来损失，不利于旅游景区的健康发展。由于企业在旅游景区发展过程中过度追求经济效益，使得景区过度开发，生态环境遭到极大破坏，使得景区的文化价值大大降低，不利于旅游景区的长期发展。因此，在旅游景区的市场化改革过程中，必须完善相关法规制度，促进景区的可持续发展。

（三）公益性经营管理模式

长期以来，很多人认为旅游就是把风景地圈起来，然后通过收取门票获得经济效益。但是与此相反，"零门票"的公益旅游管理模式逐渐受到大家的广泛关注。旅游产业放弃传统的门票收入，转向通过产品和服务质量的提高，挖掘新的替代性收益，从而促进景区经营管理体制的创新。当前，很多旅游景区通过实现吃、住、行、购、娱等要素的结合，全方位促进景区经济效益的提升，推动力旅游景区的进一步发展。"零门票"的公益旅游观念打破了传统唯利是图的旅游经营管理模式，充分体现旅游景区的人文精神，通过景区独特的文化、艺术内涵吸引消费者，推动旅游行业的健康发展。只有建立在独特历史文化基础上的旅游景区，才能在当今市场竞争中立于不败之地。我国黄果树风景名胜区是最先实行"零门票"经营管理的景区，不仅没有造成企业经济效益的下降，反而实现了景区人数的三级跳，实现了旅游景区的突破性发展，开发了黄果树旅游品牌，充分促进了当地经济的可持续发展。

二、我国旅游景区模式创新的对策

（一）突破传统思维的局限

为了促进我国旅游经营管理模式的创新，必须从思想观念上进行革新，深化认识旅游产业"大市场、大产业"的观念，改变传统旅游景区的靠山吃山、靠水吃水的传统思想，促进景区资源的充分开发。在传统急功近利思想的影响下，旅游景区开发范围较小，没有形成大规模的一体化旅游项目。旅游景区资源的全面、合理地开发，是促进景区经济效益提升和实现可持续发展的重要内容。旅游景区管理企业要从思想上改变传统的观念，在创新过程中突出品牌特色和影响力，大力倡导当地文化的积极作用，从而形成独特的旅游特色，增加旅游景区的文化内涵。在管理过程中，旅游景区必须要做到绿色经营，美化、洁化景区的环境工程，提高景区的后勤质量，坚持自然环境和人文关怀的理念充分结合，提高老百姓的满意程度。此外，旅游产品的销售要切实把握市场心理，突出产品的卖点，通过设计和创新产品包装，吸引老百姓的注意力，提升旅游产品的技术内涵，使得旅游产品充分反映地方特色。在旅游景区经营管理过程中，相关人员必须树立品牌意识，进行旅游市场的精准定位，从而减少同类旅游产品的重复性，突出本地的独特性，从而吸引消费者，提高景区的经济效益。

（二）实现经营权与所有权分离

虽然我国市场经济得到了快速发展，但是在旅游行业计划经济的管理模式仍然占据主导地位。随着旅游景区进一步深化经营体制的改革，我国旅游景区必将充分融入市场竞争中去，促进所有权和经营权的分离，从而提高旅游景区的经营管理效率，促进景区的进一步发展。对旅游景区进行市场化改革的关键就是把经营权下放给企业，使得企业获得更好的经营自主权，充分融入市场竞争中，不断提高旅游景区的服务质量和水平。对于旅游景区的市场化经营主要是通过政府出让经营权的方式来进行。通常来说，我国政府一般采取租赁经营、委托购买以及拍卖的方式进行市场化改革，但是相关过程没有制度和规范的约束，缺乏统一的标准，各地在实行过程中自主性较强，因此不可避免地带来了很多问题，阻碍了旅游景区的市场化进程。

在旅游景区出让经营权的过程中，往往会带来政府权力寻租以及相关企业过度开放等问题，造成景区资源的极大浪费。随着我国积极寻求发展，旅游景区可以通过引进外资的方式，实现转让经营等新方式，这对我国旅游景区的管理体制创新提出了更高的要求，因此，相关部门必须要加快旅游景区所有权和经营权分离的进程，加强对景区运营管理的监督，从而使得景区按照规范进行合理开发，切实保障人民的利益，以此促进旅游景区的进一步发展。

（三）加强政府与企业的合作

随着旅游景区的市场化改革，必须尽量完善激励制度和监督制度，促进企业景区管理效率提高。旅游管理涉及很多部门和行业，是一项复杂的系统性工程，因此光靠企业进行调整往往捉襟见肘，必须加强市政府的宏观调控作用，及时解决旅游景区开发过程中出现的问题，切实实现旅游景区的可持续发展。相关党政工作部门必须重视旅游景区开发的重要性，通过目标绩效考核制度，促进责任的分工和落实。此外，政府还积极推进和融资企业的合作，推动旅游景区市场的多元化和经营管理的企业化。在保障国家景区所有权的基础上，广泛吸引各种社会资本，从而实现旅游景区所有制管理结构的合理化，促进景区的进一步发展。

当前由于计划经济管理模式的影响，使得我国旅游经营管理存在着一定的问题。因此，应该积极探索旅游景区经营管理模式的创新，在充分开发旅游景区资源的基础上，促进经营管理效率的提升，从而促进我国旅游行业的发展。在旅游景区经营管理改革过程中，必须大力推进市场化经营，实现企业的自主经营权，真正实现景区管理模式的创新，为老百姓提供质量更高的旅游服务，推动我国旅游行业的发展。

第二节 网络环境下旅游行业财务管理模式

随着网络社会的发展，信息化、科技化不断推进，传统旅游行业财务管理模式的创新势不可免。要在当前旅游行业竞争力不断增强的经济环境下找到突破口，实现旅游经济的快速发展，创新旅游行业的财务管理模式将是重要保证。为了满足人民的精神文化需求，凸显旅游行业个性化服务，旅游行业正顺应时代发展大势不断创新发展。在此背景下，旅游行业的财务管理模式也应当实现创新发展，紧跟信息化潮流，建立财务检查相关管理机制，建设高素质的财务管理人才队伍，实现财务管理服务的快速优化。本节便针对当前旅游行业财务管理模式的发展历程和创新途径做出探讨，以解决网络环境下旅游行业经济的高速高质发展。

现代经济不断发展，为科技发展提供了资金保障，随之而发展的现代计算机技术、现代通讯、新兴媒体等技术平台，为很多行业带来了挑战，也带来了发展机遇。在当前网络环境下，如何实现传统旅游行业财务管理模式的转型发展，如何顺应时代发展潮流，推动旅游行业创新发展都成为当下需要解决的问题。但是当前旅游行业在财务管理模式上还存在一些需要解决的问题，因此，必须创新旅游行业财务管理的理念模式，切实防范可能出现的财务风险，提升旅游行业的竞争力，推动旅游行业的长远发展。

一、旅游行业财务管理模式的发展历程

（一）传统旅游行业的财务管理模式

旅游行业的财务管理和运行机制是影响旅游行业经济发展的重要条件。旅游行业的财务管理涉及游客的饮食、住宿、交通、娱乐、购物、游玩六

个重要环节。而旅游行业的财务管理指的就是旅游行业利用价值形式，实现自己的经营目标，管理行业财务活动和财务关系的形式。传统旅游行业主要在于线下景区旅游，并且由于时代经济条件所限，并不是所有人都有出去旅游的机会，那么对于传统旅游业的经营管理也就少了很多烦琐的步骤。主要是通过园区门口售票的方式，达到经济收益，而因为当时很多园区并不具备旅游开发意识，很多都是免费景区，并且即使是收费景区，管理效果也并不理想。

（二）现代旅游行业的财务管理模式

近年来，我国人民生活水平有了显著提高，这给我国旅游行业带来了巨大的发展机遇，也给旅游行业的财务管理带来了挑战。而现代旅游行业的财务管理模式还存在着诸多问题。很多企业拥有自己的一套财务管理制度，但是更新不及时，制度不能顺应旅游行业的发展需要。尤其是在当前网络系统日益发展的现代社会，旅游行业不断由传统向现代转型，内部财务管理模式也必然要更新，才能推动旅游行业经济更好地发展，不断推动旅游行业产业链的延长，为其提供经济基础。

（三）基于网络环境完成管理模式转型的意义

目前互联网技术日益精进，"互联网+"模式不断发展，旅游行业要想在此背景下取得长足发展，就必须将网络与旅游各方面相结合，走现代信息化发展道路。相对应的旅游行业要及时调整财务管理模式，创新管理理念，利用好网络平台和新媒体的优势，不断满足"互联网+"背景下人们对于旅游行业管理、服务要求的提高，实现针对用户提供更加个性化的定制服务，推动文化、旅游双向发展。旅游行业的信息管理也不再依赖于口口相传，通过互联网平台的宣传，游客可以对各景区的旅游项目、门票价格、食宿情况提前了解，进行比对，选择更加优化的旅游方案。要想吸引更多的游客来到旅游景区，必须有自己的特色和优化的服务，旅游行业的经济与文化深度融合，延伸产业链，对于旅游行业的发展具有重要意义。

二、针对当前旅游行业财务管理模式问题的探讨

（一）财务检查工作不到位

在旅游管理中，财务管理因为其经济价值存在比其他岗位更难以避免的漏洞，必须要加强核实检查工作。而在目前的管理模式下，财务检查工作没有做到精准落实，在于责任归属问题、经济秩序问题、资金占用问题、外汇管理问题、财务权限问题等诸多困境亟待解决。旅游行业的经济收益同样在于收入减去支出，在收入总量要提高的情况下还要控制支出。旅游行业经费支出主要是内部业务活动、会议准备、日常办公费用、员工工资、保障支出等，如果不能有效监督这些支出，做好详细的规划，那么这些漏洞将会不断发展，侵蚀收入，影响整个行业的经济收益。

（二）财务人员素质待提高

财务人员对于互联网的认识还有待加强。财务人员的财务管理传统观念主要表现为：第一，对于互联网重视程度不够，不能结合网络信息技术和财务管理工作，这无法实现旅游经济的长足发展；第二，由于旅游财务人员新鲜血液注入不足，财务人员年龄偏大，对于新技术、新发展的接纳程度和吸收程度不高，创新能力不足。对于财务运作还采用传统的处理方式，以传统核算为主，缺乏系统性的管理，缺乏持续发展的动力。第三，地域影响下对于新人的吸引力不足。众所周知，东部是我国经济发展的中心，相对基础设施健全，经济发展程度较高，工资水平也较高，而西部尤其西北地区交通较闭塞，经济发展缓慢，基础设施不够健全，总体工资水平较低，对于人才的吸引力较低。

（三）财务管理创新性发展不足

总的来说，我国的旅游行业管理相较于之前有了较大的发展，但与发达国家相比，尚有欠缺。我国旅游行业具有先天不足的劣势，动力和活力

也没有紧跟上经济发展的步伐，还处于一个相对弱势的时期。因此，要想在较短的时间内实现快速发展，必须创新。但是，旅游行业的财务管理创新性发展还远远达不到理想状态，上文所提到的财务人才的引进具有地区差异，财务人员的年龄问题，根深蒂固的传统管理理念和经验等都是阻碍财务管理模式创新的问题。同时，对于国家相关法律政策的落实，旅游行业自身的自律性也是需要考虑的问题。实现旅游行业管理模式的创新不是一朝一夕的事，而是一个长足发展的过程，必须实时调整发展战略，紧跟时代发展潮流和最新政策。

三、推动旅游行业财务管理模式的创新发展

（一）建立财务检查相关管理机制

财务监管不健全会给行业带来较大风险，适时调整财务管理机制，加强财务检查对于旅游行业稳定发展具有重要意义。第一，要建立独立的财务管理和核算体制，这样才能真实反映旅游行业的经济活动和收支往来，为与旅游企业有关的行业机构提供真实可靠的财务信息，提高可信度。第二，要积极控制财务风险，不断完善合同制度和发票管理制度，完善业务办理流程，避免其中不合理、不规范的办理行为。第三，加强投资评估核查机制，对于出现违约拖欠等行为的机构开展检查，及时止损，提高旅游行业信用等级，扩展融资渠道。

（二）加强财务人员教育培训

财务人员作为财务系统运作的关键人物，必须要提高专业素质。行业内部或企业应为他们提供职业技能培训。要推动财务人员自身理念的更新，提高财务人员专业性，发挥人才优势，加强财务职能的完善。要培养财务人员的现代财务管理理念，使得旅游行业的运行管理遵守管理准则，减少企业财务风险，实现旅游行业的长远发展。还有很重要的一点就是培养财

务人员的创新意识和创新能力，要让他们意识到创新的巨大作用，从而完善财务管理模式，指导旅游行业整体运作。另一方面，对于财务人员的细化分工也是提高行业效能的重要途径。主要在于基础财务核算、财务生态构建和财务管理三方面，有针对性地培养人才，细化整合人力资源。在上文中所提到的区域人才选择的问题，这依赖于国家的政策保障和政策倾斜，要加大对西部地区的开发建设投资，或者为西部工作人员增加工资、福利等，吸引东部人才往西边去，开发建设西部资源，这样才能做到区域协调发展，经济均衡发展。

（三）将文化效益与经济效益相结合

网络时代，经济发展要具有长远目标。运用网络技术，旅游行业可以实现信息的快速处理，数据快速核算，通过数据平台也能观察旅游行业的发展信息和用户反馈，数据的筛选处理不应再一味地依赖人工，以减少工作时间，提高工作效率。很多旅游企业考虑建立以数据共享为基础的网络财务服务平台，实现更加快速的资源整合和人员利用，同时规划财务权限，严格掌控财务风险，这都是现代网络社会为旅游行业带来的发展提升空间。财务运作已经慢慢向管理型财务模式转变，必须将管理与核算相结合，这样才能得到更加真实、有效的参考。并且旅游行业要想实现长足发展，仅靠旅游单一的资源是不可能的，经济效益必须与文化效益相结合，这就需要财务管理的高瞻远瞩，学会合理投资文化资源十分重要。当今世界国际竞争日益激烈，文化的竞争就是这其中的重要一环，这足以见得文化发展在当今社会的重要性。文化与旅游应该是相辅相成的关系，文化可以为旅游注入源头活水，让旅游增加魅力和独特性，促进不同文明之间的相互融合，相互发展。将中华民族传统文化作为旅游投资绝对不是亏本的选择，它具有巨大的社会效益和宣传作用，对于打造旅游企业的品牌形象、文化魅力具有重要意义。

综上所述，推动旅游行业财务管理模式的创新发展在当前网络化、信息化、科技化的社会中具有重要意义，是现代旅游行业自我管理不断更新的重要体现。近年来，我国旅游业发展迅速，在第三产业的发展中占有很大比重，要顺应旅游产业链的不断完善，实现旅游行业的长足发展，传统财务管理模式必须创新。国家和政府要为旅游行业的财务管理制定相应的法律法规，旅游行业自身要建立财务检查的相关管理体制机制，加强财务人员的管理培训，提高旅游业财务人员的道德素质和专业素质。并且，当前国家对于文化发展的重视程度不断提高，旅游行业经济与文化融合发展，是不可避免的发展趋势，必须实现自我调整，利用财务管理创新，带动旅游产业文化发展，实现经济文化双繁荣。

第三节　休闲农业与乡村旅游管理经营模式

随着我国发展进入新常态，经济方面呈现出了多元化的发展模式，不同产业之间进行有机融合，相互促进，共同带动新型产业发展。比如，服务业与商业结合而产生的产品服务业，带动了产品经营的发展；农业与工业相融合，工业产品可以提升农田的肥沃程度，农业又为工业提供基础生活保障以及工业用地；农业与服务业相结合，例如，服务业当中的旅游业与农业相结合的农家乐式的体验旅游。本节就乡村旅游的经营管理的方式进行分析与研究，并提出相对应的解决方法，希望对我国乡村的经济发展有所帮助。

现如今，由于大城市繁重的工作压力让生活在城市的人们精神压抑，难以放松，这个时候很多人就会选择去旅游，去那些与城市景观完全不同的乡村，通过观赏美景、体验生活的方式来放松身心。众多的旅游公司为满足人们的旅游心理，大面积开发乡村旅游业，改造农田结构供旅游者体验，并且还投入大量的基础设施，为的是让消费者有更好的消费体验。在目前，乡村旅游所面临的问题大致有两个方面：第一，由于这种悠闲的旅游方式被更多人了解，到乡村体验生活的人数已经远远超过了乡村环境的承载能力，从而破坏了生态环境；第二，由于乡村建设宣传不够或者地方知名度不高所造成乡村旅游不景气，从而不利于乡村产品资源的开发以及乡村经济的发展。

一、目前旅游者所体验的乡村旅游类型

自从旅游业延伸到乡村地区，乡村资源得到了开发，乡村经济得到发展。不同的乡村，由于所处的地理环境以及人文环境不同，所形成的自然景观以及文化风俗有所差异。它们凭借着各自不同的优势，进行发展建设，形成具有地方特色的旅游类型。目前，在我国乡村旅游的种类根据其建设方向不同，可分为以下三类：

（一）以地方真实景观作为建设方向

由于我国幅员辽阔，自然景观的类型众多而且样貌奇特，奇异美丽的景观引起了一些地理研究者以及爱美人士的兴趣。所以我国一些乡村旅游业就以展现地方真实的景观特色为发展方向，并且独特的地方民俗与地方人民所表达的情感也是最真实的特色景观。每年众多的旅游爱好者中有很大一部分都是冲着地方独特的景观现象去的。比如云贵高原所特有的喀斯特地貌：流水、溶石、岩洞以及一系列奇特的喀斯特现象，每年都会有一些地质学者和摄影爱好者慕名而来，一睹风采；再比如，"桂林山水甲天下"大家再熟悉不过了，桂林山水以其秀丽的山峰和清澈辽阔的河流吸引着大批美景爱好者前来观赏与体验。游客来到这里就仿佛置身于仙境，清净自得，暂时远离了世俗的困扰。

（二）以地方人文特色作为建设方向

在我国的历史发展的长河中，留存下来很多文物古迹。这些文物古迹

都是古人经历千辛万苦建设出来的，它们无一不体现了古人寄托在文物建筑上的情感以及精悍的建造技艺。还有一些是名人故居地，那些有成就的名人曾经在某个地方居住过，那这个地方就成了一处旅游地。每年有很多历史古迹研究人员以及普通游客来到名人故居或著名建筑地进行观赏，不仅可以了解名人轶事，丰富自身知识储备，还能对专业研究有所帮助；而且在这些地方了解历史故事，体会历史情感，有助于提升旅游者的文化修养。例如，为抵御外族入侵而建造的长城，虽然台阶陡峭，但是每年还是有很多人慕名而来。人们观赏过后都会不禁称赞奇迹般的建造成果，并且还可以体会到抵御外族入侵的决心与毅力；诸葛亮故居——沂南县孙家黄疃村，在此设有诸葛亮故居纪念馆，每年来此参观的人也不在少数。

（三）以开展体验式生活为建设方向

忙碌的城市生活给人们带来身体以及精神上的压力，所以，在空闲的时候，很多人会带着家人一起来到乡村，享受慢节奏的生活。在这里可以放下手头的工作，看着悠闲的乡村场景，内心也会跟着放松。一家人一起做饭，游玩，尽情地享受与儿女之间的欢乐，还可以静下心来进行深度交流，并且感受这个世界所带来的美好。

二、在乡村旅游开发中存在的问题

（一）缺乏资金投入，基础设施不完善

近几年来，虽然我国的城市化进程有所加快，但是目前乡村在我国仍占有很大比例。我国江南等地一些有名的大型乡镇，凭着自身天然的地理优势以及知名度，得到了很多企业的关注，企业纷纷对这些地方进行资金投入，这就有助于乡镇进行基础设施的建设，不断完善游玩项目，不断优化景观质量。从而可以带来更多前来体验的游客以及丰厚的收益，以此，这些乡镇旅游业就可以达到可持续发展的效果。然而，我国虽然乡镇众多，但是像江南乡镇这种有名的且有内在发展潜力的并不多，很多还是名气较小或者是不容易被人知道的小乡村。这些乡村，在发展旅游业的过程中，由于没有名气，再加上景观相对于其他地区来说不够突出，所以难以引起投资者的注意。缺少了投资，乡村内部资金又匮乏，这就使得这些乡村的基础设施建造不完善，前来游玩的游客们对此热情不高，从而就难以吸引更多的游客前来旅游。这是个循环的经济效益。

（二）缺少专业的项目设计人员，景区资源开发不合理

如今，在我国乡村旅游建设中存在的最大的问题就是，对景区资源的开发极度不合理，开发程度较小。有些地区农业发展得很好，村民们都有各自的农田进行耕种。在开发的过程中，由于村民缺乏发展旅游经济的意识，不愿意把自己的田地让出来，供前来旅游的人耕种，更别说是开发其他的旅游项目了。村民们只看到了自己眼前的一点利益，缺乏远见，这种故步自封的观念不利于乡村经济的发展。还有一些乡村在开发的过程中，没有科学的经验指导，导致开发过度。前来的游客过多导致乡村自然环境遭到破坏的现象时有发生。这最终是不利于乡村经济的持续发展的。归根到底，还是乡村在开发的过程中缺少专业人员的指导，导致开发程度不合理。

（三）景区人员缺乏责任意识，宣传工作不到位

如今市面上有很多宣传乡村旅游的广告，比如说云台山景区、桂林山水景区等。很多人也是因为看了这些包装精美、设计巧妙的宣传广告，或是广告上令人心动的价格，而对这个地方充满好奇，从而产生想要去旅游的想法。然而仍有一部分乡村旅游开发者不注重对景区的宣传，仍持有"好酒不怕巷子深"的老观念。但如今是互联网技术时代，市面上存在有很多同类型的产业，如果其他产业利用互联网优势进行宣传开发，而自身产业仍不为所动的话，那么景观即使再好，也会淹没在大势的进程中。结果就是，其他企业越做越大，自身企业知名度越来越小。所以在如今这个信

息时代，打造乡村旅游的品牌知名度仍是非常重要的。

三、进行乡村旅游规划的措施

（一）借鉴建设经验，合理规划开发力度

开发力度是指在乡村设施的建设中，既不能不开发，不开发吸引不了更多的旅游者前来消费，不利于乡村经济的发展；又不能开发过度，开发过度会对乡村环境造成严重的破坏，影响生态环境的可持续发展。因此，在进行开发建设时，要多借鉴同类的成功案例，结合本村庄实际进行应用；或者请专业规划人员来进行整体布局，从而进行合理的基础设施建设与景区的开发。

（二）利用自身优势，打造独特品牌

在乡村建设中有好的品牌是至关重要的。好的品牌会引起更多人对本村庄的注意，从而会有很多慕名而来的游客。所以，在乡村建设中要努力发现自身优势，并利用优势打造独特的品牌，提高在市场上同类产业当中的知名度。

第四节　校企协同培育旅游管理人才的合作模式

本节以旅游院校本科层次的学历教育为研究对象，主要研究了初步探索、阶段性合作、全过程协同培育3个阶段的校企合作模式，梳理各个阶段校企合作协同育人的背景、主要内容和形式，为校企深度融合、全程协同育人提供参考。

我国的旅游人才培养包括学历教育（涵盖高等教育和职业教育）、岗位教育（培训）两部分。其中，学历教育有4个培养层次，即大专、本科、硕士研究生、博士研究生。本节的研究对象是本科学历教育。我国旅游管理专业本科的学历教育始于20世纪80年代初。1980年，浙江大学成立旅游管理系，标志着旅游管理本科学历教育的开端。随着旅游产业的不断发展壮大，本科层次的旅游管理学历教育经历了萌芽、巩固发展、规模扩张、内涵提升4个发展阶段，为旅游产业输送了大量专业人才。截至2017年，全国有501所本科院校开设旅游管理专业，当年招生3.5万人。

我国高校旅游管理本科人才的培养目标由高级管理人才，向复合型、应用型人才转化，由主要培养学生的理论研究能力向理论研究能力与实践应用能力并重或者以实践应用能力为主转化。近年来，大多数旅游院校注重培养学生的实践应用能力。由于高校存在实践设施设备更新的先进性和时效性不强、模拟环境的实战真实性较弱、专业课教师的理论知识和实践技能的更新缺乏即时性等问题，许多高校开展了多种形式的校企合作模式，校、企、政协同培育旅游管理人才，取得了一定的成效。校企协同培育旅游管理人才的合作大致经历了探索、阶段性合作、全过程协同培育3个阶段。

一、校企探索联合培养旅游管理人才阶段（1980—1996年）

校企探索联合培养旅游管理人才阶段是旅游人才培养的萌芽和巩固发展阶段，开设旅游管理专业的本科院校数量迅速增加，在校生人数也快速增长。旅游院校的人才培养目标大多是高级管理人才，以培养理论研究能力和宏观管理能力为主，主要传授理论知识、培养理念，普遍重理论、轻实践。由于校内培养学生实践能力的师资、专业实验室等教学资源匮乏（许多院校没有校内旅游专业实验室），学生在校内不能掌握岗位操作技能，在行业内的就业能力不高。高校开始探索通过实习与企业联合培养学生实践能力的模式，但由于许多院校开设旅游管理专业的时间较短，专业招生规模有限，与企业的联系较少，培养方案中设置的实习期很短（2—4周，最长不超过3个月），学生只有到实习单位经过岗位技能培训和实践操作演练，才能达到顶岗要求，但实际顶岗工作的时间不长。因此，高校与企业的实习洽谈工作比较艰难，一些高校甚至在实习阶段实行"放羊式"管理，校企互动合作流于形式。但仍有一些旅游院校探索校企合作模式，迈出了校企联合培养的步伐，并在旅行社、景区、酒店等建立实习基地，制定实习管理制度，设专人分管实习工作。

二、校企合作培养旅游管理人才阶段（1997—2008年）

校企合作培养旅游管理人才阶段是旅游人才培养的规模扩张阶段。随着旅游产业的发展，旅游业对我国经济的贡献越来越显著，1998年的中央经济工作会议将旅游业定位为"国民经济新的增长点"，确立了旅游业的经济产业地位，1998年，教育部颁布了新的《普通高等学校本科专业目录》，调整本科学科专业目录，在管理学门类工商管理一级学科下，设旅游管理二级学科，提升了旅游管理的学科地位。1999年开始，我国高校扩大招生规模，蓬勃发展的旅游产业和高等院校扩大招生规模的政策吸引大量院校开办旅游管理专业，扩大旅游管理专业的招生规模，使我国的旅游管理本科学历教育迈入新的发展阶段。在这一阶段，许多旅游院校的人才培养目标是培养宽口径、厚基础的综合型、复合型人才，在培养过程中，虽然存在旅游学历教育与行业的链接不十分紧密、毕业生行业对口就业率较低、师资力量薄弱、供需错位等问题，但是，为了提高毕业生的行业就业能力，许多院校开展了校企之间的阶段性合作，并取得了较好的效果。

在校企合作培养旅游管理人才阶段，校企合作的内容和形式如下所示。第一，建设校内专业实验室。许多旅游院校随着招生规模的扩大，师资力量增强、办学条件改善，校内开设旅游管理实验教学中心，加强校内实践教育基地建设，使学生在校内学习期间就能获得行业的发展认知、部分岗位技能的训练、部分旅游活动的实战演练。第二，逐渐拓展校企合作的内容和形式，邀请大量行业管理人员、岗位实践操作人员、政府相关管理人员作为兼职教师到学校授课，讲授行业实践的前沿动态，培训学生的岗位操作技能，使校内学生实践能力的培养与行业衔接，使学生具备一定的岗位适应能力和应用型人才基本素养。第三，建立长期稳定的实习基地。一些旅游院校为了拓宽办学视野及国际化视野，提升学生职业发展能力、行业适应能力，在旅游资源发达的北京、上海、深圳、三亚等地建设了实习基地；有的院校还在日本、美国、英国等境外建立实习基地；一些院校将学生的实习时间延长到半年，有的甚至达到8个月，调动企业培训实习生的积极性（一些企业对新入职员工的培训较为精细，培训期较长）；院校与企业建立长期稳定的合作关系，建立实习生的双重管理制度（企业和学校双重管理），在集中实习地点常年派驻教师在企业的人力资源部任职，主要负责实习生的管理、沟通、协调等工作。另外，院校建立辅导员教师定期访问制度；实行毕业论文双导师制（高校教师和实习单位管理人员共同指导）；建立完善的校企合作点的筛选制度，停止与合作过程中出现问题比较多、沟通不顺畅的企业合作，同时加强与校企合作声誉好的行业领军企业的联系；制定优秀实习生激励政策，高校和企业共同表彰优秀实习生。

三、校企全过程协同培育旅游管理人才阶段（2009年至今）

校企全过程协同培育旅游管理人才阶段是旅游人才培养的内涵提升阶段。2009年10月，《国务院关于加快发展旅游业的意见》颁布，将旅游业定位为"战略性支柱产业"，强调了旅游产业的重要地位，对旅游业的发展起到了积极的推动作用；2011年，《中国旅游业"十二五"人才规划（2011-2015年）》的颁布实施，确立了旅游人才在旅游业发展中优先发展的战略地位。在这一阶段，产教融合协同培育人才受到政府、行业、高校、社会的广泛关注，尤其是国家颁布实施了一系列政策文件，有力地推动了产教融合的制度创新和实践创新。2014年，《国务院关于加快发展现代职业教育的决定》颁布，随后，产教融合相继被写入"双一流"建设、应用型高校转型等系列政策文件；2017年，国务院颁布实施《关于深化产教融合的若干意见》，产教融合成为国家教育改革和人才开发的整体制度安排，产教融合迈入了新阶段；2019年4月，国家发改委、教育部联合印发了《建设产教融合型企业实施办法（试行）》，使产教融合制度由人才供给侧延伸到需求侧，进一步调动行业企业参与产教融合的积极性；2019年7月，习近平总书记主持召开中央全面深化改革委员会第九次会议，审议通过了《国家产教融合建设试点实施方案》，指出深化产教融合，是推动教育优先发展、人才引领发展、产业创新发展的战略性举措，使产教融合由人才供需两侧的制度安排上升为国家高质量发展的战略引擎，成为教育、产业、科技、人才、金融综合性改革的战略举措。

在这一阶段，我国旅游本科层次的学历教育从校企合作的内容和形式的广度、深度进行分析，可以分为校企全过程合作、校政企全过程深度融合两个时期。

（一）校企全过程合作阶段（2009—2013年）

许多旅游院校与企业签订协议，建立稳固的学生校外实习实践基地，进入了集实践教学、创新设计、理论研究、服务地方经济与培养创新型人才为一体的校企联合应用型人才培养过程。依托基地建设，高校与旅游企业合作的内容和形式主要包括：共同制定校外实践教学的目标和培养方案、共同建设校外实践教学的课程体系、统一组织实施校外实践教育的培养过程、共同评价校外实践教育的培养质量等工作。旅游院校依托基地的实践资源开展大学生学习期间4年不间断的综合实践教学，即一、二年级，以见习、调研、岗位技能基本训练为主，三年级以实践操作专项训练为主，四年级以顶岗实习为主。一些院校尝试与企业签订战略合作协议，设立行业学分，开设"定制班"，实施定向培养计划，拓展了校企合作内涵：依据企业对学生的发展要求，进行教学内容规划，制定具有统一性、连续性的人才培养和课程建设目标；利用校内外实践教学基地，开展多种形式的实践技能培训项目，增设综合性、设计性实验项目；企业派遣高级管理人员和业务精英到高校授课，指导、评价学生的校内实践活动，结合行业发展趋势和旅游业发展实际，加强学生实践技能培训和职业发展能力培养，提升学生的应用型素养和职业发展能力，使学生适应岗位需求的职业发展趋势，成为上岗即成熟的应用型实践人才。校企合作全过程协同培育旅游管理人才，对培养复合型、应用型人才起到了积极的推动作用，成效显著，但是，由于高校和企业的运行目标、运行规律、资源基础等方面存在差异，校企的深度合作仍然存在制度、效率等方面的障碍。

（二）校政企全过程合作阶段（2014年至今）

在校企全过程协同培育人才的基础上，一些旅游院校探索校企政全过程深度融合，协同培育旅游管理人才。较为典型的合作模式是校企联盟。校企联盟是学校、企业、研究机构、政府采用协议的方式，自愿结成的非营利性的相对稳定的组织，利用各自的教育环境和教育资源，将学生课堂学习与工作实践环节学习有机结合，构建产教深度融合协同培育人才的培养模式。目前，校企联盟大致分为学校主导型、企业主导型、校企融合主导型3种模式。

由政府（地方教育管理、旅游管理的行政机构）指导和管理，旅游院校、政府、研究机构、行业企业共同参与的旅游校企联盟（简称联盟），是学校、企业、研究机构、政府之间建立的一种长期战略合作伙伴关系，有力地推动了校政企深度融合协同育人。联盟的总体目标是整合联盟各方资源，解决旅游服务业面临的实际困难和共性问题，促进政、产、学、研、用合作各方共同发展，适应地方经济产业结构升级、经济转型和社会发展对旅游服务业的新需求，探索构建联盟单位间智力资源共享、人才联合培养和交流的新机制。联盟开展校企协同育人的内容和形式如下所示。

1. 按照"共建、共享、共融、共通"的原则，建设联盟信息平台

联盟秉持"共建、共享、共融、共通"的原则，开设网站、微信公众号、微信朋友圈等多种形式的信息平台，设置盟员特色简介、旅游政策法规、行业资讯、学术资讯、前沿问题研讨、项目合作、企业人才需求、人才供需双方特色活动展示、人才智库、联盟动态等模块。实现信息共享，资源整合利用。

2. 设置专家咨询委员会，加强组织保障

专家咨询委员会结合联盟发展的实际工作需要，指导联盟研究发展规划，协助联盟理事会对联盟战略决策及有关工作进行评估，为联盟提供科技创新、人才培养、政策咨询等方面强有力的智力支持。第一，保障校企深度融合。联盟遴选高校、企业、研究机构中具有丰富的校企合作研究基础和实战经验的专家，设置专家咨询委员，开展人才供需调研，定期召开校企合作研讨会、问题诊断分析会、决策咨询会，进一步完善校企合作的成果，保障校企深度融合工作开展。第二，保障复合型、应用型人才培养，通过专家咨询委员会，吸纳企业人员参与人才培养的全过程，为复合型、应用型人才培养提供企业实际需要和行业现实发展参照，发挥校政合作、校企合作、产学研合作的优势，为旅游高等教育供给侧结构性改革提供依据。第三，保障服务地方经济，通过专家咨询委员会确定联盟发展目标和具体工作方案，结合地方旅游业的现实需求，以服务地方经济发展为目标，为旅游行政管理部门、联盟内的企业提供旅游产业发展问题分析诊断、决策咨询、项目研究、培训等服务，使政、校、企各方受益。

3. 确立旅游复合型、应用型人才培养的驱动系统

调动联盟内各主体的积极性，建立和完善联盟发展的3个动力驱动系统，即以经济利益为驱动的联盟内企业驱动，以供给侧结构性改革和推进

高等教育综合改革、凸显特色为驱动的联盟内高校驱动和以推动旅游产业优化创新、均衡发展为驱动的政府驱动,并通过联盟主体自身工作需求推动联盟工作开展。

我国旅游院校本科层次的学历教育,在校企合作、协同培育人才方面开展了许多有效的理论研究和实践探索,经过初始探索、阶段性合作、全过程协同培育3个阶段,使校企按照"共建、共享、共融、共通"的原则,深度融合,全程协同育人,以破解旅游管理人才供需错位的难题。目前,我国已经建立了校企深度融合全程协同育人的有效模式,即联盟,在实践操作过程中,将不断得到修正、完善。与此同时,高校将根据人才培养目标、资源禀赋、环境因素、产业特征等优势和特色,探索更多的有效模式,推进旅游管理复合型、应用型人才的培养。

第五节　风景旅游区经营管理模式探索

当前我国绝大多数风景旅游区正处于城乡统筹和新型城镇化、新农村和美丽乡村建设等多元化发展的时代背景中,在快速城市化、新农村建设和旅游开发等多重挑战下,一些管理落后的风景区破败萧条。本节通过分析我国风景旅游区的管理现状,明确当前管理模式中存在的问题,确定我国风景旅游区经营管理模式下一步探索的内容与方向。

当前我国绝大多数风景旅游区正处于城乡统筹和新型城镇化、新农村和美丽乡村建设等多元化发展的时代背景中,在快速城市化、新农村建设和旅游开发等多重挑战下,大量管理落后的风景区破败严重。面对这些问题,我国的风景区经营管理模式急需创新,研究出一条符合我国国情的新模式,以此解决上述问题。

一、我国风景旅游区经营现状

我国绝大多数旅游风景区文化资源是乡村历史、文化、自然遗产的活化石和博物馆，长期以来，在市场经济条件下，随着新农村建设、乡村旅游开发和城乡统筹发展等多重挑战，旅游风景区越来越受到货币经济的冲击，风景区文化资源保护得不到充分重视。除了极少数传统风景区被列为历史文化风景区得到较好发展外，多数传统风景区不能得到有效保护和利用。旅游风景区传统经营管理模式亟待改变。

二、风景旅游区经营管理模式简述

（一）国家直营管理模式

国家直营管理模式就是国家政府作为该类风景旅游区的所有者和经营者，作为唯一拥有者行使经营权，因此所有涉及风景区的费用，包括管理、景区保护和景点开发方面的经费均由国家财政支出，而景区门票及其相关景区内项目收入直接上缴国家财政，同时景区门票定价权属于国家。这种模式缺乏整体层面的保护建设规划，没有牵头部门规范古民居建筑拆迁、新建建筑用地审批管理等工作，无法正确处理好改善农民人居环境与保护古民居的关系。

（二）市场化经营管理模式

市场化经营管理模式与国家直营管理模式最大的区别在于行使风景区经营权的是企业，这一管理模式充分适应市场需求，以市场的需求为景区开发导向，以此为基础将景区整体进行包装后作为一项产业推入市场，这种做法的优点在于，充分调动了风景区主体的积极性，大大提高了景区的经济效率。

但我们也要认识到，随着人际关系日趋理性化，农村传统生活的合理性及其价值越来越受到破坏和质疑。安于宿命、不重诚信、轻视规则、抱残守缺、不思进取等思维和观念在人们的日常生活中又化为实际而具体的行动，造成散落在相对偏僻、贫困落后的传统风景区破败严重。除了极少数传统风景区被列为历史文化风景区得到较好发展外，多数传统风景区不能得到有效的保护和利用。

三、风景旅游区经营管理模式的政策建议

（一）创新旅游模式

村镇旅游模式。随着我国城镇化建设和生态文明建设的速度不断加快，在这一大背景下，越来越多的地方旅游业充分利用当地村镇特色文化，将当地特色融入旅游开发，依靠古村落古建筑的文化氛围作为基点，以新农村建设为助力，大力发展了诸如农家乐、村寨游、古文化游、新村风貌游等多种类型。

民俗风情旅游模式。民俗风情游与村镇游的最大区别在于，其主要旅游资源围绕当地特色文化进行包装，这就要求当地风景区有一定的历史沉淀。在这一基础上，大力宣传当地农村风土人情和民俗文化，并整理成适应市场需求的特色民俗文化，可以通过多种手段增添文化色彩，如民间技艺、农耕展示、节庆活动、时令民俗以及民族歌舞等休闲旅游活动。该类旅游模式大力发展了民俗文化型、农耕文化型、乡土文化型等类型。

文化创意与跨界经营。跳出风景旅游区的圈子看风景旅游区，能给风景旅游区注入更多的生命力。风景旅游区不能单独看成住宿，而应该与周边环境融为一体，保留当地特色生活。如果只是住宿，很难竞争过酒店，给客人留下的理由。

此外，游客住风景旅游区是为了旅行休闲，感受另外一种生活方式。

风景旅游区要借用环境、人文等要素，注意设计感与卖点，把餐饮、客房、人、物产等结合起来，风景旅游区经营会看到另一片新天地。

（二）创新宣传渠道

社群商业与自媒体传播。社群商业的主旨就是去中介化，充分运用社群基础进行营销宣传，而在这一过程中，自媒体传播工具起着极其重要的作用。因此，风景旅游区在宣传方面首先要学会使用自媒体工具，如微信、微博等自媒体工具，保证自身特色的同时，打造与自身特色关联性强的客户群，做到精准宣传，效果往往事半功倍。

"环境资源+"。环境资源包括"农业资源"与"山水资源"。风景旅游区，重点在"民"。如何体现"民"，远离"市"，大道同源，殊途同归。风景旅游区的打造就好比一件商品的包装，而这件商品包装上最吸引人就是商品代表的地方文化。

引入智能化宣传渠道。在社交媒体工具空前应用的今天，在可以预见的将来，社会中每个个体或集体将共用集成了各种类型的混合云平台，这已经成为公认的发展趋势。在这一背景下，风景旅游区经营者应该充分利用网站、微信、微博等方式打造体现自身特色的宣传平台，利用图片、文字和视频，对酒店内各房间情况（如报价）、提供餐饮情况（如特色菜肴、酒店位置和周边环境）等进行展示，使用户在家即可轻易获得景区的相关信息。

适当的定位。有人说，住风景旅游区，定位是极其重要的，一个准确的定位意味着风景区作为一件商品，它在市场中的价格区间、市场受众、产品收益以及后续可持续发展的能力，因此在宣传过程中必须充分考虑定位问题。像"云台山风景旅游区"的火爆，其中的一部分原因就是在景区项目选址方面找到了合适的定位。

适当的宣传口号。风景旅游区的宣传口号设计的要点就是要求突出重点、容易、积极，这就要求口号短而精，切忌口号空洞、长篇。具体风景旅游区选址应遵循从大环境到小环境的思考方式。通过对于国内外成功风景区宣传案例的分析总结，一个成功的风景区宣传口号主要遵循两大原则：

（1）合法可用。合乎法律规定是一个成功宣传口号的立身之本，但由于我国群众法律意识淡薄，这一最基本的原则常常是最容易忽略的，在我国村镇旅游风景区，这类现象尤其明显。再好的宣传口号如果得不到法律的保护，就存在随时被剽窃甚至被占有的风险，轻则损失景区声誉，重则随之而来的是高额的宣传费用"打了水漂"，甚至惹上法律纠纷。

（2）易读易记。风景旅游区的宣传口号设计的目的简而言之就是让游客知道，从而产生旅游的兴趣，因此，口号应该简单易懂，朗朗上口，易于理解，不要在口号中出现多音字或者是多解字，这只会降低游客的兴趣，如裸心谷、过云山居等风景旅游区等品牌都非常易读易记。

（三）创新服务模式

人情味的服务是一种有温度、能够传递情感的服务。能够让客人感受到风景旅游区的情感，从而能够调动起客人的情绪，如感动情绪，让客人心里暖暖的。情绪波动分为两种：负情绪波动（失望、愤怒、不解等），正情绪波动（感动等）。

好的服务质量两个标准：切实解决了客人难以处理的问题，服务超出了客人的心理预期。可尝试在以下三个方面进行创新：

低价高值服务。其是指风景旅游区消耗极低的人力成本、物力成本，对客人来说却很有价值的服务，如叫醒服务、行李寄存、延迟退房（当天没有客人入住的情况）、提供针线包雨伞等、行程规划、预订门票、收发快递、照片打印等。

超出预期的服务，能够给客人带来惊喜。针对不同客人提供灵活性的服务。细心、主动、能够有预见性为客人服务。打破常规。站在客人角度考虑问题。

标准化风景旅游区的服务。细心观察客人行为举动，主动、预见性地提供服务，如客人从外面买了一些水果回来，主动问客人是否需要水果刀。服务是具有时间性和空间性，贯穿于客人预订、入住、离开三个阶段。客人在网上预定后，服务就已经开始了。

服务的关键在于能够有效地执行。风景旅游区从掌柜到前台、清洁人员都是服务的执行者，对服务人员进行服务培训，提高服务意识及服务能力，有效激励员工，提高服务质量，如被客人提名表扬的员工，风景旅游区应给予物质奖励。

服务内容细节化。服务内容要具体化，把服务的内容进行整合告知客人。在旺季时，客人要求会很多。这时候要把客人各种要求记在本子上。根据要求的轻重缓急，一一去解决。以防忘记或者遗漏未去解决，导致客人不满。和客人进行有效沟通，对客人提出的要求要理解到位，以防对客人提出的要求理解片面或者有误，在解决过程中不符合客人的要求。

风景旅游区的经营管理必须尊重当地地域文化及其发展规律，以严谨积极的态度，使得当地居民享受更好的生活环境。中国的绝大多数风景旅游区正处于城乡统筹和新型城镇化、新农村和美丽乡村建设等多元化发展的时代背景中，在这一情况下，如何实现多规融合，深化和细化相关配套政策，将是我国风景旅游区经营管理模式下一步探索的内容与方向。

第六节 旅游管理专业国际共建模式研究

在国际旅游市场快速发展的背景下，高校旅游管理专业的国际化建设水平已成为衡量其办学水平的重要指标。目前，我国旅游管理专业在国际合作办学过程中仍存在人才培养体系与自身特色及市场需求脱节、师资队伍的国际化水平较低及国际知名度较低等问题。

我国快速发展的国际旅游市场，对高校旅游管理专业的国际化办学水平、国际旅游人才的培养质量及研究国际前沿问题的实力都提出了更高要求。本节提出的专业国际共建是指与国际知名高校合作，共同进行专业建设，是国际合作办学更深层次的合作形式。专业共建是由合作方结合产业发展需要和专业特色，与中外办学实体共同探索人才培养模式、共同打造课程体系、共同提升师资队伍水平、共同参与科研及社会服务的系统化、多层次合作项目，是快速提升人才培养质量、专业综合实力和国际化水平的有效途径。

一、旅游管理专业国际合作现状

根据《2017年全国旅游教育培训统计》，全国开设旅游管理类本科专业的普通高等院校有608所。截至2019年末，在教育部备案的旅游管理类本科教育中外合作办学机构与项目共21家，总体来看开展国际合作办学的高校占比较低，已开设的国际合作项目主要以中外合作办学为主，中外专业共建项目并不多见。

目前常见的旅游管理专业国际合作办学有两种类型：一是全面移植型，通过全面移植国外大学的教学模式进行人才培养，包括教学计划、大纲、教材、教学方法等；二是组合合作型，比较普遍的有"2+2""3+1"等形式，学生在国内学习基础课程及部分专业课程，第三或第四年在合作高校学习专业课程。

我国目前旅游高等教育国际化合作主要存在如下问题：（1）人才培养体系与自身特色及市场需求脱节。部分旅游管理专业的国际合作在制定人才培养体系时，大多是模仿、套用或是照搬国外方案，缺乏与自身办学条件与优势学科相结合，缺少与国内旅游市场特征相结合，普遍存在人才培养定位及目标模糊、培养方案与市场需求不匹配的问题。（2）师资队伍的国际化水平较低。教师队伍的国际化水平是衡量专业国际化办学水平的重要指标。大多数高校聘请的外籍教师多为从事语言方面的教学工作，较少涉及旅游学科教学及科研等工作；国际化教育对中方教师也有非常高的要求，教师队伍不仅需要有留学背景或国外访学经历，同时还要有一定的企业工作经验，目前国内大部分旅游管理专业的教师队伍很难达到这一要求。（3）国际知名度及影响力不足。我国旅游管理专业的教师在国际知名期刊发表论文数量偏少、级别较低，参加国际会议频度也偏低，更缺少在国际知名企业工作、具有较高社会声誉的毕业生。（4）国际实习实训条件较弱。目前我国高校旅游管理专业的实习实训教学大多依托的是国内的企事业单位及模拟实训实验室完成，与国际知名企业联系不多，能提供的国际旅游企业实习岗位及实习工种都非常少。国际实习实训基地匮乏、实习岗位单一、实训条件不足，制约了国际化旅游管理人才的综合素质培养。

二、旅游管理专业国际共建模式探索

中南民族大学与英国切斯特大学有多年合作基础，近年来，两校以旅游管理专业为试点，探索国际专业共建模式，打造既符合国际标准，又有学校办学特色，能适应市场发展需求的特色专业。中南民族大学旅游管理专业的中外共建工作主要从共建培养模式、共建课程体系、共建师资队伍及共建科研团队四个方面推进。

（一）共建培养模式

通过合作办学，构建专业共建平台。合作办学是专业共建工作的切入点，通过中外合作办学有利于引进国外先进的教育理念、专业课程和教育模式，促进人才培养模式的多元化和教学条件的改善。在合作办学中，两校组成专业共建工作团队，在工作中增进相互了解，搭建起两校间交流与联系的桥梁。

通过学分互认，共建多层次培养模式。两校旅游管理专业通过对课程体系、教学内容、教学方式及考核方式对接，确认了学分互认、互通的合作机制，在此基础上构建起本科弹性培养、本硕实验班培养与短期专项培养三种模式。（1）弹性本科联合培养模式。采取"2＋2"或"3＋1"的弹性培养模式，即用两年或者三年时间在中南民族大学完成通识课程、学科基础课程、共建课程及部分专业课程，用一年或两年时间在英国切斯特大学学习专业课程。（2）本硕实验班培养模式。在本科合作的基础上，两校还探索尝试"3+1.5"本硕合作项目，即用三年时间在中南民族大学完成本科阶段学习，用一年半时间在英国切斯特大学完成硕士阶段学习，通过打通两校本科、硕士阶段的课程体系，做到了知识体系的无缝衔接与过渡。在保障教育质量的基础上，大大缩短了学习周期，降低了学生出国留学的时间及费用。（3）短期专项培养模式。邀请国外专家参与中方的导游培训、旅行社经理人培训、民族地区旅游高管培训工作，快速提升中方社会服务的国际化水平。同时将师生的实践交流合作、学生短期实习项目或交换项目、教师的访学、培训做成常态化的合作项目。

（二）共建课程体系

本着"宜融则融，能融尽融"的总体思路，在充分吸收外方在课程模块设置、教学内容及教学方法的优势和特色的基础上，共同打造既符合市场需求，又充分体现中南民族大学办学特色的旅游管理专业课程体系。

共建课程体系包括通识课程平台、学科基础课程平台、英语扩展课程平台、共建课程平台、专业课程平台及实践教学平台六个模块，有如下四个方面的特点。

共同开发课程。结合两校优势与特色，从教材选择、教学大纲、教学内容与授课形式及考核方式方面着手，共同开发了"国际旅游概论""管理研究方法""旅游服务营销""旅游目的地管理""饭店管理原理"及"旅游规划"六门共建课程。

强化外语学习比重。通过与学校外国语学院及英语培训机构合作，开发英语听、说、读、写专项训练课程，开设 IELTS 考试培训班。在为学生创造良好英语学习条件的同时，还定期组织中方教师出国培训，培养能进行双语教学及全英语教学的教师团队，30% 专业课使用原版教材进行双语教学，国际实验班 80% 专业课全英语授课。

创造国际实践机会。结合共建的专业课程设置对应的实习实践教学活动，通过共享外方的实习实践基地，在假期为学生提供境外实习实训条件。

4. 优化教学形式。专业课教学充分融入外方的教学理念与教学方法，采用模块化教学、小班教学，采用师生互动的教学方式，鼓励学生勤于思考，主动自学。共建课程授课均由双方教师共同完成授课，采取邀请外国教师进入课堂、远程直播授课与线上互动讨论相结合的多种方式进行，有效解决外方教师授课时间不灵活，来访费用高、时间短等问题。

（三）共建师资队伍

通过送出去培训、请进来交流及共同举办专业活动等一系列措施，共建一支具有国际化视野、教学水平高、科研能力强的优质师资队伍。

积极将中方教师分批派遣到英国切斯特大学去进行培训，加深中方教师对国外课堂教学模式的了解，保障双语教学和全英文教学的教学质量。促进中方教师对国际先进的科研理论和科研方法的了解，提升教师科研实力。选送中方教师到国外知名的旅游企业挂职，聘请国外企业高管作为客座教授担任专业课程的教学。

邀请外方教师进行讲学、示范课、观摩课，并开展教学法讲座、教学经验座谈等多种形式的教学交流活动，介绍国外教学理念与教学方法，帮助中方教师提高教学水平。

共同举办旅游管理相关的国际教育交流会、科研研讨会、专业建设研讨会等多种形式的活动。

（四）共建科研团队

组建联合科研团队，围绕民族地区旅游产业发展、民族地区旅游精准扶贫、旅游产业的现代化治理能力等方面凝练科研方向，共同申报国家基金及各部委基金项目。共同参与民族地区旅游规划、旅游文化创新、旅游企业管理等课题，为民族地区旅游资源保护与开发，推动民族地区旅游产业发展做出切实贡献。

（五）其他共建内容

共享实习基地。同享外方实习实训基地，结合课程需要安排学生到境外基地进行实训实践或毕业实习。

本科三导师制。在践行本科导师制基础上，中外共同实行导师制度改革，每名学生均配有中方导师、企业家导师以及外方导师。通过与外方导师接触，学生不但在学业上有所收获，还能了解外国人的思维和处事方式，积累大量的国际法规及文化知识。

三、旅游管理专业共建的保障措施

基于国际合作的专业共建是一项复杂工程，涉及两个学校多个部门的协同工作，需要人力、资金及制度等多方面保障。

（一）设立专业共建的工作组

由切斯特大学商学院、中国中心及中南民族大学国际合作与交流处、管理学院主要领导组建专业共建的工作小组，分别领导两校的共建工作。

（二）设立专业共建的专项资金

中南民族大学为推进国际化办学，设置了国际教育专项资金，为本校学生出国交换、外国专家引进、教师外出考察访问及培训提供了资金保障。

（三）设立专业共建的协议及制度

在两校签订的旅游管理专业共建协议基础上，双方进一步协商，共同设置了共建课程教学质量管理办法、旅游管理国际实验班管理办法等一系列管理章程，以保障专业建设的顺利推进。

第七节 低碳旅游视角下酒店管理模式

目前，人们普遍开始追求低碳生活，"低碳旅游"的概念也随之而来。旅游主要由"食、住、行、游、购、娱"这六个要素组成，而"住"作为一个最基本的条件，得到了很大的重视，而在低碳旅游的情况下，酒店要如何发展，是当前需要解决的一个问题。文章就低碳旅游视角下的酒店管理模式进行了分析和阐述，指出了存在的问题，并提出了一些解决方案。

由于全球气候变暖加快，旅游行业也因此受到了一定程度的影响，低碳旅游逐渐受到热烈的追捧。2019年我国政府配合低碳旅游的发展也出台了一些政策，以保证当前社会形势下旅游行业向上发展。而酒店作为旅行度假的休息场所，为人们提供优质的服务和空间，在低碳旅游发展的同时，酒店方面也要转换经营模式，加强管理，才能跟上当今社会的变化，赢得最大化的利益。

一、低碳旅游和低碳视角下的酒店管理

低碳旅游。低碳旅游是20世纪90年代采取的应对全球气候变暖的发展措施，得到了世界的普遍关注和崇尚。中国在2010年推出了《国务院关于加快发展旅游业的意见》，这表明了我国顺应现代发展的进程，与时代发展共进步。同时，旅游业也逐渐趋向低碳环保的方向，而酒店作为旅游业发展中必不可少的部分，是旅客休息和居住的重要地方。酒店的星级标准取决于其硬件和软件设备，在这其中，酒店的管理模式反映了酒店的软件水平，由于受到低碳经济的作用，酒店为了适应时代发展的需求，在管理模式上一定要做出相应的变更，才能获得更加强大的竞争力。

低碳旅游就是一种绿色、环保的旅游形式，主张低能耗、低排量、低污染。总而言之其实是一种低碳环保的生活方式，这也将是我国旅游和酒店行业发展将要进行的大趋势。我国许多旅游景点全部采取了相应的措施，反映了低碳环保的生活方式，为低碳环保理念的实践与开展献出巨大力量，从而改善生态环境的总体水平。

低碳视野下的酒店管理。酒店行业主要是为客人提供相应的服务，在低碳视角下的酒店管理模式是一个全新的概念。传统的酒店管理模式主要是推崇顾客至上，服务第一的理念，主要在于培养优秀的员工来提供令人满意的服务。而在低碳理念的引导下，酒店管理模式在保持原本不变的情况下，也加入了新的条件，把低碳、低耗能、低污染的绿色理念加入其中，提倡为顾客提供更加优质的服务内容。

酒店管理模式由于受到低碳理念的影响，也将做出新的调整。要加大力度，打造一种轻松、愉悦、绿色、环保的酒店环境，平衡酒店和社会之间的联系，既要关注酒店的经济效益，同时也要考虑社会效益，尽可能最大化地实现两种效益。

二、在低碳视角下酒店管理存在的问题

采取低碳经营的酒店数量少。根据相关数据显示，虽然低碳旅游的概念早已被提及，但是我国实施低碳措施的酒店数量却仍旧很少，只有部分高级酒店和星级酒店采取了相对措施，而这些低碳措施只局限于节能节电方面，缺乏具体化、全面化的措施，所以并没有取得有效的成果。而其他中低档酒店对于低碳措施的实施程度更低，甚至没有。同时，我国酒店的绿色低碳的管理模式没有受到很大的推崇和宣传，实施力度较小。还有某些酒店管理者缺乏对低碳管理的认识，他们在实行低碳管理模式时，只是跟随潮流，而不是发自内心，所以，他们实施的措施只停留在表面而缺乏

深层的理解，这对酒店低碳管理的推广设置了很大的障碍。

消费者受传统消费观念的影响。国内对于低碳理念的推广较之国外相对落后，因此消费者对于低碳理念的认识存在不足，在入住酒店时，对于酒店是否提供一次性消费用品有很大的心理芥蒂。并且大部分消费者在普遍情况下都会使用一次性用品，理所当然地认为这是自己入住酒店所获得的权利，思想认识上并没有上升到低碳节约方面。由此可以看出，消费者的消费观念并没有受到低碳理念的深刻影响，所以，酒店方面也就难以进行及时的改革。

高科技服务设施有待完善。当前我国国内高星级的酒店设施不断完善，能够基本满足受众所需，但是，这种酒店设备只停留在基础的设施上，在高科技的服务设备上还存在一定的问题。一些高科技的服务设施能够极大地减少水电的使用，实现低碳的管理模式，而酒店在这一方面的运用效果还较差，也没有实现很好的普及。

人员素质参差不齐。在低碳旅游的视角下，酒店行业急需大量的人才，不仅需要管理型人才，同时还需要服务型人才。根据我国目前形势，在酒店工作的人员大多数都是中年人，这些人的学历和文化程度普遍不高，工作人员的素质水平不一，所以他们对于某些先进技术和相对措施不能有一个非常系统的把握和认知，这就使得酒店的服务水平不高。我国国内许多高校也没有设立酒店管理专业，大学也不能为社会提供足够的酒店管理型人才，所以酒店市场也处在一种人才空缺的状况。

三、促进酒店低碳管理模式所要应用的措施

将低碳理念植入酒店。在酒店规划设计时，就在节能设计上将低碳理念植入，并对低碳节能的投入做出仔细核算，虽然在建设期会投入一部分资金，但是从长远来看，这一理念的植入是利大于弊的，会为酒店带来更

为可观的效益。酒店在筹建时，要进行适当的技术更新，引进新设备，合理控制能源消耗。酒店的地下室、停车库等场所可以将日光灯替换为节能灯；为避免温度升高造成能源浪费的现象，可以对餐厅落地玻璃做出加膜处理，减少能耗；也可对钟控分时段水景景观灯开关的时间进行控制，使其时间安排得更为妥当；对于酒店各区的热水器，应该安装根据实际分时段进行合理控制的中控装置；酒店的屋顶要有隔热处理，有效的遮阳系统于外窗的设计而言也是十分必要的，提高酒店建筑门窗的气密性，将开窗面积控制在合理的范围之内；酒店入口也可以利用可再生能源进行节能改造，减少能源的浪费；可在酒店厨房选用运水烟罩设备，以避免或减少大气污染的程度，在排污时要经过隔油池，污水通过过滤之后才可以排放，而且要对隔油池进行定期的清理和打扫，要保持卫生；扩大酒店的外围绿化面积，为顾客营造环保、舒适、绿色、健康的居住氛围。

引入低碳技术。酒店行业是最先与国际接轨的行业，酒店要积极地将先进的科学技术引入到日常的管理中去，这对酒店的发展将会起到重要的作用。在酒店管理模式中，低碳技术能够得到实际性的运用，而其中最普遍的就是能源消耗和建筑装修技术。例如，在洗衣房安装废水回收装置、为员工洗澡房提供一套完整的智能系统、电脑时钟控制以及节能变频系统等，在酒店中运用这些先进的低碳技术，对于节能减排的推动具有不可估量的作用。

打造专业人才队伍。在低碳理念的影响下，酒店管理应该寻求大量的专业型人才，打造强悍的人才队伍。而在这一过程中，要做到以下四点：一是要建立合适的薪酬制度，根据不同岗位的实质性要求，分析出每个岗位的实际所需，将员工的表现纳入日常考核当中，激发员工工作的积极性和认真度。二是要根据每个员工的不同情况，给他们安排合适的岗位，让他们在自己的职位上发挥出最大的作用，以保证酒店能够为旅客提供更好的服务。三是要给员工提供学习和培训的机会，让他们不断学习，丰富自我，同时也能够提高自身的能力，更加有效的建设人才队伍。四是要为员工提供一定的休息场所，在大量的工作过后，能够得到一定的放松，增进员工之间的感情，营造和谐的氛围，有利于促进酒店的发展。

文章分析了在低碳旅游视角下，酒店管理模式中出现的问题，并为这些问题提供了相对的解决方法。新形势下酒店管理模式要引入低碳理念和低碳技术，打造专业的酒店人才团队，进行合理的运营管理，争取取得最大化的酒店效益和社会效益，助推酒店行业的发展。

第八节　世界遗产地旅游绿色管理模式

随着经济社会的发展，近年来，世界各地对遗产地旅游的开发数量不断增加，随之而来的问题也在不断增加，由此，世界各地区对遗产地旅游的管理也在不断加快步伐，对出现的问题实施解决方案。面对新形势下的新问题，力求符合文化遗产旅游的管理模式，在保护文化遗产的同时，适度进行旅游开发，凸显世界遗产地旅游的绿色管理，促进遗产地的文化传承和经济繁荣。

一、世界遗产地旅游的管理

自我国第一批自然文化遗产列入《世界遗产名录》后，中国遗产地申请数量日渐增加，各国各地对世界遗产数目的申请也只增不减。在遗产地旅游项目带来巨大经济效益的同时，遗产地旅游管理的问题也日益增加，其现今最重要的就是绿色管理的世界遗产地旅游管理保护和旅游开发的矛盾。考虑可持续发展的问题，是任何一个旅游地的首要之举。目前，许多世界遗产地旅游的最大问题就是垃圾污染，其次便是水污染，在这其中就能看出绿色管理的重要性。最后就是每个旅游地景区的一个建筑性建设，基本都存在着一个不可恢复的破坏程度的问题，出现这样的问题最主要还是没有完全考虑旅游地的可持续发展性，没有考虑到应该如何做好绿色管理世界遗产地旅游的模式化管理，不能形成一整套完整的、科学的、系统的管理模式。因此，在实现世界遗产地旅游的可持续发展的前提下，有必要在世界遗产地旅游管理模式中引入绿色旅游管理模式，建构起一个完整的可持续绿色管理模式，实现世界遗产地旅游绿色管理的效果。

二、适当利用自然资源的优势

对于每一个旅游地来说，每个旅游地的开发基本源于自然资源的发现和开发。首先可以从旅游地的地势管理环境入手，从经济和实业进行考虑是否可以旅游地绿色管理的可持续发展，一个地方的地势是一个地貌形成的持久度的重要原因，所以，在考虑开发的时候，应该从旅游地地势环境仔细勘察，达成旅游地开发的共识，达成对遗产地的管理。其次自然资源流露下产生于此的文化特色，可以围绕文化气息，开发休闲旅游，观光旅游，向参与性旅游拓展，实现地势优势和文化特色并用的一体化开发建设，这也是在绿色管理下进行的自然资源优势利用。

三、遗产地旅游建设

开发旅游地讲究建设性，建设性性能强，建设利用价值高，破坏力小的，这是旅游地建设的首选，也是绿色管理模式的关键。一个旅游地的优质开发不在于建设光景美好，而在于规划实施，实施过程中体现绿色管理的遗产地旅游管理。一个好的旅游地景区开发，有核心区和建设区，核心区分级别保护。一般来讲，一、二级别保护区要严格保护，三级保护区可适当安排少量建设性保护项目，但也不能轻视。其次，在旅游地建设改造，必须在申报并等到审批通过方可建设实施，在实施方案中结合当地旅游特色和旅游地环境有机结合，形成独特的建设性风格。

四、遗产地的可持续发展

遗产地作为人类共有的财产，世界遗产地的可持续发展更为重要，可持续的发展的前提是绿色管理的有效实施。首先，我们应该保护自然，文化遗产的生态原始状态，保持可世代延续性。充分认识到遗产地的不可替代性和唯一性，保护遗产优先，合理的开发原则，依照国家原则对遗产地进行有效的管理保护，充分体现对遗产地的绿色管理。其次，应该考虑自然遗产资源的开发承载能力，不能超出自然的承载力和自我更新能力，保护遗产地的真实性和完整性，实现遗产地的可持续发展，实现绿色管理的最大化。

五、绿色管理模式的经济效益

在世界遗产地旅游管理中，旅游地的经济来源大半来源于景区门票和旅游项目的资费，则景区门票可根据旅游地的级别高低收费。在融资过程中，绿色管理的模式下，可以以员工入股，企业公司协议旅游地资源的特权许专营权等方式，筹资发展开发旅游地，达到利益共享，实现经济效益最大化。在此管理过程中要保证公开化，资金流量输出输入流程要在所属部门实现透视，公平竞争，实现绿色管理的公示性原则。

六、绿色管理的管理模式制度化

我国遗产地旅游管理制度最初是单纯的事业管理体制，可随着经济发展和旅游地开发的发展，我国的遗产地旅游地管理体制发生了变化，一些遗产地旅游采用了企业管理和事业管理混合模式，让一些想法不实在的人有了可乘之机，很大程度上违背了绿色管理的概念，因此，实现管理机构沿革，实现统一管理模式化是势在必行的。在管理体系中，在绿色管理模式下，可根据旅游地的不同现状，实现三位一体管理体制化，实现管理，安全，法律并行保护，资源开发利用，旅游地的保护和建设，在分工协作的结合下，实现一定程度的管理，再并行旅游局和管理者的管理机制，促进经济的全面发展。增设行政执法局，集中行使行政处罚权。在实现一定程度管理下，不具备执法的资格，旅游地的违规违法行为得不到有效处置，示范性不强。增设党工委，扩大管委管理范围。赋予行政村的经济，行政，社会事务的管理能力，加强其管委的政府职能，有利旅游地景区的相关资源的整合，有利加强对旅游地景区的统一管理。总而言之，一个完整的管理体制，是管理模式制度化的最大保障，推动着绿色管理的发展。

综上所述，世界遗产地的开发管理模式不能以经济效益作为向导，而应当在绿色管理保护的前提，适当利用，考虑其可持续发展，遵循绿色管理体制制度，尽量避免对自然遗产地的破坏。总的来说，对每一个世界遗产地的开发发展，都要在一定程度上的进行绿色有效的管理，以可持续发展理论为导向，以真实性和完整性原则作为绿色管理的根本性原则，协调遗产地旅游的经济利益，实现遗产地管理保护和遗产地旅游的双赢。

第五章 旅游文化

第一节 旅游文化的概念和内涵

随着我国市场经济的不断发展,人们的生活水平也不断提高,对于文化的需求也是越来越高。在长期的娱乐资料探索中,人们自然而然会想到旅游,改革开放三十几年来,我国关于旅游的消费就一直呈现出增长的态势。因此我们有必要了解一下旅游文化的相关概念和内涵。旅游文化作为旅游学的基本概念之一,一直以来是旅游学研究的重要内容,但是在旅游学的相关理论当中,旅游文化到底指向的是什么,其内涵有哪些。对于这些问题,人们的思考是模糊的,也没有一个比较一致的认识。本节试图从旅游活动的文化属性和旅游的资源以及相关的旅游产品的文化属性来对旅游文化进行说明。

一、旅游的本质和功能的文化性

在旅游学的诸多概念当中,关于旅游的范围其实非常广泛,从一定程度上来说,几乎是涵盖了人类活动的大部分领域。正是由于这个原因,旅游活动的项目开始急剧增加,我们常见的旅游类型有休闲度假、科学考察、消遣旅游等，在诸多的旅游种类当中，最具有代表性的就是观光消遣旅游，这也是人们感受最深的旅游项目。所以说很多人都认为，所谓旅游其实就是一种关于审美的活动，具有美学本质的特点，这种美学本质表现为一种普遍的文化性。我们从旅游的功能上面来看也是如此，旅游具有6个功能，也就是增长知识、陶冶情操、促进文明、开启智慧、提高素质和强健体魄。几乎所有的功能都跟文化相关，所以这也在很大程度上体现旅游的文化功能。

二、旅游资源的文化属性

我们现在知道的是，旅游活动是具有文化性质的，所以从逻辑上来说，旅游的资源也是应该具有文化性的。旅游学中将旅游的资源分为人文旅游资源和自然旅游资源。人文旅游资源和自然旅游资源相辅相成，自然地理环境成就了自然旅游资源，一方水土也成就了一方人，形成了独具特色的人文旅游资源。

三、旅游产品的文化性

有时候我们在谈论旅游的时候总会提到关于地区或者国家的某些旅游产品，比如说影视娱乐作品、足球或者是文学小说等等，旅游产品的生产过程是一个经济与文化相互结合的过程，比如说风景区的开发，这跟当地区域经济发展是有很大的关系的，只有地区经济不断发展，才会使得人们有这个生活水平去体会更加高级的娱乐资料。经济运作的过程中，文学、电影等艺术表现形式又会为了自身的发展进一步跟旅游活动相互融合，最终使得旅游产品的范围扩大，并且带有浓厚的文化性。

四、旅游文化的概念和内涵

（一）旅游活动是旅游文化产生的前提

旅游文化的产生和发展是与旅游活动的产生和发展同步的，有了旅游活动就会产生对应的旅游文化，或者说，旅游文化的产生和发展都是因为有了旅游这个过程。当然，旅游文化的内容也是非常的广泛和复杂的，不仅仅是旅游者在旅游过程中的文化表现和文化影响，还包括了旅游的对象给旅游者带来的影响，从而使得旅游者为旅游对象提供文化产品以及相关的服务。

（二）旅游活动本身就是一种文化现象

从旅游活动的本质和功能上面来讲，旅游活动是具有很大程度的文化属性的，但是旅游必须要建立在坚实的经济基础之上，通过一些物质的形式表现出来。但是从另外一方面来说，旅游之所以会产生那么多的文化产品，并不仅仅是因为经济的原因，更因为一部分旅游者在这个过程当中追求的是文化的享受。所以旅游活动是有一定的经济支出为前提的文化享受行为。

（三）旅游文化是一种融合文化，具有综合性

旅游文化是由客源文化、东道文化和服务文化互相融合，互相交流而形成的一种独立的文化形态，这种文化的形态主要构成部分有两个，首先是旅游者，其次就是旅游的对象，前者产生了旅游的诸多相关产品，后者则是旅游产品的主要内容。所以无论是旅游文化的内容，还是文化产品的形成过程，都具有综合性的特征。

（四）旅游文化因主体的背景而异，具有多样性

旅游者来自世界各地，都有属于自己的不同的文化区域，但是旅游者的足迹通常都是有可能踏遍地球上的每一个角落，与各种不同的东道文化相融合，因此这些旅游文化虽然在空间上存在于整个人类社会，但是不同区域的旅游文化有着不同的表现和特征。同时由于旅游主体所表现出来的地域性，加强了旅游文化的差异性，这些都体现了旅游文化的多样性特征。

（五）资源文化是旅游文化的重要内容

资源文化作为东道文化的重要组成部分，这跟通过旅游的人与相关的就业人员体现出来的旅游文化是有所不同的，后者是通过在旅游过程当中和就业过程当中服务与被服务关系的相对变换而体现出来的，而资源文化却是在旅游的人的逐渐增加的需求之下不断地被开发出来的。一般来说，自然资源的旅游文化是由地理位置决定的，但是却造就了不一样的民俗旅游文化，反映了当地的传统文化和深厚的人文精神，对旅游者最能够起到文化上的诱导作用，这也是东道主文化和客源文化互相交流和相互融合的重要内容。

综上所述，旅游作为经济发展的特殊产物，既标志着一种独立文化形态的产生，又是一种特殊的文化现象。同时对于文化关系的调节也有很大的作用，从地域上来看，不同的地区有不一样的旅游资源，从而产生不一样的地区旅游文化，从旅游者来看，受到地区文化的感染之后，又将这种别样的旅游文化带向自己的家乡或者其他的地区，又具有冲突和矛盾性，是旅游和旅游服务过程中综合形成的现象。

第二节 地区旅游文化的意义与建设

我国经济的发展促进了地方发展旅游业的热情和投资。地方旅游业的发展是以地区经济发展为目的，以建设地区的旅游文化为重要手段。目前旅游文化的建设还存在大量问题，这些问题对旅游业的发展产生巨大的负面作用。本节对旅游文化经常出现的问题进行分析，并提出相应的建议。

我国的经济发展进入转型之后，国家和地方都在寻求新的经济增长点。在国家经济策略决定以建设消费型经济社会为主后，如何促进消费者消费并将其转化为经济的可持续增长力，成为经济学者的一个重要的研究方向。通常消费者的消费分为基础性消费与增长性消费。基础性消费是指，消费者的消费是以满足其基本生存和劳动力再生产为主的消费，包括衣食住行、教育、医疗等。基础性消费是刚性需求市场，市场储量容量巨大，但是竞争极为激烈，利润较低，且会消耗大量的资源，还可能产生巨大的污染问题。增长性消费，该类的消费是为了满足人的更高级的需求，如幸福感、满足感、自我实现等需求。通常增长性消费会带来巨大的溢价，利润较高，对环境的污染较少。在增长性消费中，旅游消费因其利润高、污染少、附加值高、见效快而备受地方的重视。

旅游业的经济特性使地方对发展旅游业具有浓厚的兴趣。许多地方均积极投入资金进行本地区的旅游开发。许多地方出现了大量的"现代化"人文景观，这些景观的文化性、经济性对旅游业发展产生的影响，尚缺乏系统的研究。本节就此问题展开分析和讨论，提出自己的分析与观点。

一、进行地区的文化建设是旅游文化建设发展的必然

旅游业如果要产生效益，关键在于要使本地的旅游业提高吸引力。而使旅游业产生吸引力的主要因素包括：优美的风景、独特的文化、特殊的商品等。在这些因素中，优美的风景因祖国山河的壮丽，幅员的辽阔，而难以具有独特优势，并且，优美的风景还受到季节的限制，工业发展的污染，景区承载量等的限制。因此，单纯以风景优美作为地区特点，旅游的吸引力不足。特殊的商品在经济全球化，物流高度发达的当代，生产力高度发达，很少有特殊的商品只能在某个地区销售。一旦某种商品有吸引力，生产厂商会尽量扩大生产能力，并通过现代化的销售网会将商品销售到有

需求的能够获得可观利润的每一个角落。地方如果想靠特殊商品获得旅游吸引力，明显与现代化的生产相矛盾，不符合社会发展规律。

独特的文化则具有以上两个因素不具备的优势。首先，文化不受季节的限制，且天然因地域性而具有独特性，甚至唯一性。文化的这些特性就保证了能够明显提高旅游业的吸引力。其次，文化是可持续发展的，随着时代的变化会不断变更，产生新的特色。文化的可持续发展就使地区旅游业的吸引力一直保持，对地区产生持续性的效益。最后，文化产生的吸引力对精神需求较高的人群，特别是高级知识分子具有独特的吸引力。而高级知识分子的到来会显著提高地方的知识水平，进一步带动经济的发展。

二、旅游文化的塑造问题与建议

当前地方对发展旅游业的态度极为积极，也投入大量的资金和精力进行地区旅游文化塑造。地方的积极发展促进了旅游业的蓬勃发展，也表现出诸多问题，值得批判与反思。

首先，在建设旅游文化时，盲目跟风的现象非常严重，没有充分考虑到文化特色的真正含义。例如，当《西游记》在我国流行非常火热的时期，许多地方都兴建了西游记主题公园—西游记宫，以吸引游客获得经济效益。然而随着《西游记》热播的结束，这些人造景点由于缺乏吸引力，纷纷倒闭，不仅造成大量的资源的浪费，还给地方经济造成大量冲击。西游记宫这一典型案例充分说明，在进行旅游文化塑造时，不能盲目跟风，要结合地区实际，有自己的特色。

其次，在建设旅游文化时，要充分考虑到文化产生的辐射作用。文化是具有辐射作用，首当其冲受到影响的是地区，对地区的生活影响较大。例如，一些地区为发展旅游业，使一些"古城"维持在原有的生活水准，如不准使用电线，不准用自来水，只能用古式井，甚至不能有燃油车的出现。这些规定固然使古城产生独特的吸引力，但是对于在古城生活的居民来讲，长时间脱离现代社会的生活方式，对他们产生的影响是非常巨大。

第三，在建设旅游文化时，要同时进行地区综合建设，不能将建设只停留在景区内。许多地方在进行旅游业建设时，将精力集中在景区的建设，而地区的整体水平的建设则落后于景区建设，尤其是基础建设。游客对旅游的印象和反馈，景区固然占首要因素，但是，地区的基础条件也是影响游客感官的重要因素。当今许多地方投入重金进行旅游形象建设，但是往往出现少量的负面新闻就使前期投巨资建立的旅游形象轰然倒塌，造成惨重的经济损失。

总结以往的问题对地方进行旅游文化出现的问题，给出建设旅游文化的建议。

首先，地方建设旅游文化要进行严格的论证。必须先进行地区的旅游资源考察以确定适合建设的文化的内容和种类。对旅游文化对地区产生的影响进行充分的调研和预估。对旅游文化产生的经济效益、社会效益进行严格评价。

其次，地方建设旅游文化要科学化、系统化规划。旅游文化的文化辐射作用会对地方产生深刻的影响。在引入文化或在唤醒文化时，不能只考虑带来的经济利益，必须系统考虑文化对当地现有文化产生的影响，对人们生活方式的影响，以及对地区总体经济发展的影响。

第三节 旅游文化的本质与特征探索

作为当前旅游文化研究的重要内容之一，旅游文化的本质及其特征一直是被广泛关注的重要问题。本节在遵循旅游文化的定义原则对其概念进行阐述的基础上，深入剖析了旅游文化的本质，指出旅游文化实际上是一种文化活动，并对旅游文化的主要特征进行了概括总结，具有十分重要的理论意义和实践意义。

在激烈的市场竞争环境下，我国当前的旅游经济面临着巨大挑战，为了进一步促进旅游业发展，促进我国旅游业走向国际化、现代化的步伐，必须将发展旅游文化作为一项根本任务去完成，将旅游文化的发展作为保障旅游经济发展的坚实后盾。为了促进旅游文化的进一步完善，我们应该对旅游文化的定义原则、内涵、本质和特征等重要内容进行深入探索，从而保证其能够健康有序发展。

一、旅游文化的定义原则

（一）整体性原则

定义旅游文化的首要原则就是整体性原则，它指的是我们在定义旅游文化时，必须立足于旅游文化的整体性，无论在探究、研讨的过程中经过了怎样的分析讨论，在最后进行定义时都不能将其分成若干个部分去进行分别定义，而是要回归、总结到旅游文化的整体上来。此外，如果我们要对旅游文化的本质进行深入探讨时有必要将其分割成主体部分、客体部分和中介部分，仍要遵循整体性的前提，这是保证对旅游文化定义科学性、合理性的重要前提。我们在对旅游文化进行定义时之所以要强调整体性的重要作用，将其视为一个完整的整体，是因为我们要充分考虑到它所包含的各个部分之间存在着一种十分紧密的内在联系，为了避免定义过程中忽视了对这种内在联系的描述，就必须时刻注意遵循整体性原则。在旅游文化的定义过程中，一定要十分重视对整体性的把握，从而保证定义的科学性和合理性。

（二）逻辑性原则

定义旅游文化时要遵循逻辑性原则，它主要包含两个方面。首先，以偏概全和以点带面等现象应该避免，定义时的每一步推理、每一次判断都应该时刻注意对逻辑规范的遵循。从这个角度来看，作为旅游文化的三个重要组成部分，旅游主体文化、旅游客体文化和旅游中介文化都发挥着重要作用，绝不能简单地用"部分+部分=整体"的逻辑去对其进行定义，更不能将其中单独的一部分或单独的两部分等同于旅游文化。其次，在实际的定义过程中，要注意用基本的逻辑规范去约束所使用的语言表述，类似于"旅游文化就是……各种旅游文化现象的总和"之类的存在一定逻辑错误的表述是一定不能出现在定义中的，这要求我们在定义旅游文化时要首先搞清楚基本的逻辑方法和逻辑思维，并在定义过程中严格遵守。

（三）对象性原则

在定义旅游文化的过程中，应该遵循对象性原则，这也就是说，研究视角应该是由所研究的对象来决定的，而绝不能是由研究视角来决定研究对象。我们要下定义的是旅游文化，在这里定义对象已经十分明确，就是旅游文化，在这种情况下，我们还是可以通过几种完全不同的方法、通过不同的视角来定义旅游文化，但是无论视角如何变化，方法如何不同，定义的对象都始终是旅游文化。在定义旅游文化时之所以要遵循对象性原则，是为了更好地探究旅游文化的本质，并对其有更加深刻的理解。

二、旅游文化的内涵与本质

（一）旅游文化的内涵

作为旅游文化研究中的一项重要内容，旅游文化的内涵是研究旅游文化的基础所在，具有十分重要的意义。当前，相关学者对旅游文化内涵的认识还存在许多纷争和不同的看法。但是当前学术界对于旅游文化内涵的共同认识是：旅游文化是一种文化，它是在旅游活动中产生的，并在旅游活动中进行整合。

（二）旅游文化的本质

旅游文化本质是一种人类文化，是伴随着人类旅游活动的产生和发展而逐渐形成、融合和发展的一种文化活动，从这一角度来说旅游文化的本质应该包含以下几个方面的内容：

第一，因为是在具体的旅游活动中产生的，所以旅游文化实际上是一种原生性旅游文化，也就是说它的产生和发展都是伴随着我们人类的旅游活动而产生的，如果没有人类的旅游活动，也就不会产生所谓的旅游文化，人类旅游活动的产生和发展是旅游文化产生和发展的重要前提和重要基础；第二，作为旅游文化过程中被整合的一种文化，旅游文化又可以被看作是一种非原生性旅游文化，在人类旅游活动的发展过程中，旅游者和旅游业者逐渐将其整合到旅游活动和旅游经营活动中去，从而形成；第三，旅游文化中既有静态的文化现象，也有动态的文化活动，它是一种将二者进行统一的文化，也就是说，旅游文化既可以指旅游文化活动，也可以指旅游文化现象；第四，文化本身就是物质和精神相统一的产物，而旅游文化当然也不例外，它也是物质外显和精神内涵的统一，在物质方面旅游文化主要包括服饰、饮食、园林、建筑等客观有形的存在，在精神方面则包括审美追求、思维方式等无形的事物；第五，创新是文化的本质，因此旅游文化绝不是将旅游和文化简单相加后得出的产物，更不是各种不同文化的杂糅，实际上它是旅游活动和文化相互交融后产生的一种过渡性文化，是全新的文化形态。

三、旅游文化的特征

（一）双向扩散性

旅游文化的第一个特征是双向扩散性。作为一种移动的传播文化，旅游主体的运动往往会带动不同地域的文化在广阔的空间和时间范围内进行不断地扩散和飘移，在这一过程中，旅游主体身上所带的客源地文化、民族文化和带有强烈主观色彩的价值观念、思维和行为方式等都会被自觉或者不自觉地扩散和传播到目的地，从而对目的地文化形成冲击和影响。而与此同时，旅游主体也会受到旅游目的地文化的吸引和反作用，并在一定程度上容忍甚至接受目的地文化，从而反叛和背离自己原有的客源地文化。在这种情况下，旅游主体在从旅游目的地返回自己的客源地之后，目的地文化在不知不觉中已经被带入到了客源地之中，并对客源地的旅游文化形成潜移默化的影响，这就是旅游文化的双向扩散性。这种看似平等的双向扩散实际上存在着很大的不平等，因为从较长一段时间来看，目的地文化所受到的旅游主体文化的冲击往往较为严重，甚至其传统文化会被彻底瓦解，而旅游主体和客源地文化所受到的影响则远远没有这么严重。

（二）民族性

民族性也是旅游文化的一个重要特征。旅游文化的表象和内涵往往会因为民族的不同而存在比较明显的民族差异，以旅游性格（指旅游主体的旅游性格）为例，内敛稳健是大多数中国游客的性格特征，而西方旅游者则多表现为热爱冒险、开朗外向；对于中国人来说，内心体现在旅游中占据着比较重要的位置，而西方游客多重视外在观察；道德塑造功能在中国人眼里是旅游的重要目的，而西方人多重视旅游的求知价值。这种明显存在的旅游文化的民族差异使得旅游目的地的美景和风土人情对旅游主体具有十分强烈的吸引力，感受异域文化的魅力和韵味成为广大旅游客的精神向往。并且在旅游过程中旅游文化的民族差异让不同民族各具风格和特色的民族风情得以被展示，成为吸引游客的魅力所在。

（三）地域性

地域性是旅游文化的又一重要特征。作为旅游产生的一个重要的条件，地域文化的差异也成为旅游文化存在地域差异的一个重要原因。旅游文化的地域性在很多方面都有体现：首先，我们可以从旅游资源在空间分布上存在的差异看到，无论是东北、华北还是西北，无论是华东、华中还是华南，地域上的特征都是显而易见的，而且这种地域上的差异往往具有十分显著的文化韵味和文化魅力，吸引着广大游客纷至沓来；其次，旅游动机的差异也是印证旅游文化存在地域性的有力证据，经济发达地区的广大游客出于对原始风貌和原始生存状态的向往，往往会选择去欠发达地区旅游，而欠发达地区的广大游客则始终憧憬着大都市的繁华，从而希望去现代化、国际化的城市旅游；最后，我们还可以从不同地域在文化传统上存在的差异中看到旅游文化存在的地域性，不同地区的文化在其旅游文化中都会有不同的体现和表达，为了和其他文化形成显著区别，不同地区会利用自己的传统文化和习俗形成吸引游客的法宝。

（四）阶层性

从旅游主体的角度出发，旅游文化实际上是带有一定的阶级性的，这是旅游文化的重要特征之一。通常来说，相对上层的旅游者往往矜持、端庄、大方、优雅，中层社会的广大游客大多情况下是自信、敢于冒险的，而下层社会的游客则多是怯懦保守的。这也就说明，在实际的旅游活动中，随着旅游者的身份越靠近下层社会，他们对于旅游实用价值的重视程度便会越来越强，反之则越来越重视观赏价值。

（五）大众性

大众性也是旅游文化的重要特征。随着经济社会的不断发展和人们生活水平的显著提升，旅游已经成为人们生活中的基本生活需求之一，现代旅游已经越来越向大众旅游靠拢，旅游文化也更加成为一种大众文化。这并不是说旅游文化越来越呈现底层次和低俗化，也不是说原本为少数社会精英和上层社会人们所拥有的雅文化已经被旅游文化所摒弃，而是说旅游文化已经逐渐成为雅俗共赏的大众性文化，这是旅游文化与时俱进的结果，也是旅游文化得以蓬勃发展的重要原因。

在当前旅游经济发展遭遇激烈竞争的情况下，旅游文化的重要作用已经开始凸显，这就要求我们不断加强对旅游文化的重视，只有这样才能使得中国的旅游业取得更进一步的发展，使得文化成为新一时期旅游业发展的新的经济增长点。

第四节 美学视野下的旅游文化

良好的旅游文化是旅游业可持续发展的保证。在当前形势下，将旅游文化放在美学视野下进行重新审视，注重其文化性、艺术性及其相互关系，对于提升旅游文化和发展现阶段旅游具有积极的意义。

一、问题的提出

随着我国社会经济的快速发展，旅游成为当前人们越来越主要的生活方式之一，因此旅游业成为地区社会经济发展的重要途径之一，有些地区更是以旅游业作为本地区的支柱产业。当然，虽然旅游业在地区发展发挥了其产业优势的特点，也取得了一定的成果，但在发展中也凸显了一些普遍的问题，这些问题归结起来就是：虽然旅游地为吸引游客而使出了浑身解数来打造旅游文化，但满怀期望的游客常常还是对旅游文化感到程度不同的失望、不满。这就导致了这样的结果：对于游客来说，他们不能从旅游地提供的旅游文化中获得一种满足感，从而对旅游的最终评价偏向否定；而对于旅游地来说，自认为经过精心、尽力打造的旅游文化得不到游客的认可和肯定，使他们产生一定程度的挫败感和困惑，这种挫败感和困惑不仅来自于工作的艰辛，也来自于在打造旅游文化的过程中对原有文化的改造带来的负面作用和影响，以及附带的旅游业对本地文化的不断冲击而带来的社会文化的急剧变迁。这样的状况一方面体现了旅游文化的不足，另一方面也会影响到对旅游文化建设的积极性，进而影响到旅游业的可持续发展。旅游文化作为连接旅游者和旅游地关系的核心要素，成为解决旅游者和旅游地问题的关键因素。因此，旅游地如何利用当地文化资源打造和提供好旅游文化来满足游客的期望、要求和目的，就成为旅游业良性发展的一个非常重要的问题。

二、对旅游文化的再理解

要理解旅游文化，我们先来看看旅游文化应该怎样满足旅游者的精神需求。要满足旅游者的精神需求是一件既简单又极度复杂的事情。说简单是因为旅游就是旅游者到一个新的文化环境中去看、去听、去感受不一样的事物，而一般情况下，旅游文化都能满足这样的目的。说复杂，是因为每一个旅游者由于其个体差异而对旅游文化的需求目的不同，因而呈现出异常复杂的状态。所以，旅游文化要同时满足不同类型的人的文化需求或精神需求，似乎是一件不可能的事情。但是，如果我们从美学的视野下考察旅游文化，从人们对文化的追求进而到艺术的追求中，似乎可以找到一点儿线索、答案和规律。因为从人类创造文化、创造艺术的过程中，我们发现其实就是人类在不断地认识对象，不断地寻找自己、发现自己并追求一种心灵更高的境界，从而使心灵得到满足、得到升华的过程，也就是说，文化提供了对对象的不同认识，而艺术是对文化的提升并反映出一种文化达到的高度。虽然这种艺术性在达到它最高境界的过程中有一个发展过程或是呈现出多层次性，即从粗糙到精致、从简单到复杂、从感官到内心，等等，各种文化事项表现出的艺术程度是不同的，但这种艺术性将人们的感受直指到精神的某种高度，从而获得某种心灵的满足。因此，艺术的这种层次性也对应着不同的游客，虽然不同的游客有着不同的文化需求和精神需求，但它们最终能从旅游文化及其旅游文化所表现出的艺术性中得到不同的美感或不同的精神满足。所以，旅游文化也应如此，既有文化性也必须有艺术性，它既要让人们的感官感受到不同的文化体验，还要让人们感到精神上的惬意、放松，并且在享受艺术美感的同时使心灵得到满足、生命得到升华。因此，笔者认为，这样的旅游文化，才会有更好的表现形式，才会体现更深刻的文化内涵，才能吸引游客的心灵。

三、从文化到艺术——旅游文化发展的方向

目前旅游地所提供的旅游文化的表现形式，如重构、原生态、文化改造、异质文化引进、多文化并存、文化表演展示、传统与现代文化混合等，作为目前旅游地旅游文化的模式，都可以继续成为旅游文化展示的各种方式。因为它们发挥出其功能，吸引了无数的游客，使游客在旅游中初步认识、了解、接触到了不同的文化，感受到了不同文化带给他们别样的文化体验，而这些文化感受和体验就能适度满足不同游客的精神需求。当然，对于这些旅游文化模式所表现出的不足，如要么割断了旅游文化和本地文化的联系，要么文化变质，或改头换面，或以新的面貌出现而显得异常另类，要么以单个的、孤零零的方式展现文化内容，使游客感受不到对整体文化的印象，尤其是从这些情况中表现出的文化失真、文化虚假问题，说明可以对这些旅游文化进行持续地改善，而在改善的过程中，要把握旅游文化和本地文化的关系，即旅游文化不能脱离本地文化的土壤，即使需要以一种夸张、突出、张扬的表现方式，也要将其放置在本地的文化生态环境中来表达，这样也才能让游客感受到旅游文化的"真实"，从而体会到一种文化对人们生存、生活及其发展的意义，从中得到文化收获。

旅游文化的文化性、艺术性及其商品性，决定了要把旅游文化打造成为大众喜欢的畅销的艺术产品。而畅销的艺术品就要既遵从大众的文化需求又要遵从艺术的规律，还要遵从商品经济的规律。从这个角度来说，旅

游文化就应该是分类分层的了，在不同的层面满足不同游客的需求。从文化性方面来说，合理、适度地利用本地的文化资源可以成为旅游文化的内容，而且在打造旅游文化时，要尽量体现一种"真实性"，如在饮食、服饰、建筑、交通、居住、民间歌舞、生态环境、自然景观等方面。也就是说对这些表层文化的利用要保持一个度，这个度既包括文化性方面也包括艺术性方面，否则一是使旅游文化显得虚假、脱离本土文化，二是表层文化会危及深层文化，会慢慢破坏本地文化的原有结构和功能，从而引起文化冲突，引起当地人们的排斥、反感，甚至抵制，产生很大的负面效应。

旅游是一种复杂的人类文化活动，但不管何种模式的旅游文化，笔者认为它应该表现出"文化要真实，艺术现高度"的特点，因为只有这样，人们对一种文化的体验和感受才能从感官上升到精神，甚至灵魂，也才能更充分地发挥旅游文化的内在功能，从而使其富有文化魅力，吸引更多的人。文化包罗万象、内容庞杂，仅仅通过一种异质文化的体验，游客只能体会到一种文化的不同性，但还不能领略到一种文化的精神内涵和文化高度。而只有通过艺术，才能展现这种文化的精髓，使游客能真正领略一种文化的意蕴，即体会到这种文化的情感、审美、精神、风骨、灵魂等。这样，游客就会受到这种文化的感染、影响，从而对于其特殊的表现形式、特别的发展脉络、丰富的内涵有他们自己的不同理解和想象。这种理解和想象的过程，其实就是游客在从一种异质的文化中寻求自我的过程，并在这过程中理解自己、认识自己、满足自己。于是，游客的文化体验得到了提升，他在旅游文化中不仅收获了对不同的文化认识，而且从中发展了自己、提升了自己。这时，旅游文化才真正对游客产生影响并吸引他们，因为这样的旅游文化更成为一种文化交流，并使交流者能在交流的过程中得到提升。所以，旅游文化应该在展现各种文化事项时显露出其艺术性，这种艺术性不仅能带给游客美的享受、精神的松弛、心情的闲散，从而忘却旅途的辛劳，而且通过这种艺术性，激发游客的想象力，在想象中发现自己、认识自己、提升自己，从而使心灵得到满足、精神得到振奋、生命得到活力。因此，旅游文化应该从文化走向艺术，才是旅游文化发展的方向，才能满足当前人们对旅游的多重需要。

第五节 旅游文化的内涵挖掘策略研究

旅游文化的内涵是旅游的灵魂，深度挖掘旅游文化的内涵，大力开发旅游文化资源，对旅游业的发展有着重要的意义。首先探讨旅游文化的内涵，进而分析旅游文化内涵的挖掘现状，在此基础上提出深度挖掘旅游文化内涵的策略，以期构筑旅游业发展特色，实现旅游业可持续发展。

旅游文化是旅游业发展的灵魂，在旅游经济、旅游社会、旅游生态及社会主义精神文明建设中发挥着巨大的作用。中国旅游业要获得较大的发展，立于世界旅游强国之林，就必须高度重视旅游文化建设，深入挖掘旅游文化的内涵，营造旅游文化氛围。本节主要从旅游文化的内涵入手进行探讨，阐述了旅游文化内涵的挖掘现状，并根据现状提出相应的策略，为我国旅游业的快速、稳定、可持续发展提供可靠依据。

一、旅游文化的内涵探讨

旅游文化的研究现状。自美国著名学者 Robert W.McIn tosh 首次提出旅游文化的概念的二十多年来，不同专家学者尝试从经济学、文化学、社会学及地理学等不同学科，通过不同视野来研究旅游文化，并取得了一定的成果。期间经历了对旅游文化概念的界定，并对旅游文化的类型、特征、组成要素等基础理论做了一系列研究，再到旅游文化在旅游业的作用、旅游文化的学科地位等研究，以及到现在研究比较多的各种旅游文化开发、旅游文化建设、旅游文化应用等领域。我国的旅游文化研究已经经历了从宏观层面的研究到微观层面的研究，从基础理论的研究到具体应用实践的研究，这说明我国的旅游文化研究已日趋成熟。

旅游文化的内涵概述。广义上，旅游文化是人类创造的与旅游有关的物质财富和精神财富的总和。狭义上，旅游文化主要是指旅游者和旅游经营者在旅游消费或经营服务中所反映、创造出来的观念形态及其外在表现的总和。它是旅游客源地社会文化和旅游接待地社会文化通过旅游者这个特殊媒介相互碰撞作用的过程和结果。旅游文化不是旅游和文化简单地相加，也不是各种文化的大杂烩，它是传统文化和旅游科学相结合而产生的一种全新的文化形态。它既包含饮食服务、历史、园林建筑、地理、民俗娱乐与自然景观等旅游客体文化领域，又包含旅游者自身兴趣爱好、思想信仰、文化素质、行为方式等文化主体领域，更包含旅游业的管理文化、服务文化、导游文化、商品文化、政策法规等旅游介体文化。

二、旅游文化的内涵挖掘现状分析

旅游文化的内涵实质没抓住。无论是自然旅游资源还是人文旅游资源，要吸引和激发旅游者的旅游动机，就必须具有独特魅力，包含民族、地方文化内涵，以此来满足人们对科学、史学、文学、艺术和社会学等方面的不同需求。因此，旅游文化的本质特征必然要求在发展旅游业的过程中优先发展旅游文化。但是，现在随着旅游地区商业化趋势越来越明显，造成许多旅游地区的文化产品千篇一律，毫无特色可言，其根本原因是没有抓住旅游文化的内涵实质。

旅游文化的内涵无特色。旅游文化的灵魂是文化，没有文化就没有旅游。发展某些地区的旅游业是传承和弘扬我国著名历史文化的重要载体和有效形式，保护和利用优秀文化产品是发展旅游业的基本要求，挖掘旅游文化内涵，提高旅游文化品位是旅游业兴盛的源泉。旅游发达地区旅游业的收益越来越不依靠人数的增长，而来自于饱含多元文化的旅游产品和特色旅游服务。旅游与文化交融结合程度越高，旅游文化因素越多，旅游经济就越发达。当前我国大部分旅游地区的旅游产品总体上表现出小、差、弱、散的发展局面，旅游产品的文化内涵挖掘不够，景区规模小，展示方式陈旧，市场竞争力不强。旅游文化产品一般化、同质化开发现象明显。"一流资源、二流开发、三流服务"的粗放型增长方式尚未得到根本转变，具有较强吸引力的特色文化精品和高端产品较少。

旅游文化的内涵满足不了游客的需求。随着人民生活水平的逐步提高，人们越来越注重精神需求的满足。但由于旅游地区的商业化日益严重等原因，各地区的旅游景点正在逐步走向同质化，致使游客们无法体验到旅游文化更深层次的内涵。游客在不同当地旅游，无法领会到当地旅游景点的内涵，无法使游客身心放松，无法融入景色内部。

旅游文化的内涵忽略了可持续发展。在当今某些地区旅游开发中，开发商为了一时的经济效益，致使该地区旅游开发的城市化、趋同化现象越来越明显，严重忽视了旅游区当地的文化精神表现，有的甚至严重造成了旅游资源无法修复的破坏，从而致使旅游产品失去了本身特有的文化内涵和底蕴，同时也极大地忽略了当地旅游文化的可持续发展。有些开发商只注重一时的利益，而忽略了旅游地、旅游客源地区及旅游资源的文化特征，以及严重忽视了旅游者背景文化与当地旅游资源文化特征的桥梁，致使当地的旅游文化和资源严重遭到破坏。

三、深度挖掘旅游文化内涵的策略

准确实现旅游文化内涵定位。随着时代的发展，旅游业的竞争也日益激烈，已经不仅仅是价格、服务和质量的竞争了，其竞争的根本在于满足游客需求的程度。因此，为了使旅游文化满足游客需求，旅游景区必须坚持自身特色，明确自身定位，突出自身文化优势。对于一个以旅游为主要产业的地区，该地区文化的定位显得尤为重要，可以通过对该地区未来规划定位、旅游文化品牌优势、市县的历史属地关系、县域经济实力、旅游文化资源优势、历史文化底蕴、交通地理区位优势等方面分析和探讨，从而消除对该地区旅游文化的模糊认识，明确该地区的旅游文化定位，科学规划，努力将该地区建设成为一个高品位的、富有独特文化内涵的旅游胜地。

寻找合适的旅游文化内涵发展载体。旅游文化载体是旅游文化的表现形式，它直接关系旅游文化内涵的表现效果，从旅游者感官的角度，可以将旅游载体分为单一感受载体和多层次感受载体。单一感受载体是指那些仅仅吸引旅游者单一感官的载体，它们通常是一些静态的景观，如植物、建筑、园林等；多层次感观载体指能吸引旅游者多种感官的载体，如歌舞表演、游戏、节庆活动、游客参与项目等。这两者可根据旅游目的地当地实际结合起来表达旅游文化，提升文化主题，活用和创新文化载体。此外，还可适当开发富有当地特色的文化旅游商品。

完善彰显旅游文化内涵的配套设施。只有配套设施完善才能使旅游文化得以不断传承和发展。在旅游地区，应注重旅游交通、旅游酒店、旅行社、旅游商品、旅游通讯等设施对当地特色文化内涵的彰显。在旅游地区建设的星级酒店、经济型连锁酒店、农家乐民俗住宿餐饮集群、大型旅游餐饮服务区等，应满足游客对旅游文化内涵的需求，表现出富有当地特色的旅游文化。四川九寨沟周围的酒店很多都体现出九寨独特的藏羌风情，如九寨沟喜来登大酒店，建筑风格具有藏族风情风貌，里面的陈列品、饰品等大多都是地道的藏族物品。

不断凸显旅游文化内涵的特色。旅游文化内涵的特色是旅游业发展的常青树。一个地区的旅游业若缺少了自己本地文化的底蕴，便失去了特色，不能反映出本地独有的精神内涵，也就失去了强大的吸引力。因此，应不断凸显旅游地区的旅游文化内涵的特色，在其深度与广度上下功夫。要充分挖掘本地区最独特文化的魅力，将其不断发扬光大。杭州景点中，西湖文化最具吸引力，最引人入胜，而西湖文化的挖掘就是一个不断深入的过程。实践证明，其相当成功。北京文化中，以四合院为代表的胡同文化独具一格。不仅从建筑上，而且还从文化、哲学和精神层面上具有无与伦比的现代意义，胡同文化的挖掘也是一个不断深入的过程。

实施全方位的旅游文化内涵营销战略。营销对旅游业的发展意义不言而喻。旅游文化内涵的传播也要依靠营销战略这个有力的武器。全方位的旅游文化内涵营销战略首先要找出当地特色最鲜明的文化，对其内涵着力打造，形成品牌。然后，充分进行宣传营销。尤其是借助微信、微博等新媒体之力。同时，利用好携程、去哪儿等平台。报纸、杂志、电视等传统媒体之力也应继往开来。宏观上，加强区域联合营销，共同打造富有文化内涵的特色旅游线路等产品，以节庆、会展等活动来培育、引导市场，从而使旅游文化的内涵发扬光大。西安、洛阳、开封是秦、汉、唐、宋四朝的都城，文化古迹灿若群星。在发展旅游业时，就可连成一线，形成蔚为壮观的中华古代文明黄金旅游文化线路。

通过市场化手段加强旅游文化内涵管理。旅游业的可持续发展缺少了市场，便缺少了生机与活力。市场化运作得当对旅游文化的内涵将起到积极的推动作用。在具体的实施进程中，应注意洞悉广大旅游者的需求，结合当地特色文化进行旅游产品的开发，如成都的古蜀国文化，通过金沙遗址的开放致使内涵品位得到弘扬。应积极探索旅游文化内涵管理的市场模式，成立专门的市场管理机构，建立相应的市场管理体制、机制，以强有力的市场化手段对旅游文化内涵实施管理。比如成立专门的旅游文化品牌管理企业协会，通过企业的作用使文化内涵得以保护，得以传承，得以弘扬。在此过程中，加强市场监管，走绿色、生态的旅游文化内涵可持续发展之路。

旅游文化的内涵挖掘是旅游文化得以保护、传承、弘扬的重要手段。我国目前旅游文化的内涵挖掘现状不尽如人意，其根本原因在于没有抓住当地旅游文化的内涵实质，同质化严重。要深度挖掘旅游文化内涵，就应准确实现旅游文化内涵定位，寻找合适的旅游文化内涵发展载体，完善彰显旅游文化内涵的配套设施，不断凸显旅游文化内涵的特色，实施全方位的旅游文化内涵营销战略和通过市场化手段加强旅游文化内涵管理。

第六节 现代旅游文化的营销运作模式

经济社会发展促使人们的生活水平逐步提升，物质需求获得满足后，那么就需要获得精神方面享受，旅游自然而然成了娱乐放松重要的选择，在享受生活过程中，也能够体味到旅游文化所给予的愉悦感受。旅游文化属于营销运作，有利于促使旅游产品文化价值加深，旅游者也能够体味旅游产品所蕴含的多层次价值。因此，需要从市场角度、文化角度以及产品角度获取平衡点，构建现代旅游文化营销运作模式。本节对现代旅游文化的营销特点作了分析，结合现代旅游文化营销现状提出有效对策，为促进旅游文化市场健康发展打下良好的基础。

随着物质文化逐渐发展，中国发展更是突出，这就使得中国人并不只是关注物质方面享受，而是更加关注精神享受。旅游市场的市场化对中国人具有非常大的吸引力。结合目前旅游产品发展趋势，旅游产品逐渐向旅游文化方向发展，旅游产品方面也更加注重培养其文化特色，构建独特旅游文化品牌，促使越来越多旅游者渐渐加入到旅游中。本质上说，旅游文化营销是营销方式，旅游行业经营者借助特色化旅游自然，融入先进文化理念，对旅游行业发展以及提升旅游服务附加值的因素进行分析，尽可能满足消费者在文化价值方面的需求，促进市场交换，给予消费者高度和谐的文化体验。结合现代旅游文化发展，旅游文化营销属于新兴旅游产品营销方式，对旅游市场具有非常深刻的影响。结合旅游文化与市场营销，开发旅游产品前瞻性，同时旅游视角也较为独特，促进旅游行业向着现代化方向发展，构建出有特色的旅游文化，进而促进旅游产品可持续发展。

一、现代旅游文化的营销特点

（一）现代旅游文化营销时代特点

任何的旅游产品所体现的旅游文化都呈现出时代特点，旅游文化营销属于文化附加值，对于相同旅游资源，不同时代产生了不同文化意识，属于客观景色变化以及主观意识变化结果。时代逐渐发展，旅游文化产业也呈现鲜明时代性特点。消费者旅游产品文化需求也呈现出持续变化状态，不同时代的消费者所产生旅游文化也存在着非常大的差异，这也直接影响到现代旅游文化营销，需要关注旅游文化的时代特点。开展旅游文化营销过程中，需要同时代文化、意识形态发展之间实现同步，构建具有更加强大吸引力，以及能为促进旅游市场发展提供影响力更强旅游产品。

（二）现代旅游文化营销引导特点

旅游文化营销属于营销手段，目的在于引导旅游者旅游消费。旅游文化营销需要具有强烈引导性。从目前来看，一些旅游产品的开发者与旅游市场参与者在经营以及营销中缺乏科学认识，往往将引导目的集中在经济效益方面，进而出现零团费、低价团等相关旅游产品，其最终目的就是引导消费者消费与购物，但是这种导向是错误的，容易造成旅游市场无法实现健康发展。理性化旅游产品需要尊重消费者消费需求，做好引导工作以及调整工作，做好消费者消费欲望培养工作与挖掘工作。旅游文化属于无形资源，实际上，旅游产品成为重要的价值载体。考虑到旅游文化营销引导性，实现旅游市场可持续发展，做好旅游产品潜在性文化需求的挖掘工作以及培育工作。

二、现代旅游文化营销运作现状

（一）旅游文化产品层次不深

准确来说，旅游文化就是文化旅游，景点具有文化内涵就能够吸引到消费者，反过来说，单纯性景点无法对游客产生吸引力。随着旅游文化理念加入，提升了旅游附加值。从目前来看，旅游行业渐渐摆脱了传统凭借游客数量获得收益的模式，注重景点文化内涵的深层次挖掘，这是旅游行业发展的关键。实际上，旅游行业的相关经营者在进行旅游文化深层次挖掘过程中存在着理念匮乏的问题，往往只是针对景点、景区以及旅游线路等进行简单变化与开发，但是并没有从文化角度来深层次解读旅游环境，这就使得旅游文化连续性不强。

（二）旅游文化营销对策过于单一

从目前来看，旅游文化营销同文化之间的距离渐行渐远。早期文化旅游属于重要的营销手段，那么现在则不是这样。经过了文化旅游之后，游客已经熟知了该地，这就使得其对游客不再具有吸引力，往往通过降价方式来激活文化旅游生命力，但是这种方式并不是科学合理的。究其原因，是对景点文化内涵深层次挖掘不够，旅游文化营销方面宣传策略也存在着手段过于单一的问题，除了大量投入广告，其他出彩的宣传方式屈指可数，宣传立体感并不强，持久性比较差。考虑到旅游的时间较为集中，旅游行业相关经营者将重点放在全年的长假方面，这就使得大批游客在短时间内快速涌入景区，这就使得景区风景大打折扣。

（三）旅游文化主题缺乏个性

景区生命力与吸引力集中在景区主题。特色化主题以及个性化主题能够吸引更多游客眼球。实际上，个性化主题以及特色化主题更能够吸引到游客兴趣。诸如，以"丝绸之府""鱼米之乡"为代表的江南水乡——乌镇，打造了淳朴秀丽水乡景色，历史积淀的民俗节目以及独特风味的民间小吃，吸引来自全国各地的大量游客来到乌镇。旅游文化主题属于旅游文化的营销核心，也是提升旅游行业竞争力的关键。旅游属于大众化审美过程，但是目前旅游发展现状并不是非常理想，非常多旅游景点与旅游景区都存在着跟风的现象，这就使得非常多的景区千篇一律，缺乏吸引力。总之，旅游文化主题特色与主题个性对景区长远发展具有非常大的影响，不要跟风、不要雷同。

三、现代旅游文化的营销运作模式分析

（一）将市场作为产品发展归宿

产品引导型的旅游文化营销主要是明确旅游产品在旅游文化营销引导中的核心作用，将其作为文化营销起点，最终顺利回归于旅游市场。产品引导型旅游文化的营销方式关键在于旅游需求制造，结合旅游产品文化特征，充分挖掘特点，最终转化成旅游市场内旅游需求。文化营销并不只是扭曲以及改变自身，而是需要充分挖掘产品内旅游文化，但是需要将旅游文化与旅游营销有效结合。旅游产品推广是目前产品引导下实现旅游文化营销的根本，但是无法将营销目的完全替代文化传播目的，那么就需要提升旅游产品文化特征，表现旅游产品的文化特色，做好旅游者消费需求挖掘工作以及培育工作。一部分产品引导式旅游文化营销，更加注重打造产品文化，这样虽然可以拓展产品文化属性，但是开发成本投入也比较高，无法促进旅游文化发展，甚至可能促使旅游营销无法实现市场良性发展。因此，产品引导型旅游文化营销需要对文化类活动重点考量，促进旅游文化产品能够在更大的范围内实现传播。例如，文化展览会、节庆活动、学

术类讲座等等，明确旅游产品文化焦点，最终促使旅游产品能够真正融入旅游市场。该类营销行为关键在于旅游消费者能够真正地认同旅游产品内在文化因素，做好旅游产品文化属性深入把握，这样能够借助文化渠道来充分推广旅游产品。

（二）重视文化因素

旅游产品在实际发展过程中，需要结合市场需求及时更新，同时结合目前文化发展趋势以及流行趋势调整，根据旅游产品调整与设计形成文化资源，实现整合与优化。例如，针对目前的谍战题材电视作品，实际上，在东北存在着伪满洲国的旧址，那么就可接结合谍战片内容来设计相关旅游产品，投入到市场内。结合伪满洲国宫廷、伪满洲国文化和日本殖民创伤等角度形成特色化主题旅游线路，保证内容符合构建特色化文化宣传要求。需要特别关注，产品是否实现了文化与市场之间的沟通与互动，产品设计过程中，需要开展充分调研，对市场与文化间具体发展情况进行调查与研究，这样能够保证所设计旅游产品能够满足目前旅游市场发展，提升旅游产品影响力。通过挖掘旅游产品自身文化附加值，提升旅游产品吸引力，在旅游产品投入到市场后，更加具有吸引力。例如，针对抗日文化主题相关旅游产品，需要注重挖掘历史文化细节，促使旅游者借助旅游来体味当时生活场景。因此，兼具自然风光与人文风光，旅游产品设计过程中需要实现时代感与市井文化之间平衡，促使该旅游产品能够成为市场旅游文化热点与旅游文化焦点。

（三）尊重市场需求

旅游文化营销的核心在于旅游市场，这也是旅游文化营销的核心与出发点，通过塑造文化来形成特色化旅游产品。结合市场观察以及市场分析营销行为，旅游消费者尊重旅游市场文化需求，进而设计出更加具有针对性旅游作品。在旅游产品设计过程中，抽象文化要素渐渐形成了具体文化属性，开发出独具特色的旅游文化产品，这也就是旅游产品使用属性方面的拓展。纯粹的文化旅游产品无法具有长久市场吸引力，旅游产品则是将文化与具体使用功能相结合，把旅游市场看作是出发点，充分考量旅游产品文化价值以及实际价值，提升旅游产品影响力。市场引导型旅游文化营销前，需要分析已经投入市场旅游产品各项的基本属性，经过深入调查以及深入研究，明确市场与产品间的文化链条。以南京为例，作为六朝古都，南京旅游资源以历史文化类为主，但是不能仅仅实现南京历史文化产品化，而是需要观察市场，发现南京旅游产品所包含的自然风光内容、古玩小吃等，在进行南京旅游产品开发过程中，需要将市场作为出发点，构建综合性旅游文化营销。因此，在现代旅游文化营销过程中，需要重点考虑市场因素，结合消费者经济实力以及文化需求等因素，将其充分考虑到旅游产品设计中，促使旅游产品能够投入到市场中，构建独具影响力旅游文化需求，这种推广行为和营销行为，需要将市场看作出发点，明确最终目标为有效旅游需求。

总而言之，目前现代旅游文化发展主要是期望能够实现文化具体化，将文化作为重要的出发点，将文化看作是市场和产品间沟通的重要媒介。实际上，文化属于旅游产品灵魂，并不只是一种发展渠道，而是成为促使旅游产品发展重要的元素，在现代旅游文化营销时，需要明确旅游营销核心，结合现代旅游发展的实际情况，将文化看作是核心的生产力，明确旅游产品发展根源性的力量。现代旅游产品在发展过程中，现代旅游文化营销运作的核心在于实现旅游文化发展，借助文化方式来完善以及发展旅游产品。旅游文化营销过程中，实际上就是增加旅游产品文化价值深度，给予旅游者更加丰富的文化体验。总之，大众物质生活逐渐富裕促使放松性、休闲性旅游产品消费已经无法满足实际需求，消费者对于文化体验与旅游中精神升华方面的关注度更高，现代旅游文化在进行营销过程中，需要客观对待大众旅游消费的心理变化，培养旅游文化的服务意识以及品牌意识，通过旅游文化体验来提升旅游者满意度，促进旅游行业更好发展。

第七节　旅游产业与旅游文化融合

旅游与文化之间天然具有联系性，文化是旅游的灵魂，旅游是文化的承担者，两者只有相互融合才能焕发旅游产业发展的生机与活力。本节通过对旅游产业及旅游文化之间的融合发展展开研究，针对存在的问题从多角度提出相应的解决路径，以改善两大产业融合发展中存在的不足之处，提升融合水平。

一、旅游产业与旅游文化融合发展的意义

（一）融合发展的必然性

第一，现代产业融合发展的客观要求。当前产业经济环境下，随着经济服务化与技术更新的发展，产业融合已经成为一种新兴的经济现象，不仅能够提高产业竞争力，更能够为经济转型提供发展动力；第二，本质属性相同。从属性情况来看，旅游产业及文化产业是同时拥有经济属性、文化属性的综合性产业。从特征来看，旅游产业及文化产业也都具备创造性、地域性、传承性等特征，两大产业融合发展能够实现旅游与文化相辅相成、互动共赢；第三，产业互补。文化体验会伴随旅游全过程，随着体验经济的快速发展，文化产业需要借助载体来实现其市场价值，而旅游产业的升级，旅游者需求逐步多样化、高级化，这些都会促使旅游企业寻找突破口来迎合旅游者的高层次需求，实现跨产业合作与融合。

（二）融合发展的重要性

一方面，有利于保护及传承地方优秀文化。事实上，旅游过程就是对地方文化的游历体验，通过各种旅游活动能够让旅游者了解、认识地区文

化及民族文化，随着旅游者的增多，地区文化及民族文化也能够得到广泛传播。依托地方独特的文化资源来实现旅游业的可持续发展，不仅能够增强地区旅游核心竞争力，更能保护及传承地方优秀文化，提高地方文化软实力；另一方面，有利于推动旅游业的优化升级。随着当前我国旅游业及体验经济的快速发展，观光型旅游已经难以适应旅游者日益提高的旅游需求。然而，现阶段许多地方的旅游产品依然是观光型产品，如果将旅游产业与文化产业相融合，利用文化来指导、包装旅游，就能够丰富旅游产品的文化内涵，进一步改善旅游产业的功能性和文化创意的附加性，进而实现地区旅游产业结构的优化升级。

二、旅游产业与旅游文化融合发展过程中存在的问题

（一）地区与地区之间竞争愈加激烈

随着当前市场从"供给时代"转向"需求时代"，地区旅游产业与文化产业融合也面临着激烈的外部竞争。第一，与周边其他类似文化旅游地存在竞争性。由于一些地区与周边地区的文化存在一定的相似性、可替代性，以河北省文化旅游产品为例，河北有金山岭长城、承德避暑山庄等，而北京则有闻名海内外的八达岭长城、故宫、颐和园等，如此一来大量游客可能会略过河北前往北京的景点进行观光，从而使许多河北客源被"过滤""截流"；第二，与国内旅游发达地区存在竞争性。文化旅游需要科学、合理地革新、定位，相比于地区之间，国内旅游发达地区能够更加科学地改革传统文化旅游，也更具有开发新颖文化旅游产品的能力。相比之下，旅游欠发达地区两大产业融合会更加保守，发展速度也会较为缓慢，缺乏竞争的紧迫感。

（二）市场化和创新力度偏低

目前，我国许多地区具有市场竞争力、规模性的文化产业集团屈指可

数,虽然伴随五千年的文化发展历史,我国拥有极为丰富的非物质文化遗产,但是将这些文化内容形成产业化的却寥寥无几,有关部门及相关企业缺乏主导型文化旅游理念的指导,很难就旅游产业与文化产业的有效融合进行科学、合理的定位,从而造成地方两大产业融合发展缓慢。

(三) 智力支撑薄弱

旅游产业与文化产业的融合引发对旅游文化复合型人才的需求。然而,在复合型人才储备方面,许多地区仍然处于劣势地位,尤其是高新技术型、产业经营型、文化创意型等人才极为稀缺。而且,由于两大产业融合发展的时间较短,许多高校并未增加相关科目,缺少专业的旅游文化产业培训机构,从而造成产业融合缺乏高素质人才储备。然而,旅游产业与文化产业融合发展的关键性因素就是人才与智力,如果智力支撑缺位,必然会导致旅游文化魅力缺失,从根源上会阻碍两大产业的有效融合。

三、发展路径选择

(一) 路径分析

旅游产业与文化产业融合会形成新的旅游业态——旅游文化产业,从旅游文化产业结构情况来看,分为旅游主体结构、旅游经营结构以及旅游产品结构。事实上,不同产业存在不同的功能、特点及优势,其不同的组合关系会导致融合的结果各异。具体来说,旅游产业融合与文化产业融合有五种典型的融合路径:功能融合、市场融合、技术融合、资源融合、人才融合。

第一,功能融合。两大产业都是集文化功能、经济功能于一体的综合性产业,这些功能性融入旅游产业,能够使产业更富有文化内涵,注入多样化的旅游形势,增加旅游者对旅游产品的多样性选择,有助于最大限度地发挥两大产业功能融合的功能效益。

第二，市场融合。在现今社会，旅游业具有巨大的受众市场和强大的空间拓展力，文化产业蕴含着丰富的文化内涵及新颖的时尚特色，将文化产业融入旅游产业当中，能够弥补旅游市场空隙，使旅游产业市场发展有了现实路径。例如，将地区文化产业示范基地尽可能分布于知名旅游景区线路附近，像军声砂石画院就是分布在张家界旅游区，这样游客在购买文化产品的时候通常也会去旅游区进行参观，以帮助产业彼此市场的扩充和发展。

第三，技术融合。旅游产品创新需要技术手段作为支撑，而当前文化产业的发展已经具有明显的技术资源优势，将两大产业进行融合，必然能够提高旅游产业的技术水平，优化产业结构升级改造。例如地区政府为发展地区旅游业而筹办乡村音乐节活动之时，可以引入当前最先进的物联网技术、安全技术、环保技术、纳米技术等高新技术成果，借助高新技术实现文化产业与旅游产业的融合发展。

第四，资源融合。利用文化产业中的创新意识和技术能力能够转化许多新型旅游产品，实现旅游者更高层次、更多元化的旅游需求，利用旅游产业能够为文化产业提供极为丰富的旅游资源，为文化产业发展开拓了新渠道、新空间。例如借助土家族、瑶族、苗族等50多个少数民族的浓郁民族风情设计民族文化旅游产品；借助风雷激荡的红色文化设计红色文化旅游产品；借助古今名士设计名士文化旅游产品等。

第五，人才融合。人才是区域文化产业与旅游产业融合的推动力和主力军，两大产业的融合会使越来越多旅游专业人才在文化产业相关部门就业，而文化产业专业人才也会逐步进入旅游行业进行就业，从而通过产业的融合发展，产生更多文化—旅游复合型人才。

(二) 推进发展的具体路径

1.制定科学发展规划，突出发展优势

各地区政府及有关部门应对地区旅游资源及文化资源的范围进行有效

梳理、合理规划，坚持以科学发展观的态度做好两大产业的整体规划，要确保产业之间的相互协调，杜绝盲目、低水平的开发，打造精品旅游文化产品，突出地区优势（即根据地区特色突出"古城文化""红色文化""宗教文化"等），将历史文化与人文景观进行有机结合，以整体提升地区形象和旅游文化品位。

2. 搞好文化营销，培育新兴市场

第一，打造主题文化旅游节。要充分依托地区独特的风土人情、传统文化、传统节日等来壮大文化旅游，例如葡萄节、滑雪节、森林文化节等，因地制宜拓展相应的旅游特色项目及旅游活动，包括攀岩、露营、滑雪、漂流、摄影、绘画写生等，并可以辅助开展摄影大赛、展览、旅游发展论坛等，以多角度、多层次的展示、宣传地区文化旅游资源，实现地区文化旅游的快速发展；第二，加强旅游宣传促销。可以借助国内主流媒体或权威媒体，通过广告推介的形式让更多潜在旅游者了解特色文化和相关旅游产品，继而吸引其前往旅游和体验；第三，利用网络媒体壮大旅游电子商务。顺应时代发展潮流，最大程度地利用网络技术扩大营销，提高技术的旅游服务能力，例如构建旅游电子商务系统、建立旅游论坛、推送旅游信息资讯等，为国内外游客提供全面的旅游文化指南；第四，培育新兴旅游市场。为最大程度留住地区特色的城市历史记忆，必须要开阔视野，发散思维，深入挖掘城市文化资源，实现旅游开发从粗放型向集约型转变。

3. 强化复合型人才队伍建设

第一，优秀人才引进工程。加强学科建设，优化课程设置，在各大院校开设相关专业课程，重视产业融合复合型人才的基础教育；第二，为相关人才之间技术、经验交流创造平台。可以通过交流会、研讨会、访谈会等形式吸引国内外相关人才和学者学习、消化、吸收相关知识及先进经验，并实现文化旅游产业的再创新；第三，鼓励相关组织开展复合型人才在职培训和继续教育，以促进科研与产业的良性互动。

第六章　旅游文化传播的理论

第一节　乡村旅游文化传播策略

随着现当代经济的飞速发展，人们的经济水平大幅度提高，生活的质量也越来越高，现当代人们整日面对着快节奏的生活，闲暇之余也越来越希望可以通过某种方式来放松自己疲惫的身心，因此旅游业也随之兴起，而乡村旅游作为旅游业的一个分支，因为其具有独特的乡村文化、美丽的自然风光和消费价格相对低廉的特性，乡村旅游迅速崛起，乡村旅游的发展会带动乡村经济的飞速发展，但是如果与其他的旅游业一样，仅仅是让游客来这里吃、喝、玩、乐，不带有自己村落的特色，久而久之也会处于一个停滞不前的状态，其发展前景不容乐观，因此，如何打造自己村落的旅游文化和如何更好地对外宣传自己村落的文化成了当下的热点问题。

针对乡村旅游的发展的特点、发展的基础与发展的态势，乡村旅游业的发展不仅仅可以带动村落的经济发展，而且还可以解决当地很多村民的就业问题，并且可以留住一些青年人在村落发展，为村子后续的发展壮大提供强有力的保障，并且在国家对农村扶贫的政策上也有很深远的意义，也可以通过旅游的方式让更多的人了解村落的传统文化，因此如何做好乡村旅游文化传播的工作就具有了十分重要的理论意义与实践价值。

一、强化传播意识

强化乡村旅游文化传播意识。村委会应该以身作则担起重任，学习其他较为成功的城乡旅游传播策略，深入了解城乡旅游业可以为乡村经济发展带来的巨大优势，在固有增长乡村经济发展的传统模式上学习新的思想，与此同时村委会应组建强化村民对旅游文化传播意识的专项小组，对如何提高乡村居民的对外传播意识做出整体规划，定期对村民组织文化学习，邀请旅游业较为发达的其他乡村干部到本村落进行演讲和宣传，强化村民对自己村落的旅游文化意识并形成对外传播共识，在与村民达成旅游文化对外传播共识时也应为村民制定一些相应的传播任务，利用网络和媒体对自己村落的旅游文化对外传播，例如转发朋友圈，贴吧发帖，公众号转发等，通过这些举措不断加强村民的传播意识，为乡村旅游文化传播奠定良好的基础。

二、搭建传播平台

新媒体平台刚刚出现，村民百姓对其了解不够深入，接触的次数不频繁，同时由于我们的宣传力度不强，范围不广，涉及群体不够丰富，以及我们的村民文化知识水平不高，整理素质有待提升，这对我们乡村文化的发展和传承产生了不利的影响。在传播过程中存在有些村民在利用新媒体平台进行乡村文化交流与传播时，对各种信息的来源、真实性缺乏有效的辨认，对冗杂的信息缺乏筛选。也有部分新媒体平台为了吸引大家的关注，迎合受众，不惜夸大信息甚至传播制造虚假信息。

受众的媒介素养并非一蹴而就，单纯地靠大家自发学习与自我提升是不现实的，必须依靠政府部门、文化教育机构、网络宣传部门等各方组织的共同努力来积极推进。个人觉得可以通过以下几个方面来调整：通过开展基本的培训帮助村民认识新媒介，掌握新媒体信息传播的规律与特点，可以录制一些网课、宣传片在滚屏上循环播放，制作并发放一些宣传单、定期推送相关公众号帮助村民提高鉴别新媒体信息的真伪，还要注意提高他们过滤负面信息的能力，避免村民被新媒体信息的负面影响危害。可借助"大学生暑期社会实践三下乡"活动，政府机构以及高校团委通过开展媒介下乡服务农民活动，为村民营造良好的媒介环境，促进乡村文化的传播与发展力。

三、培养传播人才

在现当代的新媒体环境冲击下，原有的传播手段、传播人才也面临着新的考验，尤其是在乡村青少年较少的情况下，新型的传播人才越来越少，新老更替的速度缓慢，所以在此环境下的传播人才培养就显得尤为重要，新的传播人才应该在其传统上的采、写、编、评、摄的基础上掌握更多的技能，要学会运用互联网、公众号的制作以及后期的剪辑等多项技能，这样的人才如果单靠村民自学根本无法达到预期效果，所以村委会也要根据本村的情况向其政府争取资金投入来培养此类的人才，组建对外传播人才小组，将其细致划分，分别培养写作方面的人才，摄影方面的人才，后期制作方面的人才，互联网运营人才，新媒体运营方面的人才，等等，对其定期地进行组织培训，外出学习，提升团队的综合实力，同时还要让他们密切地了解本村的发展动向，让对外传播的效果最大化。

四、丰富传播手段

乡村文化在传统媒体的带动下，近些年已有了不俗的起色，但是鉴于时代的发展，新媒体技术日新月异，以传统纸媒、广播、电视等单一形式的传播手段，已经确保不了乡村文化的有效传播。而新媒体技术则有很大不同之处，通过图文并茂、声色俱全的新媒体传播形式，能将乡村文化更好地、更真实地传播出去。至此，乡村文化不再偏安一隅发展，而是通过多种数字化新媒体传播手段进行世界性文化流通与交流，从根本上改变了乡村文化传播手段单一，传播速度缓慢的基础问题。我们可以在各大视频网站中开辟出新的版面——"民俗文化"版面，将各种民俗文化的技艺手法进行全方位角度拍摄并制作视频短片，上传网络，进行文化传播。从此学习者们可以不必跋山涉水来到当地，而是可以对自己向往的技术进行一遍遍地分解学习，更有利于学习这种技艺，这种方式方法，既方便了大家，更能对传承文化起到重大作用。

第二节　数字媒体艺术下的旅游文化传播

旅游业的发展离不开旅游地的旅游文化，依靠一定的途径进行传播，这样旅游文化才能得到有效释放。随着信息时代的不断发展，旅游文化的传播对数字媒体的依赖也越来越大，因此必须积极探索新的传播方式，顺应信息时代发展的潮流，促进旅游文化的健康传播。

一、数字媒体艺术的特征

随着计算机技术的发展，多媒体技术开始逐渐利用计算机技术，这样就形成了数字媒体技术，逐渐影响了艺术的发展，而且数字媒体艺术生命力强劲，表现出了广阔的发展前景，影响了整个社会公共媒介的发展，成了重要的传播媒介。数字媒体艺术属于视听领域内的艺术形式，有如下几点特征：

独特的创作工具。数字媒体艺术是媒体技术与艺术的有机结合，是一种特殊的艺术形态，其创作过程伴随着技术性的操作，同时也有艺术审美的要求。数字媒体艺术的创作和展示都依赖于计算机，同时与互联网也密不可分，并且随着计算机和网络技术的发展，数字媒体艺术的创作水平也在逐步提高。

强大的交互功能。数字媒体艺术的作品需要观赏者的参与才能完成浏览，可以说，数字媒体艺术作品是在观赏者的控制中实现自身价值的。例如，在网络游戏中，只有通过玩家的点击参与或互动才能构成一个虚拟的世界，才能体现其交互功能。

多样化的呈现方式。计算机的出现打破了传统的材料和技术分类，产生了数字媒体这一新的呈现方式。在计算机的处理下，声音、图像、文字等通过数字语言的融合，形成了多样化的呈现方式。并且在艺术家的想象中，媒体呈现出了与人们生活息息相关的现象，使得作品更加生活化、艺术化。

广泛的题材。传统艺术以客观世界为基础，所依赖的是现实存在的物质，如绘画、摄影等。然而，数字媒体艺术的发展方向是面向未知世界的，借助高超的技术手段，数字媒体技术的题材更多地面向了宇宙、文明等超前的世界。

人人皆可参与传播。传统的传播方式使得很多单向传播的作品被埋没，而在数字媒体艺术下，人人皆可参与传播，可以自由选择传播途径，自由修改、删除作品，为人们提供了更加广阔的参与平台，实现了艺术创作和传播的平民化。例如，互联网上的论坛、微博等，都是人们在数字媒体艺术的支持下所创作出来的大众文化，适应了人们的生活方式，体现了民主化的特征。

二、数字媒体艺术对旅游文化传播的影响

传播和受众关系的转变。在文学作品中，作家所写的只是单纯的文本，只有读者参与到解读中，作品才能真正实现永久的价值。正如旅游文化的传播一样，受众对旅游消息的要求为内容真实、生动等，在数字媒体艺术的支持下，受众能够积极参与到传播中。传统的旅游文化的信息主要依靠电视和平面媒介，受众只能被动接受，属于灌输式的传播方式，忽视了受众在信息传播的主动性。数字媒体艺术下的旅游文化传播使得传播效果更佳，受众能够根据自身的需要选择旅游文化信息。因此，在数字媒体艺术下，必须考虑旅游者的需求，以多元化的表现方式吸引受众参与到旅游文化的传播中，提升旅游文化的影响力。例如，有的旅游信息网有游客交流区，游客能够在社区内交流旅游体验、发表意见和建议等；又如有的省市旅游局开通了微博，发布信息，加强与游客的交流，从而提高了旅游文化的影响力。

传播形式逐渐增多。数字媒体艺术为受众带来了丰富的视觉和听觉体验，从而提高了传播效果。数字媒体艺术合理地利用了数字技术，提高了旅游文化的视觉和听觉的表现力，满足了人们的审美需求。在旅游文化的传统过程中，传播者如果能很好地利用文字、图片、视频等形式，会给人们带来全方位的体验，其传播效果会更佳。

新旧媒体的整合。一方面，多媒体逐渐整合。传统的文化信息传播主要依靠报纸、书籍、广播、电视等，受时间和空间的限制，传播的信息量有限，而且有一定的延迟性，已经不能满足信息时代的要求。数字技术的发展使多元化的媒体共同传播旅游文化，例如，旅游网站整合了传统媒体的信息，为受众提供了丰富的旅游文化信息。另外，受众也可以自由选择旅游文化信息，但每一种传播媒体都有一定的缺陷，因此，必须将多种传

播媒体整合起来,这就是数字媒体。数字媒体整合了多种媒体,打破了时间和空间的限制,同时也给了受众充分的自主性。

另一方面,新旧媒体的共同发展。新媒体的产生并不意味着旧媒体的消失,新旧媒体还会并存。随着数字媒体的兴起,旅游文化逐渐从电视、报纸等转向网络传播。网络中存在着巨大的受众群体,为旅游文化的传播提供了广阔的空间,开创了旅游文化传播的新纪元。但由于受众的多元化,传统媒体仍有很大的存在价值,新旧媒体在交融中发展,逐渐朝着综合性的方向发展。

传播效果的强化。在数字媒体艺术下,旅游文化的传播形式和方式对受众的心理产生了巨大的影响。一方面,生动有趣的形式使旅游文化信息受到了关注。旅游文化的传播内容必须是受众喜欢的,旅游信息也要生动有趣。数字媒体艺术凭借计算机技术,综合文字、图像等媒体,给旅游者营造了生动的环境,让旅游者更好地理解了旅游文化信息,刺激了旅游者的旅游欲望。另外,数字媒体依托网络资源,超越了时间和空间的限制,为旅游者提供了海量的旅游信息,旅游者能够自主选择。另一方面,多元化的设计使旅游者能够更加深刻地理解旅游信息。由于受众的文化、年龄、学历等存在巨大的差异,他们对旅游文化信息也存在不同的理解。数字媒体艺术依靠数字化的设计为旅游者提供了丰富的旅游文化信息,激发了旅游者的参与热情。例如,一些人文景区利用多媒体技术将原本枯燥的、静态的旅游景点变得生动起来,不仅能够观赏自然美而且还能感受内涵美,提高审美境界,有助于受众更好地理解和传播旅游信息。

三、数字媒体艺术下的旅游文化表现形式

数字影视。随着数字技术的发展,影视制作的水平不断提高,通过数字影视能够将旅游地的自然景观、人文景观,生动地展示给受众,从而激

发人们的旅游兴趣，促进了旅游地旅游业的发展。旅游文化资源不仅包括自然旅游资源，还包括人文旅游资源，如果想包揽旅游文化，需要花费很多的时间和金钱，而通过影视作品则能够浏览世界各地的旅游文化。数字影视从前期的制作到后期的声像处理，到最后的压缩保存以及画面的展示，都实现了数字化或部分数字化，使旅游资源生动形象地展示在了旅游者面前。

数字网络。在数字网络中，通过对旅游文化的多彩设计，使旅游者提高了注意力，实现了旅游文化的有效传播。在文字方面，传统媒体一般遵循文字规范，而在网络中，网络语言有较强的口语性、随意性，有的游客在网上分享了旅游体验，其他人很容易产生共鸣，体现了大众化的特点。另外，图片也能够刺激游客的旅游欲望，随着数字技术的发展，旅游摄影成为旅游活动的重要组成部分，人们能够通过图片分享旅游体验，将"凝固记忆"传递给旅游受众，成为旅游文化的重要传播媒介。此外，在旅游网站上，设计者设计了个性化的导览，能够通过点击实现快速浏览旅游景点。在传播形式上还有数字游戏、数字博物馆等，都利用了现代数字技术使旅游文化的展示和传播更加便利。

随着信息技术的发展，数字媒体艺术在旅游文化中的传播展示了更大的价值，在传播形式上、传播媒体和传播效果上都展示了巨大的优势。数字媒体艺术不仅提高了旅游文化信息的质量，满足了受众的需求，而且运用现代数字也能促进旅游文化资源的可持续发展。

第三节 城市文化旅游的创意传播

发展城市文化旅游，打造一个城市的文化和旅游名片，是很多城市的发展愿景，这需要政府、旅游景点、旅游企业的共同努力。城市文化旅游可以从三个重要方面推进：通过打造 IP 促进内涵与形象的一体化、提升旅游产品的体验性、运用好新的传播形式和新媒体平台。这三者的有机结合构成了一种内涵与形象一体化的体验性创意传播模式，新模式对于文化旅游的提升和发展有重要的推动作用。

旅游有多种形态，既有传统的自然景观、人文景点的观光旅游，也有文化主题公园的旅游、休闲度假式旅游、活动旅游、研学旅游、商务旅游等新形态；宽泛地说，只要是"走出去"消费的行为都可以算作旅游。旅游这个概念已经超越了传统的观光，进入了新的发展阶段。一方面，旅游的产业链延长了，旅游囊括了"食住行，娱购游"的方方面面，涉及越来越多的不同行业，并且它所能包含的内容和涉猎的领域仍在进一步拓展。另一方面，旅游与文化融合是一个明显的趋势，旅游逐渐提升为文化旅游，无论哪种形态的旅游都在提升其文化内涵和文化属性。

城市文化旅游是围绕一个城市展开的文化旅游，其发展目标既要打造文化城市，也要打造旅游城市，合在一起就是要打造文旅融合领先的城市。推动城市文化旅游的主体可以是景点、企业、也可以是政府。旅游是一种"溢出型"的商业模式，旅游带来的收入并不集中于某一个单独的项目，而是会溢出来流入别的产业环节之中；具体旅游项目作为一个个关键点，它的发展会自然而然地带动整个产业链的发展。以景点为例，景点会收取门票，景点内部可能有表演、旅游纪念品等收入来源，而由景点带动的交通、住宿、餐饮等花费则会流入产业链中的其他环节。因此，从政府的角度看，城市文化旅游是带动城市发展的重要产业；而对于旅游企业来说，一方面应尽量地延长自身所能涵盖的产业链，另一方面应积极融入城市文化旅游的大链条之中，珍惜政策支持和行业资源所提供的助推力。

要做好城市文化旅游，既要求一个城市具有丰富而优质的文化旅游产品，又要求采用先进而有效的对外传播手段；中国大部分城市目前在这两方面的工作都有很大的提升空间。笔者认为，中国城市文化旅游应探索一种内涵与形象一体化的体验性创意传播模式。

一、促进内涵与形象的一体化

城市文化旅游的立足点是优质的文化旅游产品，文旅产品要想对别人产生充分的吸引力，不但需要在文化旅游的内涵和形式两方面下功夫，还要能将其打造成一个具有品牌形象的、利于对外宣传的整体。具体来说，在产品设定、内容提升、形象宣传的层面都可以融合 IP 的打造，即以一定的 IP 为核心，将产品与文化、内涵与形象融合在一起，进而形成一系列的品牌性 IP。

IP 是英文 Intellectual Property 的缩写，指具备知识产权的创意产品，"主要由著作权、商标权、专利权三个部分组成，包括音乐、文学和其他艺术作品，发现与发明，以及一切倾注了作者心智的词语、短语、符号和设计等被法律赋予独享权利的知识产权"。城市文化旅游可以从故事 IP、形象 IP、产品 IP 和企业 IP 这四个部分着手，以四个 IP 来表达城市文化内涵和形象，并作为可体验性的旅游产品和衍生品的 IP。城市文化有大量的内容值得挖掘，包括历史故事、重大历史事件、文化起源、名人、掌故、商帮、书画、习俗、传说、诗词、美食、书院、陶瓷、园林、古镇、大运河、长城、小说、戏曲、曲艺、非遗，等等；但要将其变成可以宣传推广的旅游资源则需要进行一定的转化。城市文化旅游可以借鉴文化产业打造 IP 的方式来整合历史文化资源：通过讲故事的方式和形象化的方式，把散乱的文化要素连贯起来，给传统艺术赋予新鲜性和趣味性，并将遥远的古人的生活场景、文艺作品、传奇经历等内容以真切感人、风趣幽默、神秘莫测等不同的风格再现出来；在重塑和再现的过程中，这些城市文化资源既可以形成独特的、可持续的故事 IP，也可以根据故事中的人或物形成独特的、有传播力的形象 IP。IP 同时可以作为品牌和城市旅游产品（例如特色工艺品、礼品、吉祥物、伴手礼，等等）的载体，每个 IP 的系列产品都可以开发相应的衍生品。

基于四个 IP 的系列化表达，每个城市的特色文化都可以做很多个内涵和形象结合的系列产品，形成多个不同层次、不同属性的 IP。城市通过 IP 来融合内容与形象，将其构建成一个独具魅力的整体。对于致力于发展文化旅游的城市而言，还可以考虑用四个 IP 做城市文化体验中心：一方面把城市的故事 IP 和形象 IP 在互联网上传播，把产品 IP 和企业 IP 作为延伸传播的载体；另一方面建设一种地标式的城市文化体验中心，开发极具互动性、体验性的文化旅游体验消费的场馆和旅游产品开发的商城，将城市文化体验中心打造为旅游目的地。笔者在后文会进一步分析城市文化体验中心。

二、提升城市文化旅游的体验性

现在的旅游非常方便，不论是交通还是资讯的获得都很便利，但如何能让消费者选择去一个城市旅游，甚至愿意反复去同一个城市旅游，体验性是一个至关重要的因素，好的体验值得反复回味，不仅能让游客觉得不虚此行，还能让他们愿意分享给别人，甚至愿意再一次来感受这种体验。要提高城市文化旅游的体验性，除了要考虑前文涉及的文化内涵的挖掘和用讲故事的方式呈现之外，还可以用融合科技手段、开展活动经济、打造城市体验中心等方法来提升体验性。

（一）融合科技手段

文化旅游和科技的融合是未来的发展趋势。科技手段让内容的呈现更为丰富多彩，比如做《西游记》的舞台演出，以前的表现力是很有限的，但现在孙悟空的金箍棒可以在现场用虚拟的投影装置使它变长变短、消失或重现，像变魔术一样，可以更为有力、更为直观地呈现很多内容，增强表现力和互动效果。再比如旅游景点要宣传当地的文化故事，可以用虚拟的影像表演，还可以请虚拟歌手来开演唱会，等等。未来，虚拟表演在旅游演艺中占的比重可能会越来越大。

运用高科技设备可以直接增强体验感，包括声光电的控制，运用 VR、AR 技术做沉浸式的体验和互动游戏，等等。科技和旅游的结合还可能催生导游机器人或者陪伴机器人，机器人可以给游客提供各种辅助服务，随时随地提供讲解，甚至陪游客一起玩互动游戏……科技表达的方式越来越多，文化旅游与科技相结合能够创造出各种有趣、好看、好玩的东西，文化旅游与科技的融合会极大地提升城市文化旅游的体验感和吸引力，推动整个文化旅游产业创新升级。

（二）开展活动经济

活动经济是文化活动拉动的经济，"是指人为地创意、设计及组织的各种活动（包括商业论坛、培训教育、展览、演出、体育、节庆、观光和娱乐体验等），以及通过上述活动所带来经济上的消费收益"。活动经济是以一种主题性的活动来带动一个地方旅游的经济形态。比如足球世界杯就是一种文化旅游，很多球迷会专门去莫斯科看足球比赛，自然顺便也带动了目标城市的交通、住宿、餐饮和旅游业。波士顿的马拉松，巴黎的汽车、航空和农业三大会展，拉斯维加斯的世界计算机大会，都是以一种大型活动带动整个城市的旅游的方式。

以一定活动为内容的旅游本身就带有比较强的参与性，如果活动本身的文化属性比较强，与城市文旅项目搭配得比较合宜，活动就能极大地提升文化旅游的整体体验。很多中国传统的节庆活动都可以被改造成文化活动，但需要加以现代化、时尚化的改造，并结合年轻人所喜欢的元素来做。摄影文化节、影视文化节、动漫文化节及音乐节等各种文化活动，也都有很好的表达性与参与性。这些文化活动并不需要大型比赛或展会所需要的大规模场馆设施，还可以与文旅项目形成一种互相烘托的效果。比如广西壮族自治区的"三月三"文化节活动，就是以组织活动的形式来推广旅游：将富有地方特色的民俗文化、艺术、摄影及美食文化活动等搬上新媒体，通过网络传播吸引游客；鼓励游客在参与活动时用手机进行拍摄记录，并上传到社交平台上；通过线上线下的互动来赢得更多关注，增强活动的参与性和趣味性，进而推动更大规模的传播。需要注意的是，城市文旅项目做文化活动需要内涵网红（实力派网红）和IP的带动，并且需要一定的规模才能吸引人们的关注。故事IP、内涵网红与活动应该相辅相成，不是"旅游遇见文化"，而是通过旅游来体验文化，通过文化来创新旅游。

（三）打造城市文化体验中心

概括地讲，城市文化体验中心是用传统文化做一个有旅游价值的文化地标。外地人想了解一个城市就到这个地方来，他可以在文化体验中心了解、体验一个城市最全面而又最具代表性的自然与人文特质，体验完以后再根据内容的引导和自己的爱好去选择后续要去的其他地方。城市文化体验中心大体上能把一个城市想表达的城市特点、主要的历史故事、文化艺术产品、旅游产品都呈现出来，是一种浓缩的、具有体验性的文化展示中心。

城市文化体验中心其实是一个复合商业模式，它要通过对城市文化的挖掘，用故事性和形象化的方式呈现历史与文化内涵，并要融合IP地打造使之具有可识别性和可持续性；城市文化不但要在现实的体验中心中呈现出来，还要加上衍生品的开发、销售以及互联网传播，城市文化体验中心实质上包含了从文旅内容打造到衍生品销售的整个产业链。一个城市文化体验中心里面展示的所有产品都应当是有品牌、有IP的；即使是农产品，也应是有特色的、进行了品牌化和IP打造的农产品。城市文化体验中心现场体验的运营收益可能并不太高，但是结合互联网传播、结合文创电商和衍生品开发，就会有非常可观的收益。好的城市文化体验中心不仅是文化地标，还是一个城市对外宣传的文化名片和旅游目的地，能够对城市的整体文化旅游起到提振作用。

城市文化体验中心可以融合城市文化旅游 IP 的打造，并且将上述的科技融合与活动经济都囊括进来。城市文化体验中心可以直接展示、体验本地特色文旅项目；可以放映本地文化旅游创意影视作品、动漫、微电影，进行各种真人演出及虚拟演出；可以通过虚拟现实和增强现实技术，打造沉浸式体验、互动式体验、场景体验等项目；可以做科技体验馆，让孩子们过来研学，以体验的方式进行科普教育、国防教育；可以举办摄影、影视、动漫、音乐、艺术等各种文化节或文化类比赛；还可以把各类实地体验和文化活动进一步制作成微电影等创意作品在网络上进行传播，进一步扩大宣传。

三、发展新的创意传播模式

城市文化旅游内涵与形象创意传播的载体是互联网平台（互联网平台指大媒体、大社区、大卖场的一体化）、影视、摄影、写生、动漫、游戏等，可以说，各种文创产品都能成为城市内涵和形象结合的创意载体。"文化＋科技＋互联网＋旅游"的产业融合是城市文化旅游融合发展的新特点，也是催生城市文化旅游内涵与形象创意传播的新路径。

（一）影视和摄影

城市的影视和摄影是城市内涵和形象的基本呈现方式。影视带动旅游有很多的先例，比如电影《少林寺》对少林寺旅游有明显的带动效果；《我的团长我的团》带火了腾冲的温泉旅游；电视剧《三生三世十里桃花》热播，很多人就想去拍实景的地方旅游。这些影视带动旅游的例子存在一定的偶然性，因为要拍一个大片或者大制作的影视剧，对于景点来说是很难实现的。现在可以用短视频的方式来带动旅游，不过现在的短视频往往只是拍出来了一些场景，缺乏历史文化内涵，也缺少内容和故事的支撑。短视频要有传播力、能吸引人,就不能仅仅靠影像画面,还需要有故事、有内容。接下来应该用系列微电影的方式来做城市的旅游产品和形象宣传,微电影通过指定故事发生的场地、植入产品广告就可以跟城市合作,把城市文化讲得既有故事又有情怀,从而带动文化旅游及其相关的文创衍生品销售。

摄影常被看作一种外在传播手段,其实摄影大咖的创意摄影也是一种具有体验性的内涵传播途径。比如以杭州西湖为主题的摄影大家顾勇,他每天在西湖寻美,花了30多年拍摄西湖风景的日夜交替、四季变化,有几十万张非常珍贵的照片,每一张都是一场真正梦幻般的"印象西湖"。各界的人们看顾勇的摄影,不仅能感受到西湖"淡妆浓抹总相宜"的韵味,而且会因摄影作品产生去旅游、去体验、去摄影、去拍婚纱照的冲动。摄影作品的魅力让人们对西湖产生了新的理解和期待——"什么时候能感受到、体验到顾勇镜头下的印象西湖?"所以说,具有艺术性的大咖创意摄影比网红更能实现内涵与形象的创意传播。

城市的文化内涵和城市形象的创意传播主要侧重于IP传播、品牌推广和以创意吸引游客眼球的各种活动,它们和城市特色风光或城市文化内涵应融贯在一起,总的来讲,我们在设计旅游产品时应当注意内容的选材和取舍,要突出特色、点亮精彩。

(二)新媒体平台

旅游项目最重要的就是旅游传播,目前旅游传播最大的一个问题是只传播旅游景点,并没有传播旅游产品。大多数旅游项目只做了观光、门票、广告等直接的旅游消费部分,没有做其他的延伸部分,而互联网平台特别适合做延伸的部分。

现在,新媒体平台在旅游领域产生了非常大的影响。新媒体平台的很多网红都专门给旅游产品做宣传,自己也从事电商经营活动。以后会有越来越多的公司利用新媒体平台来运营线下的旅游景点,因为今后的一个趋势就是所有东西都要搬上互联网。有些新媒体平台自己没有固定的项目，但是他可以把别人的项目都变成自己的分成项目。比如携程自己并不做实地的项目，但它的影响力很大；当然互联网上还有其他旅游公司，但少数的几家公司在体量上是明显超出其他公司的，而且他们相互之间还可以通过并购举措形成一家独大。互联网公司如果一家独大就很麻烦，尤其是对线下而言。比如民宿一般都通过互联网平台揽客，互联网把价格提上去，民宿的盈利就会大受影响。可见，新媒体平台在旅游中发挥的影响越来越大，对线下的控制力也在不断增强；从长远来看，把自己的项目完全交给线上平台运营并不是很保险的做法，最好是自己能联通线上线下，拥有自己的线上平台，哪怕只是个小平台。

大的旅游公司或者大的旅游景点需要有自己的平台，需要做自己的新媒体建设。新媒体建设的一个重要方向是"新媒体＋网红＋内容营销"，这是下一步旅游发展的方向。旅游产业结合互联网会产生比较好的效果，一方面是因为互联网这个平台除了传统的经济服务以外，深度的开发才刚刚开始，在互联网上做旅游有很大空间等待挖掘；另一方面是因为线上旅游平台对吸引流量非常有益，原来传统的旅游是靠天吃饭，现在的旅游完全靠人吃饭。如果能在互联网上做出业绩，吸引到更多的人来实地旅游，在线下做体验中心又能把人留住，就等于开启了旅游的新篇章。这方面的工作能够创造非常多的价值，不仅对于一个项目，而且对于整个城市的文化旅游都有促进作用，因此政府在这方面也很愿意投入支持的；或者倒过来说，只要做出一个好的项目，政府就会带队来考察，主动提供各种支持，甚至会以该项目作为城市形象的一个宣传亮点。

城市文化旅游围绕着一个城市的文化和旅游而展开，以文化提升旅游，以旅游体验文化。景点、旅游企业、政府都是城市文化旅游建设的主要参与者。不论是以整个城市为主体进行通盘考虑，还是从单个旅游项目的角度出发，都需要在内外两方面下足功夫，即做好城市文化旅游，既要有丰富而优质的文化旅游产品，又要有先进而有效的对外传播手段。

文化旅游本身就是一种体验性消费活动，其内在提升的一个关键就是产品本身的提升。对于内在的产品来说，在产品设定、文化挖掘、内容提升方面可以结合四个 IP 来运作，通过 IP 促进产品的内涵与形象的一体化，进而发展成具有传播力的品牌 IP。内在提升的另一个关键是其体验感，不仅可以通过内容提升来提高体验，还可以用融合科技手段、开展活动经济、打造城市体验中心等方法来提升体验性。IP 融合的内涵与形象的一体化，以及通过各种方式提升文化旅游的体验性，不但强化了内在的品质，还使得文旅项目更具有传播属性。运用影视、摄影、短视频、微电影、动漫等新的传播形式，在互联网新媒体平台上进行创意传播，对于具体的旅游项目和城市的整体文化旅游都有巨大的促进作用。内涵与形象的一体化、体验性的提升、运用新的传播形式和新媒体平台，这三者的有机结合构成了一种内涵与形象一体化的体验性创意传播模式，这也是未来城市文化旅游发展的一个新方向。

第四节　中国旅游广告的文化传播

为了更好地促进中国旅游行业的可持续发展，采取有效的旅游广告文化传播手段和策略非常重要。文化传播过程中总结出的地域、景观、主体文化定位策略，以及旅游广告的整合营销传播策略，都有着良好的传播效果。而旅游广告亚文化传播更有助于旅游广告文化传播力的提升，其中包括历史文化、民族与民俗文化以及红色文化的传播。

近年来，我国旅游业发展十分迅猛，不仅在亚洲地区取得了理想的发展成果，且逐步实现了向世界旅游强国的跨越。对于某个地区旅游资源的宣传，主要是通过旅游广告的方式实现的，当前游客对旅游文化提出了更多的要求，中国旅游广告对各地旅游文化的宣传发挥重要作用。由于旅游文化的类型存在一定差异，因此，需要从不同角度开展旅游文化宣传，本节主要对中国旅游广告的文化传播进行探究，以此为促进中国旅游业的良好发展提供一些参考。

一、相关理念的概述

（一）旅游广告

当前理论界还没有对旅游广告进行界定，其作为众多广告类型中的一种，对促进旅游业的发展发挥重要作用。旅游广告是指通过采取有效措施使游客产生前往旅游区的想法，这里的措施是指信息传递活动，主要是由旅游企业来实施的，以此为达到促销旅游、吸引游客参观旅游的目的。也可以说，旅游广告是指旅游经营者为了达到促使消费者发生旅游行为，而借助大众传媒，通过付费的方式向消费者传播旅游产品与服务信息，其本质是一种商业宣传活动。从旅游产品的构成来看，旅游广告的类型较多，从旅游广告传播媒体的角度来分类，其包括旅游产品广告、旅游目的形象广告等；电视旅游广告、互联网旅游广告。

（二）文化传播

文化传播是指通过采取有效措施对相关文化进行传播，使更多人了解这种文化内涵；开放性、融合性、多元性是文化传播的主要特点，其是建立在文化积淀的基础上，文化的形成与多个因素有着密切联系，包括当地区域发展、历史文化、人文地理等；与此同时，人们的思想意识形态、观念的形成也会影响文化的形成。比如，自从佛教传入我国之后，其与中国哲学史相融合，对促进我国哲学史、文化艺术发展发挥重要作用；我国古代思想意识受到佛教影响的经典范例，包括敦煌壁画、大足石刻、庙宇修建等文化形式。

二、旅游广告的文化传播策略

（一）定位策略

地域文化定位：旅游资源、旅游线路是旅游产业的核心产品，游客在了解旅游地相关信息时通常是采取旅游广告的方式，比如，通过旅行社、新闻图书、网站视频等传播新媒体。将旅游地的核心文化作为广告策划的主体是旅游广告地域定位的主要形式，其目的是达到旅游文化品牌知名度的提高效果。比如，"中国杭州——平静似湖，柔滑似丝"，将杭州这座城市的恬静之美、雍容华贵的特征呈现出来，同时双关历代文人墨客雅好的西湖景点和杭州丝绸；"上有天堂，下有苏杭"将"苏杭"的美景通过读者想象再现脑海，唤起读者旅游内驱力，这就是通过地域文化定位旅游广告文化的典型例子。

景观文化定位：景观文化定位与地域文化定位有着相似之处，旅游地的重要旅游资源包括景观文化，虽然游客前往某地区旅游的目的有所不同，但是欣赏当地的美景，品味当地的景观文化是游客的共同目的。因此，景观文化定位在旅游广告中也是不可忽视的部分，其是打造品牌旅游线路的有效措施。比如，在非典时期，电视台播出了海南岛景观文化广告片，湛蓝的海水，明媚的阳光，一群青年小伙子在洁白的沙滩上自由自在地奔跑，与此同时，广告片还配上了一段广告词：要想身体好，请到海南岛。其将海南的景观与广告词结合起来，让观众感受到海南这座城市的美丽景观、气候，了解该地区的地域特色景观文化。

主体文化定位：突出旅游地的主体文化是旅游广告词设置需要尤其重视的地方，目的是使旅游者通过广告词感受当地美丽景色，体会当地独特的文化。比如，"椰风海韵醉游人"是海南省的旅游广告词，其将海南热带气候旅游文化充分体现出来。

(二) 旅游广告的整合营销传播策略

整合营销的目的是增值产品的价值、让目标市场认识并接受旅游目的地，使客户资源得以稳定，其是指整合各种营销工具与手段，及时修正营销策略，在此之前不仅需要结合企业自身发展状况，还需要根据目标市场的实际情况、历史状况展开。旅游广告文化的整合营销是建立在旅游资源地、旅游企业的特色旅游文化产业基础上，不仅需要统一策划旅游资源品牌，还需要统一打造整体形象，各旅游企业不仅要形成统一的对外形象，还应当宣传同一种声音，对企业特色的旅游广告文化进行策划制作与传播，对旅游产品进行宣传。

俗话说得好"酒香不怕巷子深"，面对当前日趋激烈的旅游市场，即使在旅游资源方面有一定优势，若没有将广告与媒体宣传工作落实到位，广大群众也无从知晓。旅游广告文化整合营销的前提条件是找准市场定位，为了充分体现旅游资源的特色文化，需要对旅游者的消费心理进行全面了解，与此同时，还需要将旅游产品的"量"与"质"结合起来，加强旅游文化的传播，可以借助名人、影视剧的方式进行传播。为了更好地反映旅游资源文化品牌，还可以采取拍摄旅游电视专题片等方法。《乔家大院》电视剧在中央电视台热播后，晋商乔家的发源地成为我国游客节假日的首选热门景点。

整合营销传播理念在乌镇旅游广告传播中得到良好应用，其通过整合周边的古镇、各自资源，通过有效的传播手段进行传播，比如，多媒体形式配合公关、广告等，让更多的游客看到了乌镇独有的魅力。比如，通过拍摄乌镇旅游专题片、节目，使乌镇文化品牌的效果予以树立，与此同时，采用网络广告传播模式进行双向沟通，使得人们更好地了解乌镇的美景与特色。

三、旅游广告亚文化传播分析

（一）旅游广告的历史文化传播

旅游广告是通过采用各种媒介的传播方式，让受众了解某旅游地区的产品，以此使消费者前往该地区旅游。旅游广告通过策划、创意，折射出所要传达的产品形象，从而吸引更多受众前往旅游地区亲自体验，以此使游客产生旅游产品购买欲望。所谓的广告诉求，是指目标受众对广告所传达的产品形象有深刻地理解，并且对其认可。

在无锡市梅村街道网上，广告词中涉及很多关于梅里古都的广告词，比如，"诗里""梅里""泰伯故里"等，这些广告词不仅达到了梅里历史文化的宣传效果，且将该地区的美丽风情呈现出来，通过放大该地区的历史文化，使得游客从心底感受到该地区的文化魅力，从而使其愿意亲自前往该地旅游。

（二）旅游广告中的民族与民俗文化传播

我国是一个统一的多民族国家，且每个民族的民俗习惯、传统节日与民族文化有着一定的差异，比如，苗族的"花山节"、傣族的"泼水节"等，这些民族节日的内涵文化十分丰富。为了更好地将各民族文化精神进行传承，对少数民族地位旅游资源进行开发，做好民族节庆旅游广告策划与文化传播是一项有效措施。

我国有着较为丰富的少数民族节庆旅游资源，且有着悠久的民族节庆文化历史，其在传承文化与弘扬民族精神等方面具有重要作用。民族节庆活动作为一种旅游形象传播手段，其具有集中参与性、观赏性等特点。由于民族地区节庆旅游文化有着较大的差异，且有着较大的广告文化诉求跨度，要想让旅游者深刻地理解文化内涵，最基础的任务是在该地区的知名度的提升方面加大投入力度。

传统民间民众的风俗习惯、文化生活的统称就是所谓的民俗文化，其涉及物质层面、精神层面。传承历史、承载两个文明的建设中，民俗文化占据重要地位，其所发挥的作用十分重要。

　　民俗文化对旅游广告的策划制作与传播也有着不可替代的作用，我国人口在全世界占据第一，每个地区的民俗文化均存在差异性。为了达到吸引旅游者的目的，各旅游企业在"亮点"的打造过程中通常都会结合民俗文化旅游。

　　以成都这座城市为例，其有着丰富的历史文化、民俗文化，为了将成都的民俗文化充分展示，成都市聘请著名导演张艺谋拍摄了一部广告形象专题片——《成都，一座来了就不想离开的城市》，其采用了现代艺术手段拍摄成都民俗文化中的精彩部分，通过有机融合了传统民俗文化、现代都市文化，将成都这座古老与现代并存的城市形象演绎出来，尤其是片中的广告词："具有传统地方特色的青瓦白墙的川西民居、嬉笑戏耍的顽童……"将城市的历史文化底蕴成功地塑造，且将这座城市的民俗文化特征体现出来，给观众留下了深刻的印象，由此使更多人感知到成都这座城市的魅力，从而使成都的知名度得到显著提升，这种提升不仅体现在国内，甚至还走向了国际。

　　以广西桂林这座城市来说，其有着悠久的历史文化内涵，在这里生活着二十余个少数民族，包括壮族、苗族、瑶族等，该地区不仅有美丽的自然风光，而且民族风情也十分丰富，历史文化淳朴浓厚。桂林市政府聘请著名导演吴杰拍摄了桂林市广告形象宣传片——《天绘山水，仙境桂林》，影片中涉及漓江、山坡、穿着各民族服饰的少女、忙碌的居民等画面，将该地区迷人自然风光呈现出来，其中还融合了一些民俗文化元素，如，"斗笠""竹竿舞""刘三姐的传说"等。桂林最大的魅力主要是山水，桂林人的符号与精神就是民俗文化，影片中还有机融合了自然景观同民俗文化，将桂林的城市风貌展示出来。

西安是世界历史上第一座城市，其有着悠久的历史文化，这座城市的民俗文化遗产十分厚重，《荣耀西安》是著名导演侯咏执导的西安形象广告宣传片，该影片重现了古都西安的历史辉煌时刻，且将西安现代化的城市风貌体现出来，将一幅文明古都沧桑巨变的宏伟画卷描绘出来。这部广告宣传片不仅将古都西安的民俗文化内涵全面地诠释出来，且将其质朴、温馨、热情好客的一面展示出来，观众通过观看这部广告宣传片，能对该地区有更深的了解，由此吸引更多游客前往这里游览观光。

综上所述，文化传统的有效传播方式包括旅游广告，当前我国旅游行业得到迅速发展，旅游广告应将旅游地的旅游资源充分发掘，制作动态广告、静态广告，或者采取拍摄广告专题片的方式，对本地区的旅游优势进行传播，由此达到吸引更多游客前往该地区旅游的欲望，从而更好地促进该地区旅游发展。面对当前日趋激烈的旅游市场，旅游企业应当不断创新旅游广告策略制作，使更多人做出旅游决策选择，使其在旅游过程中亲身感受旅游地区的美景与历史文化，为推动该地区的经济发展奠定基础。

第五节　智慧旅游背景下的文化旅游资源

智慧旅游已经成为旅游研究中的重要问题，智慧旅游的发展基本和互联网发展在节奏上保持同步。从智慧旅游这一概念诞生开始就得到比较广泛的关注，主要是由于在管理科学性、效率提高、营销精准等方面都展现出较好的前景。智慧旅游虽然在很多领域获得成就，但在一些领域却依然存在困境，如对文化旅游资源的传播。

就社会发展现状来讲，智慧旅游中存在对文化旅游资源整体关注相对不足的问题，其更多的关注点集中在电子商务、政务、数字化景区等方面，但是对于旅游产业链当中的组成要素重新分配、加工、组合等多方面的愿景却没有实现。当前只有少部分企业认识到对文化资源旅游打造的重要性，但是在具体实施时也仅仅停留在文章或者是图片介绍的层面上，并且没有形成长期的战略目标。

一、文化旅游资源的内涵

当前我国文化旅游资源中对于游客吸引力较大的景点主要有长城、故宫、苏州园林、兵马俑等。文化旅游的实施能够使游客对特定时期的风俗、历史、文化进行探索，和自然资源之间相比，需要突破的屏障更多，但文化资源形成的传播效应也更细致和绵长。

二、文化旅游资源价值

就使用价值来讲，主要包括这几个方面：首先，观赏价值，主要是指资源能够使旅游者的审美、观赏、娱乐等方面的需求得到满足，资源自身的设计构造、风格以及情调等能够使旅游者在感官上和精神上得到享受。实际上，观赏价值主要属于精神层面，能够满足人们在生理、心理、精神方面的需求，具有一定的虚幻性、不可度量性，对价值的估量往往是通过旅游者自身判断得出。其次，科教价值，这种价值主要是指资源中蕴含的知识内容和信息内容，体现在爱国教育、科研、历史知识、文化知识等方面，如傣族竹楼建筑、傣族歌舞等。最后，经济价值，这一价值主要是从资源产生的实际效益角度进行分析和评估，如门票收费、娱乐收费、休闲收费以及纪念品销售等。

就非使用价值来讲，主要包括这几个方面：首先，从文化价值方面来讲，主要指资源体现出的宗教朝拜、文化传承等方面的价值。文化旅游资源通常是在特殊的条件下产生，含有丰富、独特的文化信息，能够将文化旅游区域的宗教习俗、文化形态、地区风貌、服饰、建筑、娱乐等特点详细呈现出来。其次，从环境价值方面来讲，文化旅游资源属于稀缺资源，会对生活环境、自然环境产生较大影响，部分区域针对文化旅游资源投入了大量的人力、财力以及物力，并且对基础设施和相关生态环境进行了管理，这在一定程度上凸显了其特有的文化价值，资源在具备环境价值的基础上，才能体现出开发价值和利用价值，进而发挥自身吸引力。最后，从社会价值方面来讲，社会价值主要是指文化旅游资源在开发过程中对社会发展产生的影响。文化旅游资源实际上属于精神寄托，能够在较大程度强化人们对传统文化的认同，增强民族凝聚力，进而促进社会不断发展。

三、文化旅游资源传播中存在的主要问题

文化属于文化旅游资源的核心，文化影响力在资源吸引力方面发挥着较大作用，根据当前文化影响力对旅游资源进行分类，第一类有敦煌莫高窟、金字塔、长城等。第二类有都江堰等。而第三类的区域影响力比较低，但是这类的资源比较多，因此在文化旅游资源传播中，这类资源存在的困境比较多。

缺少独特性。缺少独特性是很多地方的文化旅游资源的问题，如重庆的安陶，虽然有着悠久的发展历史，但是在影响力方面却远不如建水紫陶、宜兴紫砂，因此这一资源对于游客的吸引力并不大。出现这一问题主要原因在于，当时这一区域打造陶文化品牌的起步时间比较晚，其价值性与其他三种比较著名的陶瓷之间没有十分明显的区分。由此可见，这一资源体现出的独特性比较弱是影响其传播的重要因素。

受众缺乏广泛性。文化旅游资源从本质上来讲依然是旅游资源，除了部分以历史、艺术、音乐等形式存在的旅游资源能够得到广泛认同之外，很多资源都有局限性以及地域性，受表现形式、语言以及地域文化多种因

素影响。以至于产生文化认同的受众并不广泛，难以保持资源的吸引力，如少数民族衣服上的图示纹样、地方戏剧等。

缺少引导与扶持。在进入到一部分景区之后可以发现，几乎每个景区的附近都有工艺品售卖，这在一定程度上表明旅游消费品在商业化、工业化方面特点比较明显。并且很多地方的工艺品都雷同，这种行为的出现会对文化旅游资源的传播产生不利影响，而这些不利影响的出现，需要付出几倍努力才能抹去。这在一定程度上说明对于旅游文化资源的传播缺乏规范的引导、扶持与管理。

四、智慧旅游背景下文化旅游资源的有效传播途径

打破文化传播隔阂。打破文化之间的隔阂有利于文化实现无障碍传播，相关调查研究中发现，很多旅游部门在互联网中针对本地文化推广问题方面投入了较多时间，但是最后得出的结果却并不理想。这一问题出现的主要原因在于管理层面，如针对文化资源方面的传播并没有进行持续性的投入，也没有比较专业的工作人员进行指导，以至于文化资源在逐渐向旅游资源转变、过渡的过程中受到较多阻碍。实际上文化传播获得一定效果需长期过程，需在逐渐渗透、影响的基础上才能逐渐深入人心。如珠江三角洲的饮食文化，在长时间内都受到广东早茶文化的影响。在互联网快速发展的背景下，不同区域的饮食文化才得以更好地凸显出来。因此，在打造文化旅游资源过程中，可以利用互联网的优势，设置专题节目或者是短视频，获得一定的口碑，然后使文化资源得到更广泛的关注。

积极运用科学技术。智慧旅游的构建和发展主要是受互联网的影响，和移动互联网之间实现了同步。因此，运用科技手段，保持敏锐的观察力、良好的判断力是解决智慧旅游中不同问题的重要方式。如针对文化旅游资源中的壁画、刺绣等，可以实现与人工智能的结合，将人工智能中的图像

识别功能运用在资源中。同时，也可以运用 VR 技术、5G 以及三维扫描等。通过多种技术的使用帮助文化旅游资源的传播与开发，实现传播方式的不断创新。

构建新媒体传播平台。在进行文化旅游资源传播过程中，可以加强对互联网的运用，注重资源在互联网中的宣传。在此过程中需考虑受众的具体特点，选择科学、合理的传播切入点，同时善于利用网站的号召力与知名度，对文化旅游资源进行系统、全面的介绍，打造成人们比较熟知的文化资源传统平台。就呈现形式来讲，为了吸引大众注意力，可以运用图片、音频以及视频之间相结合的方式。除了使用网络媒体之外，也可以发挥电子阅读器、智能手机等移动终端的优势，将应用程序和应用商店作为依托，使大众在观看相关内容过程中也能发表自己的观点和意见，这也是实现旅游资源文化传播的有效路径。

重视文化产业体系构建。就文化产业体系来讲，创意是体系中的核心内容，其中主要有音乐、视觉艺术、舞蹈、手工艺、文学等传统形式，以及表演艺术、多媒体意识等现代形式。最核心的外延为书籍报刊、社交媒体、影视等，这些都是文化业态的重要构成，传播性和带动性都比较强。这些方面不仅能够获得比较直接的收益，也能体现出文化价值。除此之外，还包括广告、设计、游戏等比较典型的业态，实际上文化旅游资源能够包含全部元素。因此，为了实现文化旅游资源的有效传播，应注重对相关产业体系的构建。

总之，文化旅游资源属于近几年开始讨论的话题，无论是智慧旅游还是文化旅游资源都属于新兴领域，在发展中仍然能够看到各种各样不同问题的出现，但是通过对智慧旅游这一平台的利用，很多的文化资源已经开始向文化旅游资源方向转变，并且形成了区域品牌效应。在此情况下，大量比较优秀的文化得到了传播与继承。文化资源也在旅游产业中找到和发挥了自身价值。因此，在推动文化旅游资源有效传播过程中，应该重视智慧旅游对其产生的影响，加强对传播平台的搭建和利用。

第六节　旅游对中国文化的跨文化传播

　　中国文化的跨文化传播是我国国家软实力和综合国力的重要体现。借助于我国旅游事业蓬勃发展这一契机，将旅游作为中国文化跨文化传播的手段和途径，较之其他方式有着诸多优势。旅游者在旅游过程中，充当了中国文化传播的使者，在旅游活动中与目的地居民和其他游客进行互动交流，在潜移默化中将中国文化进行了跨文化传播，从而使中国文化在世界范围内得到更广泛的接纳和认可。

　　近些年，随着我国经济地位和综合国力不断提升，国际影响力也在不断加大，依据新的国际形势，多次提出要推动中国文化的国际传播能力。"推进中国文化的国际传播能力建设，讲好中国故事，展现真实、立体、全面的中国，提高国家文化软实力"。

　　国家软实力是由约瑟夫·奈（Joseph Nye，1990）提出的概念，它强调一个国家具有吸引力的文化是其软实力的核心。一国的文化是一国综合国力的体现，能够在对他国产生吸引力和感召力时生效。在这一时代背景下，让中国文化得到国际接纳并广泛传播则是我国综合实力的体现；中国文化长期、有效地实现对外进行跨文化传播是树立中国国家形象的重要内容，更与建构大国地位相适应。

　　但是，我们也要清楚看到，中国文化的跨文化传播虽取得了一些成就，但与政治经济建设领域的成就相较仍然是国家综合实力中的薄弱环节（杨泽喜，2018），如由于各国价值观差异，中国文化在世界中的认同感不足；中国文化传播的跨文化传播渠道较为单一，对世界的影响力不足等诸多问题。

对于中国文化的跨文化传播，孙春英（2015）提到，文化的树立和传播要协调和整合各种渠道，重视发挥来自民间的智慧力量，国家要为民间的团体和社会中国的"文化传播"开辟广泛渠道。在中国文化的对外传播过程中，长久以来是以官方文化交流为主、民间文化交流为辅的传播模式。但随着各国之间民间交流的不断加强，旅游作为一种民间文化交流形式，其重要性与日俱增。这为通过旅游进行中国文化的跨文化传播创设了前提条件。

一、旅游在中国文化传播中的价值

近年来，我国旅游业得到迅猛发展。2019 年，我国继续保持世界第一大出境旅游客源国地位。旅游的文化传播功能得到充分肯定，文化与旅游深度融合，是国家推动旅游发展，扩大中华文化的影响，提升国家软实力，促进社会和谐发展的必然要求。旅游在跨文化传播中的优势在于其亲历性的特征。通过旅游进行文化传播可让人们摆脱媒体等形式所营造的虚拟环境，在真实环境身临其境地体验文化。旅游者进行跨文化交流的过程中，异国文化和本国文化进行碰撞。倘若利用这一契机，进行中国文化传播，可以更好促进彼此间的理解和沟通，实现中国文化、思维、价值取向等多方面的认同。

通过旅游的形式进行民间的文化传播，这种手段易于让人接受，思维方式易于理解，更可以让文化的传播变得更加生动有趣，同时让人真正地理解一种文化的深层内涵，如文化产生的自然、人文因素。只有通过对文化深入的理解，才能做到对文化的尊重、学习、交流和分享。

通过旅游的形式进行中国文化传播有着一定的优势。首先，传播范围上更为广泛。旅游者作为文化传播的个体，在旅游过程中可以不断与来自不同地域、不同文化背景的人进行交流，为中国文化广泛传播创造了可能性。其次，在文化的传播目的上较为隐秘。在旅游过程中，人与人的接触有着一定的偶然性,在旅游者传播中国文化的过程中,并没有特定明确的传播目的,而且在人与人的交流中,潜移默化地将中国文化进行传播,这就避免了说教式传播造成一定的反感。第三,通过旅游进行中国文化的传播有着一定的去功利的性质,旅游者在传播中国文化的过程中是一种自发无意识的行为,而传播对象接受中国文化也是发自于内心的欣赏和喜爱,并不存在利益冲突,双方也没有功利和实用目的。旅游中的文化传播的目的不在于影响或劝服,而主要是信息、态度和情感的交流与分享。

二、旅游者是中国文化传播的使者

旅游者是旅游活动中进行文化传播的重要载体。旅游者长期稳定居住在特定地方,受到当地的文化认同的制约。在旅游活动中,旅游者会携有他所在特定国家和区域的语言、行为方式、思想观念等一系列的文化元素来到异地他乡。旅游者到达旅游目的地后,便会与目的地居民或其他游客进行互动,在此过程中依然会表现出具有本国特征的价值观念、思维方式和鲜明的文化背景。这就不可避免地对旅游目的地的文化产生影响,也为旅游者将本国文化进行跨文化传播提供了可能。

瓦伦·史密斯(Valene Smith,1989)明确提出旅游者在作为特殊文化交往活动形式的旅游活动中扮演了文化交往使者(Agents of cultural contact)的角色。旅游中"主人"和"客人"两种文化的接触和交往,使得两种文化在不断的借鉴和适应中走向趋同。在此过程中,旅游者通过语言和非语言的方式,有意或无意地去影响目的地的居民。同时也可能对适宜的场合在旅游过程中所接触的对象进行宣传。接受信息的一方有机会成为信息的再次传播者,遂形成逐次非定向信息扩散。而对于旅游目的地来说,一方面会为了发展经济、促进消费等因素,乐于接受旅游者所带来的文化。另一方面可以让当地居民在自己原有文化的基础上,接触新事物,接受新信息，学习新知识，并开始欣赏和接受旅游者所带来的文化。

随着中国旅游业的快速发展，中国的旅游者足迹遍布世界各个角落。当中国的旅游者在目的地国家游览时，便可以利用这一契机，让旅游者承担起中国文化传播使者的责任，在旅游的同时，向世界各国积极传播中国文化。

三、促进旅游者传播中国文化的对策和途径

以旅游为依托进行中国文化的传播，实际是一种中国文化和其他各国文化相互理解、适应和沟通的过程，从而更好地促进人类文化的繁荣和发展。旅游者应该在旅游活动中充分发挥其文化交往使者的作用，实现中国文化的跨文化传播。

（一）增强旅游者的跨文化传播的有效性

文化传播是一种异质文化间的交流，为了进行正常有效的沟通，传播双方至少能够使用一种双方都能理解的语言。传播能力模式理论研究学者萨拉·特伦霍尔姆（Sarah Trenholm）和阿瑟·詹森（Arthur Jensen）提出作为文化传播者应具有一定的能力，即传播者正确理解对方的语言和文化背景的能力，并依据对方接受信息的方式和自己的社会角色来正确表达的能力。这就要求旅游过程中，作为中国文化传播使者的旅游者应该注意到传播对象的文化，要注意到所面对的传播对象用何种语言，配合一些非语言符号的使用，尽量避免在交流中出现误解。

旅游者在开始旅游活动之前，可以预先了解目的地国家的语言状况，对基本语言表达有一定的了解。英语作为国际交流的通用语言，可以很好地作为两种文化之间沟通的媒介，旅游者本身的语言能力影响着文化传播的效果。

（二）在尊重文化差异的前提下，重视中国文化的传播弘扬

在文化传播过程中，不同文化之间存在一定的矛盾和冲突不可避免。

而消解矛盾和冲突最好的方式就是相互沟通、理解和适应。尊重文化差异是文化传播的前提。只有尊重差异、认识差异并给予恰如其分的变通，不同文化之间才能顺畅沟通，文化传播才能顺利实现。

旅游者在旅游过程中，如果抱有中国文化总是高人一等的态度，抑或是对一些国家的特有文化居高临下、傲慢鄙夷乃至敌视，就会导致中国文化传播的失败，乃至于造成文化冲突，引发进一步的矛盾。旅游者要意识到每种文化都具有同样的价值，对目的地文化与中国文化的差异报以相互尊重、相互信任的态度，站在参与旅游活动主体的角度上，旅游者应该体现一种亲和的态度，力图与异文化相沟通。

（三）注意恰当的传播手段和方式

旅游者在旅游过程中积极传播中国文化。但文化传播并不等同于文化说教，简单直接地将中国文化向目的地的居民、游客进行灌输，更重要的是，旅游者应该提高自身文化修养和内涵，用自己言行举止来吸引传播对象，从人类共同的情感出发，撷取中国文化中最生动恰当的内容进行文化传播，让传播对象对中国文化从内心深处产生认同、欣赏和喜爱。

中国文化的跨文化传播是中国综合国力和竞争力的重要体现。而旅游则是不同文化沟通交流和传播的有效手段。通过旅游方式促进中国文化在世界范围内的跨文化传播，让广大的旅游者成为中国文化传播的使者，在旅游过程中，将中国文化带到世界各地，让世界各国对中国文化产生更直观、切身的认识，提高中国文化的认可程度。

第七节 旅游文化传播与旅游经济发展

近些年中国经济发展取得了举世瞩目的成果，同时，中国国内百姓的人均生活水平也显著提升。所以，很多人开始热衷于旅游活动，从而促进了旅游业的发展。在旅游经济发展中，旅游文化是不可或缺的元素之一，本节将针对旅游文化传播与旅游经济发展进行研究。

旅游行业近些年已经成了中国社会经济发展的重要组成部分，当前旅游业文化格局具有明显的多样化、多层次特点，而且积极传播旅游文化，可以助推旅游业健康发展，对提高旅游地区的经济收益具有帮助。同时，旅游经济的快速发展也为旅游文化的传播带来了便利。

一、阐述旅游文化的重要价值

旅游已经成了新时代大众消费、解压的一种出行方式，游客会结合旅游地点的旅游景区、旅游文化等选择具体的旅游景点；而具备浓厚旅游文化的旅游地点常常成了游客的首选，而旅游文化丰富的地区旅游行业发展状况也相对较好。与此同时，通过分析国内旅游文化传播范围不断增大的现状来看，社会各界都开始重视文化生活质量，而且旅游文化的传播也有效的传承了优秀的、质朴的中华民族文化，对国民深度发掘、学习中国传统历史文化具有帮助。通过丰富旅游文化表现形式，一方面可以愉悦民众，另一方面，还能提高大众生活的趣味性。

进入二十一世纪后，知识文化的作用备受国人关注，所以我国开始重视人文素质教育与人文素质的提升。而积极地传播旅游文化，不仅可以使旅游文化的价值观念、物质成果与社会关系等方面的作用得到保障，还有助于人类重新对世界进行认知、改造。旅游文化是一种特殊的文化形式，它不是旅游和文化的简单相加，而是一种全新的文化形态，它作用于旅游全过程，主要表现在旅游者、旅游景观、旅游设施、旅游服务、旅游意识、旅游活动及其精神产品、旅游业、旅游管理，以及社会效益、经济效益和环境效益等方面。旅游文化在旅游行业中是宣传工作的重点内容之一，可以维护旅游经济的可持续健康发展。受"一带一路"等影响，中国与世界各国间的交流频率不断增加,大量的外国游客都受到国内旅游胜地的吸引慕名而来。所以,积极宣传旅游文化也有助于提高中国旅游行业的国际竞争力。

二、针对旅游文化和旅游经济发展关系的研究

(一)旅游文化传播有效推动了旅游经济的发展

首先,传播旅游文化使旅游业经营管理能力得到改善,还提高了旅游经济效益。积极传播旅游文化促进了旅游业经济的健康发展,同时也需要旅游业工作人员具备更高的工作能力。在新的时期,旅游业工作员工要掌握旅游市场变化规律、及文化发展规律,要杜绝盲目性活动现象,降低无功性工作频率。同时,旅游业经营管理水平受旅游文化快速传播等影响得到了有效改善,对增加旅游业经济收益具有帮助。

其次,做好旅游业产业结构调整,科学配置旅游资源。我国旅游业发展时间晚,但却具有广阔的发展前景。由于旅游业产业结构、资源配置具有独特的导向性特点,所以其他的产业无法和旅游业展开对比。经研究发现,凡是具有较高国际化程度的旅游城市,其第三产业生产总值通常要比所在国国内生产总值比重大。近些年,我国经济发展速度较快,所以促使旅游经济快速发展,并对大众的消费理念、行为产生了影响,改变了传统的消费观念、社会需求,引发了重新配置社会资源的现象,促使旅游产业结构发生了调整,加快了科学配置旅游资源的步伐。同时,旅游业的快速发展也促使建筑业、服务业迎来了全新的发展机遇,并引起了重新配置劳动力、土地资源等新浪潮。

然后,为社会发展提供了更多就业岗位。旅游业经济具有较强的综合性,同时,促进了服务业的健康发展与改革,比如,旅游业的兴起为诸多行业提供了大量的就业新岗位。经过研究发现,旅游业属于劳动密集型产

业，所以在发展中依赖大量的人力资源；同时，旅游业又具有跨行业、跨区域的现代系统经济特点，和交通业、餐饮业等关系紧密。所以，为了满足旅游业快速兴起的需求，相关行业开始扩大经营规模，所以便增加了就业机会。

最后，提高了国际交流频率，有助于开拓世界视野。积极地推动旅游业健康发展，可以吸引更多的国外友人进入中国，增加了国际经济交往频率，提高了中国经济的发展速度与科技水平。原因是"世界各国的国家经济发展中旅游业的作用都是无法取代的，常见的国际会议旅游、商务旅游活动等，均加强了国家间的政经交流力度，改善了经济信息的传递效果，使各国企业在经营决策的制定中获得了有力的数据支持。"

（二）**旅游文化在旅游经济发展中受到的影响**

首先，旅游物态文化在旅游经济发展影响下得到了有效传播。积极的发展旅游经济，使各地区的人民开始主动发掘民族文化内容，并研究、制作出了大量具有本地区民族特色的旅游文化专属产品，通过积极的推销、售卖具有地区、民族文化特色的产品，不仅可以传播民族文化，还增加了当地的旅游收益；同时，也有利于游客对各地区旅游特色文化有一个深入的了解，对传播旅游物态文化具有积极影响，还有效地增强了民族认同感。积极的发展旅游经济，还可以增加各地物态文化交流频率与彼此间的认同感；发展旅游经济还能吸引游客亲身体验各地不同的民族文化、了解不同地区的民俗文化内容；另外，游客在旅游中携带的所在地文化，会和旅游地文化产生激烈的碰撞、交流，这样有助于各地区物态文化表现形式的多样化发展，对促进文化进步、丰富文化内容具有积极影响。

其次，社会实践中的人类可以借助制度文化完成社会行为规范的制定。积极地发展旅游经济，提高了制度文化建设的规范性，有助于发掘、弘扬、传播、复兴优秀的民族文化，有助于各地区不同的游客体验其他地区的优秀文化；同时，在文化体验阶段，游客会将认同的优秀文化信息反馈给旅游业，而旅游业则可以通过开发优秀文化的方式，弘扬、传承地区优秀文化。

最后，人类在交往的过程中逐渐地形成了以民俗、民风等形态展现的行为文化。积极的发展旅游经济，有助于凸显、宣传民族文化特色，促使各旅游地区实现了文化的多元化发展。在发展旅游经济的过程中，行为文化属于旅游资源中具有较高利用价值的一种资源，诸多游客之所以会选择某些旅游地进行旅游，完全是受到了当地民俗特色、民俗习惯的吸引。所以，在发展旅游经济的过程中，必须凸显当地民族文化特色。由于传播文化时存在双向性特点，所以携带不同文化前区旅游的游客，也会将诸多先进思想带入旅游地，这样有助于优秀文化间的交流，加快了文化的发展、进步，对发展滞后地区文化生活水平的改善具有帮助。

三、以传播旅游文化为基础，推动旅游经济健康发展的对策

宣传旅游信息，加快传播旅游文化；增加旅游景点文化内涵，强化旅游景点吸引效果中国文化博大精深、源远流长，经过五千余年的发展，在旅游成了传播历史文化的重要载体，具有较大的使用价值。传播旅游文化的过程中，必须做好宣传旅游信息的相关工作；只有提高宣传旅游信息的效果，才能推动旅游业经济健康发展、改善传播传统文化的效果。旅游活动组织期间，旅游文化可以借助特殊意义、符号的旅游信息进行展现，从而完成互相传播信息的目的；而且，在信息传播期间由于信息具有的文化、社会含义十分丰富，所以加快了传播信息的速度。与此同时，如果宣传的旅游文化在旅游业发展中出现了偏差，就无法将其代表的含义准确地表达出来，就会使游客在理解旅游文化时出现偏差，便无法满足游客获取信息的实际需求。由于游客需求未被满足，所以游客就会产生失望情绪，反而使旅游文化的传播与经济的发展遭受了负面影响。另外，各地政府部门应

联手旅游企业做好旅游信息交流平台的建设，要重视旅游信息的传播效果，要利用旅游信息吸引、服务游客，这样才能有效传播旅游文化、促进旅游经济健康发展。

做好旅游动能的科学定位，积极创建"旅游文化+旅游产业"的产业经济发展新模式。做好旅游功能定位工作，将保证旅游业发展方向的科学性、合理性，有助于旅游业将潜在优势彻底发挥出来，对提高不同旅游地区的竞争实力具有帮助。所以，旅游业在发展中要重视特色发展，要加速旅游产业的多样化、特色化、个性化建设，实现旅游业的可持续发展目标。同时，要做好长远发展目标、发展战略、发展定位的确定，要不断地提高当地旅游产业的名气，要积极地对本地区产业资源进行整合、设计符合本地区发展的旅游项目；另外，还要研发具有本地区特色的旅游产品，要结合市场发展状况，完成"旅游文化+旅游产业"的产业经济发展新模式创建。

积极利用大数据资源，打造"互联网+文化+旅游"的产业发展路径。积极的发展旅游业，可以更好地宣传旅游文化、满足人类对美好生活向往的需求，还能促进旅游地当地的经济发展。由于二十一世纪是互联网与大数据的时代，所以，旅游业应积极的融合互联网技术、大数据资源，实现共同发展。因此，旅游业要积极的引入大数据技术，主动开发人工智能设备，提高融合"互联网+旅游业"产业的效果，改善大数据资源的利用效率，才能为旅游业的发展提供强劲的创新驱动力。

综上所述，积极地传播旅游文化有助于促进旅游经济的可持续健康发展，而旅游经济实现可持续健康发展后可以吸引更多的游客到各旅游地旅游，有助于旅游文化之间的交流、碰撞、进步。所以，旅游文化与旅游经济在相互作用、影响下实现了共同发展。

第八节　旅游英语翻译对文化传播的作用

从旅游业发展的角度来看，近年来我国海外旅游者人数不断增加，这一现象引起相关研究者对旅游英语翻译与文化传播之间关系的重视。本节主要对文化传播的意义进行具体论述，分析旅游英语翻译对于文化传播的作用，最后通过案例分析说明旅游英语翻译为文化传播带来的益处。

近年来旅游行业的快速发展，使到我国旅游的海外游客逐渐增多，这一现象也突显旅游英语翻译在旅游业发展中的重要性。从文化发展的角度来看，旅游英语翻译有利于将我国各地区本土文化传播给海外游客，使海外游客对我国历史文化发展有更多了解。旅游英语翻译的主要任务是为游客介绍当地的旅游信息，通过翻译的趣味性调动游客的积极性，并且在翻译过程中，要满足海外游客的需求。

一、文化传播的意义

从各国的文化要素迁移现象来看，文化传播对文化扩散具有重要意义。文化传播主要是指不同国家之间的文化资源以及各种类型的文化信息能够不受时间与空间的限制完成共享与互动。从某种程度上讲，文化传播是人们生存化与符号化的过程。作为一名文化传播者，不论使用哪种方式，都需要将双方编码与解码进行互动，因此，也是一种传播者与被传播之间的创造性精神活动。相关研究者认为，旅游英语翻译是一种特殊的文化传播方式。在传播过程中，能够发挥其自身的旅游文化载体功能，也可以说，旅游英语翻译能够起到旅游文化传播的作用。在旅游业长期发展过程中，大多数相关业内人士都认为旅游业本身就有文化传播的特殊性。因此，为使旅游业能够更快更好地发展，应致力于丰富旅游形式，提高旅游服务内涵，这样才能促使人们产生旅游动机，在旅游方面不只是计划，而是能够付出行动。人们在旅游的过程中，能够获得与平时有差别的生产生活方式，从而在旅游业发展的同时，促进文化的发展。

二、旅游英语翻译对文化传播的作用

增加跨文化交流渠道。旅游英语翻译是一种特殊的跨文化交流渠道，从旅游业的不断发展来看，大多数海外游客来中国旅游，主要目的不仅是欣赏历史古迹，在较大程度上，也是为了了解与本国文化有较大区别的异域风土人情。通常情况下，旅游英语翻译者在工作中首先要保证能够使海外游客通过旅游英语翻译了解中国传统文化，从而满足海外游客的基本旅游需求。旅游英语翻译人员要积极将本国文化以合适的方式介绍给海外游客，让海外游客对本国文化有具体地了解。尤其是针对一些潜在的跨国旅游人员，为有效保证旅游活动的顺利开展，同时也能够促进当地的经济发展，最主要的是达到文化传播的目的。旅游英语翻译从根本上来讲是在不同文化背景下文化传播者与游客之间的桥梁。旅游英语翻译也能够让海外游客真正了解文化内涵较为丰富的中国历史。但是在旅游英语翻译的过程中，由于中国文化与海外其他国家的文化有较大的差异，因此，旅游英语翻译要注意使用语言的准确性，在满足不同国家之间文化差异的前提下使外国游客对我国文化在最大程度上有所了解。旅游翻译人员要采用准确的表达方式，向海外游客表达更加深刻的文化内涵，也要保证用词得体。在带领海外游客欣赏风景的同时，使海外游客真正了解每个风景的文化内涵，也有利于促进跨文化交流，从这一点可以看出旅游英语翻译是文化传播的重要渠道。

促进民族之间文化交流。汉语导游词最主要的特点是，使用大量用形容词装饰的词汇，从而达到吸引游客的目的。汉语导游词与旅游英语翻译的主要区别在于汉语导游词能够进行各种修辞手法的润色，使中国游客能够通过导游词了解到参观景点的特色，在参观游览时产生如诗如画的感觉。但是旅游英语翻译与汉语导游词有较大区别，由于不同国家之间的文化差异，使旅游英语翻译必须进行信息的词汇转换，能够通过旅游英语翻译，让海外游客了解中国的历史文化内涵，使海外游客在享受美景的同时，了解更多的文化信息。旅游英语翻译最主要的目的是通过译语在文化传播的过程中满足海外游客的旅游需求。从这一点也可以看出，旅游英语翻译能够在各国之间形成一个较为系统的文化传播体系，从而促进不同民族之间的文化交流与融合。

加强海外游客对中国文化的了解。作为一名旅游英语翻译人员，在工作中要保证自己掌握大量词汇与语法知识，保证在旅游翻译中，面对不同文化间的冲突无障碍地与海外游客进行交流。也可以说旅游英语翻译者，必须有跨文化阐述的能力，在与海外游客沟通的同时，将文化之间的差异充分体现出来。旅游翻译者在海外游客对景点感兴趣的基础上，加强与海外游客的文化融合，增加海外游客对中国文化的感受力。同时，也能够提高旅游活动内在的文化品位，使海外游客在旅游参观的同时，对中国历史文化产生浓厚的兴趣，在一定程度上也促进我国传承历史文化的目的。同时，通过英语翻译也能够提高海外游客的审美情趣，使海外游客在中国旅游的过程中，满足自身的旅游需求，达到赏心悦目的目的，在旅游英语翻译过程中，翻译人员要将文字表达准确，且在表达风格上要幽默风趣。通过旅游英语翻译将景区所蕴藏的深刻文化内涵表现出来，帮助海外游客了解人文景观以及文化内涵，使海外游客在旅游中提高自身文化素养。

促进本土文化传播。通常在旅游业发展中，不同民族之间的历史文化背景以及民族风情是吸引海外游客的关键。大多数海外游客都喜欢通过异域体验得到自我满足，因此，为使旅游英语翻译达到这一要求，就要体现出旅游英语翻译的精髓。我国大多数城市旅游景点都具有本土文化与异域文化相互融合的特点，例如 A 市在发展旅游产业的过程中，主要目的在于推广闽南文化。那么在旅游翻译时就要突出其历史文化积淀以及民族文化特色；A 市在民族风情以及美食方面也能表现出独特的文化内涵，旅游翻译人员也将其作为翻译的关键点，将当地的民族风情，利用动人的故事、传说向海外游客进行讲解，使海外游客了解地名的由来以及景区本身所具有的历史意义。在这一过程中要避免由于词汇与语法的使用不当，给海外游客造成误解。如 A 市地区的三朝元老巷，旅游翻译者要在尊重地名翻译原则的同时，对其中的内涵进行解读，保证海外游客有个深刻理解。通常在旅游文化传播的过程中，也会出现带有中国文化内涵的特有名词，这在一定程度上体现出我国源远流长的历史文化特征。因此，旅游翻译可以促进我国各旅游地区本土文化的发展，进而达到传播本土文化的目的。

三、旅游英语翻译对文化传播作用的案例分析

从整体上来说，现阶段旅游英语翻译在表达形式上与中国语言表达方式存在的差距较大，西方国家语言逻辑性强，且针对自然风光的描述较少。在介绍旅游景点时，想要使海外游客准确理解过于华丽的语言有一些困难。因此在旅游英语翻译的过程中，要更加注重实用功能，将翻译内容准确表达出来。达到能够让海外游客在最大程度上理解并且认可的目的，最终通过旅游英语翻译感染游客。下面对旅游景区有关旅游英语翻译的具体案例进行分析，说明旅游英语翻译的主要方法。

案例一。不同民族之间的文化存在较大差异，在旅游英语翻译的过程中，要注意词汇的准确使用。旅游英语翻译的目的主要在于能够感染游客，要根据不同的游客进行考量，发挥旅游英语翻译的最大价值。我国语言特点在一定程度上与其他国家相比，在文化背景以及语言习惯方面存在较为

明显的不同，因此在语言文字传达的过程中，要严格遵循游客的语言习惯。例如旅游翻译者对海外游客进行"鱼米之乡"翻译中，如果按照中文的语言习惯将会翻译成"a land of abundant fish and rice"，但是这种翻译方式与英语的语言习惯差异较大，并不能达到让游客理解的目的。因此在面对海外游客时，要将"鱼米之乡"翻译为"a land flowing with milk and honey"，这样不仅能够使海外游客了解我国的传统文化，也能够使他们在最大程度上了解"鱼米之乡"的含义。近年来乡村旅游已经成为旅游行业发展的重要内容之一，旅游翻译如何将"农家菜"向海外游客进行翻译也引发大量翻译者的讨论，如果将农家菜翻译成"Farmers'Dishes"，是不能让海外游客在原有认知基础上加深了解的，因此如果将农家菜翻译为"Farm house cooking"就能够在结合其他国家语言习惯的情况下，顺应游客原有的理解，真正了解农家菜的含意，从而促进我国文化的传播。

案例二。在对我国民族英雄故居进行旅游英语翻译时，以民族英雄郑成功的故居为例。长久以来，郑成功的故居都是重要的旅游景点，旅游翻译者针对"民族英雄郑成功的故居是著名的爱国主义教育基地"向海外游客介绍时，根据海外游客的语言习惯，可以将这句话翻译为"The former residence of the national hero Zheng Chenggong,also known as Kongxiga,is an important base for the education of triotism"。通过这一翻译，翻译人员将"also known as Kongxiga"进行具体解释后，使海外游客明白之所以翻译成"Kongxiga"是为了突出郑成功是一位驱逐倭寇的爱国者，能够使海外游客对这句话有更深刻的理解，通过翻译人员的介绍后，获得相关的历史背景信息。与此案例相类似的，李贽故居也是我国著名的文化景点之一，因此在旅游导语牌中，也应该重视对该景点的介绍。如在故居门前，景点介绍中设立英文导游词，但是要根据海外游客的语言习惯进行翻译："Li Zhi（AD 1527–1602）, also known as Zhou Wu,Hong Fu,Wen Ling,was a native of Quanzhou. He was an outstabding thinker,writer and historian in the Ming

Dynasty"。通过这一翻译，能够使外海游客对故居景点的背景信息有所了解，这句英语翻译中所具有的增补以及释义，能使海外游客更好地理解中国名人文化。因此在旅游英语翻译中，要加强对文化知识以及背景资料的介绍，使海外游客能更深刻地理解我国人文景观，在旅游中了解并认可中国文化，达到旅游最终的目的，同时在旅游英语翻译的引导下，提高海外游客对中国历史文化的兴趣。旅游英语翻译也要在海外游客有不理解的地方进行更加系统的解释，使旅游英语翻译在文化传播中发挥最大作用。

综上所述，旅游英语翻译对文化传播的作用是巨大的。从某种程度上来说，旅游英语翻译是旅游文化传播的一种特殊方式，因此，旅游英语翻译能够增加跨文化交流渠道，促进民族之间的文化交流与融合。使海外游客到中国旅游景点参观时，能够在旅游英语翻译的帮助下，对我国文化有更加深刻的了解，同时也有利于促进我国本土文化的传播。

第七章 旅游文化传播的创新

第一节 旅游公示语跨文化误传播及管理

全球化时代国家间的跨文化交流变得越来越频繁。基于这种跨文化交流日趋频繁的大环境之下,各国游客通过观光旅游所带来的跨文化传播也成了一种常态。但是在实际的跨文化传播的过程中,也难免出现一些文化传播失误的现象,进而从误会变成误导,严重的时候还会产生纠纷或者冲突。因此,旅游地点应当积极重视旅游公示语的作用和影响,借助旅游公示语来探索跨文化传播的误会现象和本质特点,从而采取有效的方法加以改进和完善,这样对于跨文化传播既有重要的理论意义,又有实际的参考价值。

旅游公示语不仅能够为游客们提供其所需要的信息和服务,还能够成为展示其国际化程度的媒介。在所有的旅游公示语中,都蕴含了相同的一个特点,那就是跨文化传播信息。不管是在国外的景区中使用中文公示语,还是在国内的各个景区中使用外文公示语,这些现象的本质都是因为文化差异而产生的。但是由于风俗习惯、思想价值的不同,简单的旅游公示语并不能够明确地解释清楚,所以会在某种程度上对跨文化传播产生负面影响,进而出现跨文化误传播现象。

一、旅游公示语跨文化误传播的分类

（一）跨文化无意识传播

在旅游公示语跨文化无意识传播之中，主要存在着两种类型，一种是在对信息进行传播时，自身的信息本就存在着一定的问题，被称为"知识性误传播"；另一种是将信息传播至旅游景区游客之后，游客对其的理解不正确，被称为"认知性误传播"。

1. 知识性误传播

形成知识性误传播的主要原因是因为我国人口数量较多，文化水平也参差不齐，这就使得在旅游公示语翻译人员中的知识掌握差距较为明显。当前在我国大部分景区中都采取了中文和英文的旅游公示语，少部分景区新增了俄语、韩语、葡萄牙语等标识。所建立的旅游公示语并不是完美无瑕的，其中也存在着不少的缺陷。比如针对景区"出口"的英文翻译，部分旅游景点采取了"Export"的标识，也有少部分景点将"出口"译为"Way out"。这两个词语的含义虽然和"出口"有所关联，但实际上却相差甚远。"Export"主要指的是在经济贸易或物流运输的"出口"，"Way out"主要指的是人生旅途之中所选择的"出路"这类含义。故而采取这两类翻译方式用作旅游景点的"出口"则不够妥当，"出口"正确的公示语应当翻译为"Exit"，这样让外国游客能够更为清晰地了解到这一旅游公示语的含义，最大程度减少在旅途之中所产生的不利影响。

由此可见，旅游公示语翻译人员应当具备较为深厚的跨文化知识，这样在对旅游公示语进行翻译时才能够更为精准，避免给国内外游客带来不便。但当前部分翻译人员所具备的跨文化知识不够充足，使得所翻译的旅游景区公示语让人啼笑皆非，容易引发来自国内外游客的误解。比如针对旅游景区中的草坪，为了防止游客对其进行踩踏，往往会在草坪外设置一个公示牌，以此来对游客起到一定的警示效果。传统的公示语往往是"请勿踩踏草坪"这类带有强烈警示意味的生硬语言，并未拉近与游客之间的距离，所产生的效果也并不明显。随着时代的不断变迁，公示语的语言也逐渐充满一定的文学性及艺术性，诸如"呵护花草，还您健康""捧着一颗心来，不带半根草去"这类公示语，对国内游客及熟悉中文的外国游客都起到了上佳的作用。翻译人员在通过跨文化的方式将其译为英文时，由于对跨文化知识的认知不足，往往会直译为"Take care of flowers and plants, and make you healthy""Come with a heart, without a blade of grass"等。这样的翻译方式显得过于机械，会让不懂得中国文化的外国游客在看到这类公示语后能够勉强看懂其中所表达的字面含义，但对于其中的深意却不能够完全了解，这就与建立旅游公示语的初衷相违背。如若翻译人员对国外文化有一定的了解，那么就会知道在国外针对草坪的保护问题，一般都采用了"Please keep off the grass"这类简洁明了、通俗易懂的公示语，这和我国文化中的委婉心理有着较大的差异。因为并未掌握充足的跨文化知识，所以才会造成旅游公示语跨文化误传播的现象出现。

2. 认知性误传播

形成旅游公示语认知性误传播的原因是国内外游客对不同文化的认知存在着较大的差异。认知性误传播中主要表现为：国内外游客并未构建统一的认知标准，进而产生了旅游公示语跨文化误传播现象。在黄山市著名旅游景区"屯溪老街"，本地旅游管理机构将屯溪老街的英文公示语制作为"TunXi Ancient Street"，但在外国人接触到的导游词和详细解说中却将屯溪老街翻译为"TunXi Old Street"。这两类公示语的翻译都属于正确的范畴，但因为对于文化的认知和语言的选择有着较大的差异，使得旅游公示语跨文化传播所采取的标准不同，进而产生了认知性误传播。

(二) 跨文化有意识误传播

和跨文化无意识误传播相比，跨文化有意识误传播主要是由于文化认知的不同差异所产生，翻译人员在通过公示语来进行跨文化传播时，可能会存在着对古代和现代这类不同时空的认知差异，他们将其进行了利用，反而达到了意想不到的效果，这便是跨文化有意识的误传播。例如举世闻名的黄山，一说起黄山，人们脑海中浮现的便是徐霞客登黄山时所赞叹的"登黄山，天下无山，观止矣"。实际上"登黄山，天下无山。"这句话作为宣传语便是属于跨文化有意识误传播的范畴。在古代人认知之中，天下主要是表达了"普天之下"的含义，因为当时信息传播并不发达，古代人所认为的天下并不是现代所指的全世界，当时仅仅指诗人所认知的中国。随着时代的不断发展，人们对于世界的组成早已和古人的认知相去甚远，天下的含义也不再局限于中国国土，而是扩展到了全世界的范围。当前通过"登黄山，天下无山。"这句旅游公示语向全世界宣传黄山风景时，"天下无山"所代表的含义便是纵观整个世界黄山的风景也是最美的。通过这样的有意识误传播，能够将黄山优美的风景展示给全世界，形成了较好的推广效果。

二、旅游公示语跨文化传播管理措施

（一）构建多元化管理主体

相关部门应当针对旅游公式语建立完善的管理体系。当前相关部门所采取的管理体制较为分散，各个下属部门所具备的职能不能得到充分的整合与发挥，因此应当构建自主与协调的管理体制，对同行业的合作伙伴进行充分的鼓励，让其能够积极参与到跨文化传播之中，贡献出自身的力量。同时针对跨文化传播设立一些权力相对独立的监管机构，以此来避免管理之中出现各种各样的差错。在科学技术日趋发达的新时代，相关部门可以充分利用信息技术所提供的便利，将旅游公示语的相关数据进行收集与整理，构建大数据平台，并对其进行合理的管控，让参与到跨文化传播中的

第七章 旅游文化传播的创新

所有人员能够在该平台之中共享与交流相关数据。

针对管理主体中的当地旅游协会而言，要将其自身所具备的职能最大化地发挥，将旅游的相关政策法规通过互联网、报纸等信息传播平台来进行有效的宣传，让游客能够具备一定的自律性。这样一来在进行旅游时，就会对旅游公示语引起高度的重视，旅游公示语的作用也能够发挥得淋漓尽致。同时针对旅游公示语进行有效的调查与研究，并定期开展相应的研讨会来对调查结果进行分析，根据实际情况制定下一步的工作计划与方向，以此来推动旅游公示语趋于完善。同时对游客进行幅度较大的鼓励，让其能够积极参与到旅游公示语跨文化传播之中，让其能够充分激发自身的创意，给跨文化传播工作提出合理的意见与建议，最大化地减少旅游公示语误传播现象的出现。

（二）采取科学化管理手段

通过互联网来进行有效的管理。当前我国信息技术较为发达，已经逐渐成了人们日常生活之中不可或缺的组成部分。因此相关管理部门应当采取科学化的管理手段，通过互联网等科学技术方式来完成旅游公示语的制作与传播，并实现全面监管的效果，以此来让旅游公示语跨文化误传播的范围得到有效的控制。采用这样的手段必须依赖于相关部门投入足够的资金，组建一个具备较强专业素养的团队，并不断吸纳新生血液，对其进行科学的培训，让更多的专业人才涌现出来，使之形成一个可持续发展的科学循环。同时，构建一个科学的机制来让民间资本能够参与到旅游公示语跨文化传播工作中，结合多方的力量来让管理手段不断地进步。

与国际接轨，加强国际之间的交流与合作。不断加速全球化进程，为跨文化交流与沟通提供了桥梁，来华旅游者的数量与规模持续增长，使得旅游公示语迅速进入了全球范围视野，尤其在网络发达的信息时代，某一个知名旅游景区的公示语一旦出现误传播，那么就会被网络无限放大，引发较大的争议。故而相关部门应当加强在国际之间的交流与合作，通过多方参与，最大化地将由于文化价值观的差异所引发的跨文化误传播进行消除，以此来给旅游公示语跨文化传播提供一个可以度量的标准，从而减少误传播的出现频率。

（三）建立系统化管理过程

在旅游公示语制作时做好相关的管理工作。因为旅游公示语属于大众传媒的范畴，所以其具备议程设置的作用。相关翻译人员所制作的旅游公示语应当遵循一定的准则，来筛选旅游景区所具备的特点，最终对需要突出的特点做出决策，相关管理人员此时就要通过旅游公示语的议程设置来让游客的思维受到一定的影响，引导其能够通过阅读旅游公示语而产生相应的联想，而这一联想则是制作旅游公示语的目的所在。比如针对黄山丹霞峰这一景点所制作的旅游公示语，相关人员就会将其翻译为"Danxia Peak"，外国游客阅读之后并不能产生一定的联想，此时相关管理人员就应该重新进行翻译，引导外国游客对黄山丹霞峰的秀美景色进行联想。经过翻译人员的经验交流及讨论研究，最终决定将丹霞峰翻译为"Reddening-Cloud Peak"，这样一来，外国游客就能够通过较本土的翻译联想到黄山丹霞峰所具备的突出特征，从而达到了旅游公示语跨文化传播的效果。

综上所述，随着我国国际地位的不断提升，旅游产业发展较为迅速，使得到中国进行旅游的外国游客数量也在不断增加。在这样的时代背景之下，旅游公示语就起到了跨文化传播的作用，相关部门翻译人员应当认识到旅游公示语准确翻译的重要性，对不同文化差异进行充分的了解，结合实际情况制作出合理的旅游公示语，从源头来减少旅游公示语跨文化误传播的发生频率。同时相关部门的管理人员要重视旅游公示语跨文化传播工作，完善其管理体系，采取科学的管理手段，让旅游公示语在跨文化传播时能够更为精准，从而提升我国在国际中的地位与形象。

第二节 文化记忆视角下旅游城市的品牌传播

　　文化是旅游的灵魂，文旅融合也是大势所趋。在旅游业的高速发展之下，旅游城市也面临着商业性与本真性的冲突，回归文化的挖掘与打磨呈现是旅游城市想要实现塑造、传播品牌的前提。旅游城市的品牌传播需要文化作为支撑，从共时性的文化体系来出发是不够的，从历时性的文化记忆视角出发，为旅游城市的品牌传播提供一些新的视角，将目光放到易被忽视的物质的与非物质的文化记忆片段上。

　　文化记忆简言之，即将文化看作是一种记忆，从历时性的角度将眼光放到过去，更关注文化在时间长河中定位和促成身份的功能。城市文化是城市品牌的中心，城市的品牌离不开城市文化记忆的积淀，文化是旅游的灵魂，旅游城市的品牌传播更离不开文化底蕴的支撑。现代化叙事下，遭受了"现代"冲击的城市正饱受着文化流失的诸多非议，在科技发展迅猛的今天，从文化记忆的视角出发，延长视角，对旅游城市的品牌传播策略研究有着现实意义。

一、旅游城市的品牌传播现状及问题

　　旅游城市具有独特的历史文化资源与旅游开发潜力，旅游业产值对城市生产总值的贡献超过7%。品牌传播的重点在于品牌信息的传播、维持品牌记忆、促进消费行为的一系列行为。旅游城市的品牌传播与普通企业的品牌传播有所差别，文化是旅游的灵魂，以旅游产业为主体的城市想要实现品牌的良性传播必然要对城市文化进行深度挖掘和呈现，以下是目前旅游城市的品牌传播现状。

(一) 过度商业化的怪圈下特色流失与口碑崩塌

新媒体时代下，互联网成了旅游者搜集信息，定位旅游目的地的重要手段之一，旅游城市的宣传由城市主动地发声向游客转向，在这种变化之下，城市口碑的树立和崩塌与宣传是否到位之间的联系日渐弱化，与此同时，在网络上发表的游记当中，显现出避开热门景点而深入城市角落，探寻城市本真的趋势，例如在网络上，许多在游客的口碑推荐之下一跃成为"网红店"的餐馆，与此同时，还有在网络上口碑崩塌的北京全聚德、天津狗不理包子铺，另外，在口碑崩塌旅游城市的评价当中，过度商业化首当其冲，例如在浏览器中输入"丽江古城游记"等关键词可以轻易地发现过度商业化等评价，这类负面评价不仅仅会影响其他潜在游客的出游意愿，更会对城市品牌的形象造成损害，而在旅游成本降低，旅游大众化的趋势下，如何打造城市口碑，吸引游进行二次游玩，是旅游城市急需解决的问题。

(二) 形式旅游下的文化底蕴流失与流变

旅游城市坐拥着丰富的旅游资源，通常为自然风光、特色建筑、美食上，这些承载着城市特色与文化的旅游资源对游客有着巨大的吸引力，但另一方面，随着交通运输网络的完善、旅游业的日渐兴盛，旅游开始成为一件普通事，在网络上也曾风靡过"世界那么大，我想去看看"。在这样快速增长的旅游需求之下，旅游的目的变得多元化，甚至偏离核心，"打卡旅游"出现。同时，这种流于形式走马观花式的旅游影响了旅游城市的文化呈现，甚至模糊了旅游目的地的文化。

在社交媒体上，游客们以开放的多元符号对旅游城市的文化进行解读，在旅游对城市经济的影响日益增长的背景下，旅游城市也为迎合受众需求而不断地尝试对城市的文化进行现代化呈现，在多重刺激之下，旅游城市的文化内涵发生了流变。

(三) 旅游城市开发布局不均，空间发展畸形下细节缺失

旅游城市坐拥独特的旅游资源，资源优势吸引了大量的游客并带来了

巨大的经济利益，但另一方面，旅游景区之间也有热度的差异，热度高的旅游景区能够吸引更多的资本投入，由此便造成了旅游城市旅游开发的不均衡。空间发展的不均衡之下并不仅仅是区域旅游经济收益的差别，而是冷门景点、游客密集区之外的区域出现基础设施的更新进度慢，区域的细节把控不到位等问题。诚然，旅游资源丰富区域是旅游城市的收益核心所在，应当被逐步优化，但城市的品牌传播并非仅仅是个别优势的集聚便能凝成优质口碑，其他细节的补齐亦是城市品牌塑造与传播不可或缺的一环。

二、文化记忆视角下旅游城市的文化品牌传播的对策及建议

无论现代科技如何改变城市，城市的品牌依旧需要依托文化底蕴，而在共时性的时空当中来寻找、定位、认同文化往往只是一种横向的多元对比，文化记忆的视角从历时性的时间长河出发，追寻过去，这对现代化浪潮吞噬下的旅游城市来说是一种极好的定位方法，更有助于在记忆当中重新追寻、重塑、传播城市文化。

（一）纪念仪式构建文化记忆情景

纪念仪式是构架文化记忆的主要方式，在博物馆、纪念建筑、节日、民俗、歌谣中可以寻找到文化记忆的踪迹。媒介图像的再现和戏剧戏曲的"展演"也能够勾起记忆，使人产生共鸣，置身于仪式所构建出的文化记忆情景中，完成文化认同的想象。实际上，纪念仪式对于旅游城市文化品牌的传播大有裨益，电子媒介技术的发展将时空与地域之间的区隔消弭，新技术的助力下，旧时记忆情景的还原和文化记忆情景的构建有了更强大的可操作性。例如历史文化名城山东曲阜，城市的建筑与孔庙的建设相呼应，并且在曲阜孔庙做出了恢复传统礼制活动的尝试，如曲阜明故城举行了盛大的开城仪式，融合了多元素的传统礼仪内容，在服饰、仪式流程、乐声等多元合力还原的仪式盛典当中，构建了孔子文化情境、实现了儒家文化

的保护与传承。曲阜孔庙的旅游演艺盛名在外，一系列的活动与旅游需求相结合，仪式性与观赏性并存，为曲阜打造了一张亮眼的城市名片。

（二）"细节语言"传递故事，潜移默化传递文化品牌

城市的文化内核的挖掘、保护与传承与城市品牌传播之间不可分概而论。在文化记忆的视角之下，文化记忆的追寻并不是各种文化碎片的简单拼贴，而是一个动态的互动构建，所以赤裸简单的城市文化的呈现恐怕难以真正传递出本真的记忆。首先，旅游城市的整体细节打造十分重要，前文提及情境的细节可以从五感出发，从而构建出一个城市的记忆场景，让游客置身其中，但细节的雕刻也并不是从各方面简单补齐，细节之间应当是有逻辑地串联成城市的故事。例如四川成都有"最宜居城市"之美称，成都的锦里古街与宽窄巷子亦全国闻名。通过实地调研发现，成都地区的方言特色明显，川派的园林风格突出，还有公园巷角中可以感受当地独特的安逸的休闲习惯，声色、味道、视觉等多重细节的合力中勾勒出历时蜀地的旧场景，城市品牌也是经由细节的有机连接描绘。

（三）立足地方化策略，发出特色城市声音

旅游业竞争日趋激烈，旅游地也在不断地追逐着创新以吸引游客，但是在追逐的过程中迷恋创新、盲目创新的例子不在少数，甚至有景区策划低俗猎奇的活动以谋求"新意"。此外，普通话的普及影响了地方方言的多样化，以地方方言创作和传播的本土民歌、俚语表达、童谣、戏剧等非物质性的文化正逐渐式微，但事实上，从文化记忆的视角出发，文化不仅仅只是显现出来的文化体系，物质性的博物馆、文献和非物质性的戏曲、民歌、方言同样隐藏着文化的影子，旅游城市品牌的塑造，对于文化记忆碎片的还原。

旅游城市的品牌传播策略有诸多视角，但文化始终是城市文明的核心，在现代化的当下，文化也正在借着多样化的新技术载体重新呈现，并且与现代文明相结合孕育出新样态，本节从文化记忆的视角出发，从历史性的

角度希望旅游城市的品牌传播能够从历史的视角，从多方位的文化记忆视角来定位、延续、传播城市文化、进而实现品牌良性传播。本节针对旅游城市品牌传播中商业性和本真性之间的冲突问题以及文化流失问题，提出必须重视以纪念仪式构建文化情境，立足本土，重视城市细节的故事传递功能等建议。研究尚有不足之处，请批评指正。

第三节 "一带一路"背景下旅游文化国际传播

在"一带一路"发展背景下，旅游文化传播面临最大的课题是如何在异质文化语境中实现跨文化传播。从文化休克和翻译中的文化回归角度探讨旅游文本的有效传播，以促进深层次的交流和理解，进而分享文化成果，弘扬我国悠久的历史文化。

随着"一带一路"倡议的提出与推进，中国要比以往任何时候都需要传播自己的声音、讲述自己的故事。中国是一个有悠久历史的文明古国，旅游文化资源丰富，已经实现了由旅游资源大国向世界旅游大国的转变，面对这种发展形势，我们必须加强旅游文化的传播工作，尤其是旅游文化的翻译工作，为国际游客提供高质量的旅游翻译服务，让中国文化走出去，进一步提升我国的国际形象和地位。

旅游是一种综合性的、复杂的社会活动，其主要特征就是异地性。异地性是指旅游者离开自己日常生活居住的环境到另外一个地方去，获得一种新的文化体验。因此，旅游也是一种文化现象，旅游过程产生的文化交流活动形成的是旅游文化。美国学者罗伯特·麦金托什和夏希肯特·格波特指出旅游文化"实际上概括了旅游的各个方面，人们可以借助它来了解彼此之间的生活和思想"，是"在吸引和接待游客与来访者的过程中，游客、旅游设施、东道国政府和接待团体的相互影响所产生的现象和关系的综合"。旅游文化是一个复杂的结构系统,它是文化交流和传播的一种方式,旅游文化传播是游客带着自己的文化到异域文化圈交流的过程,是典型的跨文化传播。因此,跨文化交流和传播是旅游文化的第一特质。

拉氏韦尔确立了传播"5W模式",即传播控制分析(who)、内容分析(what)、媒介分析(in which channel)、受众分析(to whom)、效果分析(with what effect)。旅游文化传播控制分析重点研究旅游文化的传播者;旅游文化内容分析是旅游文化传播过程中传播内容以及传授双方就传播内容是如何理解的,也就是传播过程中信息编码和解码的问题,这是检验旅游文化传播是否成功的重要尺度;旅游文化传播媒介分析是旅游文化传播过程中的信息传播渠道,是旅游文化传播必须经过的中介或借助的物质媒介;旅游文化受众分析是指旅游文化信息传播的接受者;旅游文化传播效果分析是指传播的效果和影响,旅游文化对接受者来说是异质文化,如何在异质文化语境中进行交流和对话,实现跨文化传播,是旅游文化传播面临的最大课题。

一、文化休克与旅游文化传播

促使旅游的文化动机就是体验异质文化,客源地的文化与目的地的文化落差越大,旅游资源越丰富,影响就越大,越能激发游客的好奇心和新鲜感,往往吸引力也越大,由此产生的文化震惊也越大。文化震惊是指某人进入一种新文化环境时所经历的落差和冲击,在跨文化交流中称之为"文化冲击""文化休克"。文化人类学家奥伯格(Kalvero Oberg)认为文化震惊是由于失去了自己所熟悉的社会交往信号和符号,打破了旅游者认知心理平衡,对不熟悉的社会符号产生深度焦虑。文化震惊是旅游者所接受的文化与目的地文化不一致造成的。

文化震惊对旅游者会产生正向作用和负向作用。所谓正向作用是指适

第七章　旅游文化传播的创新

度的文化震惊可以给旅游者带来心理上的期待，激发他们对旅游过程感兴趣，从而能够理解旅游中所发现的文化差异和冲突。而负向作用会带来跨文化交流障碍，破坏旅游者出行的本来目的。因此，只有消除或减少负向作用，或者把负向作用转向正向作用，才能使得旅游成为增长见识和阅历的有意义过程。这就要求旅游目的地做好旅游文化的传播工作，充分展示本土文化特色，让游客了解目的地的文化，从而达到理解并接受目的地文化的目的，实现有效交流和传播。因此，在传播旅游文化时要充分考虑到游客的文化身份背景，尽量挖掘两者共同点，再突出推介自己的旅游文化特色，使得游客有效地适应异质文化。

文化是借助符号传播，符号在传播中带有一定的意义，这种意义是文化价值，因此传播是文化的传播。语言符号是人类最基本的符号系统，是人类交际的重要工具。表面上看是在用符号进行交流，实质上是人类精神内容的交流，也就是符号的意义。意义是人对自然事物或社会事物的认识，是人类以符号形式传递和交流的精神内容。语言符号反映地域文化的价值观念和规范，是民族和区域文化的代表。语言既是跨文化交流的工具，也是了解异国他乡文化的渠道。

信息的编码、译码来自不同的文化背景就是跨文化交际。在跨文化交际翻译中，如何处理异质文化尤为重要，在语言翻译过程中，只注重语义信息的传递而忽视文化信息，是难以反映源语的思想，从而达到有效的交流和传播的。翻译的任务不仅是解读源语符号，还需要破解源语的非语言符号——文化内涵。语言转换是表层的，文化信息的传递才是翻译的本质。而翻译文化语境是译语中的社会文化，而不是文本。如在英语公示语中"名词+only"结构翻译汉语旅游警示语，语气非常委婉。如非机动车辆禁止入内（Motor Vehicles Only）；仅供紧急情况下使用（Emergency Use Only）；游客止步、非工作人员禁止入内、职工停车场（Staff Only）；残疾人通道（Handicapped Only）。以上表示"禁止、仅供、止步、为……专用"

等警示语,这些紧密联系英语文化语境,采取了换位思考,译语简明扼要、表达地道,达到有效交流、功能对等的目的。

与其他类型翻译相比,旅游翻译在跨文化、跨心理交际特点上表现得更为直接、更为突出、更为典型、更为全面。旅游翻译属于应用翻译的范畴,应用翻译或实用翻译(applied translation or pragmatic translation)是和文学翻译(literary translation)相对而言的。应用翻译是以传递文本信息为主要目的,注重信息传递的效果,区别于着重传递有较强感情意义和美学意义的文学翻译。从语言的用途来看,旅游英语属于"特殊用途英语"(ESP)范畴,它涵盖了除文学诗歌类语篇之外的所有体裁。旅游英语有明确的目的和服务对象,是为国际旅游者提供旅游文化信息。

文化涉及范围宽广,且错综复杂,人们在理解异质文化时,总是无意识地带着自身文化的价值尺度。因此在跨文化交际中,从文化震惊到文化摩擦,从发生误解到喜爱对方,在一定程度上都是文化自身的产物。误解也是一种理解,是理解的过程。人们总是按照自身的文化传统、思维方式去解读另一种文化,原有的"视阈"决定了他的"不见"和"洞见",决定了他对另一种文化的选择和切割。只是由于差异存在,各文化体系之间才有可能相互吸取、借鉴。一个人到新的环境中去旅游,首先需要的是客观地去看待事物,这个过程就是文化的适应过程。在异质文化里,人家未必把你当客人对待,即使当客人,其方式、态度与自己的文化也未必尽相同。

二、旅游文化翻译与传播

(一)旅游文本翻译中的文化回归

随着中国国力的增强,文化影响力作为软实力的一部分,在海外扮演着越来越重要的角色。事实上,语言是中国文化产品"走出去"的一大障碍。语言是文化的载体,载体都没有做好,文化也走不了多远。旅游文本属于信息型和呼唤型文本，具有明显的功能和目的。主要是向旅游者提供各种旅游信息，包括相关的历史、地理、人文等方面的知识，使游客对景点有更多的了解，从而激发旅游兴趣、促使行动。

旅游中如何有效地进行跨文化交流？一是要求传播者有正确理解对方语言和文化背景的能力；二是根据对方接受信息的方式和自己适宜的社会角色具有正确表达的能力。文化是旅游的灵魂，传播是旅游灵魂的表达。跨文化能力就是能够换位思考，充分体会对方的立场和观点，并能以开放的姿态来看待其他文化。德国功能学派代表人物诺德把翻译看作是一种有目的的活动。旅游文化翻译的目的性很明确，就是为国际游客提供语言服务，最终达到交流信息和传播文化的目的。因此译文在忠实原文基础上应符合英语国家的语言习惯和思维方式，且具有可读性，为他们所接受。翻译肩负传播中外文化的历史使命，理应成为中外文化的传播者，最终达到交流信息的目的。

在旅游文本中，经常出现特色鲜明、有独特民族风情和文化的专有名词，如何实现文化回归，这里不能简单拼音翻译、硬译或者死译。解释性或者释义性翻译有助于补充文化信息，传递文化内涵，增强译文的可读性和可理解性。这些解释和释义毫无疑问有助于游客理解景点及其内涵，从而传递景区文化信息，达到有效交流、激发游览兴趣的目的。

（二）**旅游文化传播的有效性**

旅游文化传播承载着促进中国文化走出去战略的实施，要将中国文化源源不断推向世界，同时把国际文化的精髓引入我们的生活。传播既是信息交流的过程，也是文化互动的过程。传播可以促进旅游地形象地位的提升，改善旅游者和目的地人们之间的沟通交流，旅游活动的本身就文化信息传播的过程。旅游传播的目的就是充分实现人类各民族文化成果的交流与共享，有效的旅游传播能够真实地反映当地文化，满足旅游者求新求异的审美需求。

旅游文化传播的有效性旨在面向目的地游客，发挥一种特定语言文化，使信息传播更为流畅、简洁、直接。著名的汉学专家霍克斯将《红楼梦》中名句"谋事在人，成事在天"译为"Man proposes, God disposes"，有效地传递了原文的文化信息。有效的传播主要体现在语言、文化、思维、价值取向等多方面的认同，这样才能了解和熟悉异质文化，促进文化交流。要与旅游者建立共识领域，保障信息渠道通畅，这是语言的传播交流中至关重要的一方面。每一种文化都有自己的信仰、生活制度、思维方式和价值观念等，在交流过程中要尊重文化差异，要了解旅游者的政治、经济、历史、地理、风土人情等，进一步扩大共识领域，促进深层次的交流和理解，进而分享文化成果，促进文明进步。

三、旅游文化传播战略

翻译活动是跨文化的传播活动，它以特有的方式促进中华文明的完善和与时俱进，调节中外文化交流中产生的文化休克。翻译对促进跨文化沟通、推进经济文化交流和构建理解的角色越来越重要。如何完善旅游文化传播路径，是当前急切要解决的问题。

（一）跨文化旅游人才战略

加强中国国际旅游业的持续发展，中国文化走向世界需要培养有强烈的跨文化意识、突出的跨学科素质和极高的大产业觉悟的旅游宣传人才。旅游文化的翻译和传播是一门综合性、实践性的学科。旅游翻译若有失精准，不仅仅是经济上的损失，还会导致误解，甚至文化冲突，伤害民族自尊。从事旅游宣传实践的人员是文化传播的使者，应当受过系统跨文化、跨学科训练，这已经不是一个单纯的人才培养问题，而是业界的呼唤和要求。旅游外宣人员应当走向前台，承担起多元文化，和谐世界建设工程师的重任。优秀的旅游翻译人才在全国各地普遍缺乏，旅游人才的培养要立足于本土实际的翻译需求，校地、校企结合有针对性地探索高效的培养模式。

(二) 旅游资源翻译语料库战略

目前，旅游翻译还存在很多问题，主要原因是旅游资源的翻译缺乏有效的管理机制，很多旅游外宣只是象征性地配一段英文，至于谁来做、做得怎么样无人监管，甚至有的是直接在线翻译，造成翻译文本良莠不齐，这是主管部门的责任。其实可以建立旅游外宣准入制度，多方审核，确保质量。还可以尝试建立旅游资源翻译语料库，提供方便有效的参考和指导，如北京第二外国语学院公示语翻译研究中心开发的公示语翻译语料库作为旅游翻译语料库的子库充分发挥这一功能。旅游涉及专业广、行业多，通过语料库建设有助于探索在特定历史、文化和社会环境中的翻译规范。旅游翻译语料库建设关注学术研究和翻译实践需求，为翻译研究者和翻译实践者参考、使用、共享；也有效地支持旅游文化的传播和翻译的高层次发展。只有有了高质量的翻译文本，才能确保旅游文化的有效传播。

(三) 旅游文化品牌建设战略

旅游文化品牌的打造是多领域协同合作的结果，旅游文化品牌是向世界展现自我的名片标识。旅游文化传播的关键是要充分利用文化旅游产业的资源优势，明确传播目标。旅游文化品牌建设硬环境很重要，软环境更不可忽视。旅游文化品牌建设和传播既要有行业的硬促销，还要了解目标市场消费群体的消费行为和文化倾向，充分掌握宏观、微观文化、语境因素、受众文化特点、心理状态、语言风格，以及不同文本使用的传播媒介的特点等，使得旅游文化品牌锁定目标，同时生产出受众满意的旅游外宣材料。高精准的旅游宣传和文化传播才能使中国文化走得更远。旅游外宣搞不上去，国家软实力也仅仅是一个概念。目前，我国旅游业发展的瓶颈在于旅游宣传的质与量，所以旅游宣传系统管理、战略管理对旅游文化品牌的建设尤为重要。

第四节 媒介生态与红色旅游文化的对外传播

一、红色旅游与媒介生态系统

近年来,红色旅游已成为特色旅游,开始绽放生机与活力。红色旅游是中国革命历史与经济时代发展相结合的产物,红色旅游文化向外迁移的过程,是将中国发展史与外界共享的过程,也展现了中国的价值理念、思维方式及历史渊源。

媒介生态系统是一种基于整体主义,以信息传授和媒介买卖为基点,把人、媒介及其生态环境联结为一种网状的结构性存在。媒介生态系统不单纯考虑个体参与度,而是遵从群体相互关联、相互作用;它也不会只考虑生态系统生存所必需的经济效益,还会着眼于"人的全面发展与进化"和更深刻的社会关联性,将竞争共生、和谐高效的社会整体效益放在首位。

二、红色旅游文化对外传播的现状及问题

红色旅游作为一种特殊的物质文化遗产,蕴含深刻的文化价值和伟大的民族精神,其对外传播事关我国文化形象和价值理念,也是中国表达文化自信、参与世界文明对话、构建权力话语体系重要组成部分。红色文化所承载的追求人类民主和平、独立公平的精神在世界各国具有共通性,国外虽没有明确的红色旅游文化提法,但有与之类似的绿色旅游文化、黑色旅游文化等,借以唤醒民众对生命和生活的回忆,不忘历史,共建未来。红色旅游文化对外传播,不能单单追求经济效益,这涉及国家文化意识、价值形态、权力话语的对外传播,我们必须考虑其社会、政治、文化等的

整合效益。

(一)片面追求短期利益,破坏红色文化对外传播的整体生态环境

不同时期,国家会有不同的话语主旨和传播准则。不同文化所呈现的语言、交际、政治、经济、社会环境本不相同,在对外传播的内容编排上,差异不容忽视。仅仅为了追求红色旅游"国际化"的速度,漠视监管制度,违背传播原则,这是不可接受的。2004年,国家发改委提出红色旅游发展纲要,强调信念教育和内涵式发展;而信念和价值观的传播,与经济发展的社会环境变化紧密相连。2009年后红色旅游大小景点,为了彰显其国际化发展策略,多配有英译本;令人遗憾的是,地市级以下红色旅游景点外宣译本制作粗糙,文字生硬,无法将红色旅游文化所承载的精神世界展现给译语游客。

(二)不顾受众实际需求和接受能力,对外传播的接受度不高

红色文化本具有鲜明的中国特色,在对外传播过程中,传播内容的接受度和读者的共鸣度必须纳入考虑范畴。波兰的奥斯维辛集中营是纳粹德国在二战期间修建的1000多座集中营中最大的一座,上百万人在这里被残忍杀害,成为二战最大的"死亡工厂",也是"黑色旅游"的样板基地。我们可以关注到其对外传播的核心重在唤醒人类对和平的追求和对未来幸福生活的向往,这是人性的共性,谁也无法抹杀。带着对生命的畏惧和尊重,游客参观完后,在血与泪之中了解了这段历史,同时也了解波兰人民抗击法西斯的信心、决心和勇气。我们的红色文化对外传播,要在新的语言、文化、交际中谋求"生存",乃至"长存",传播"整合适应度"不可小觑。对于译语受众而言,理解红色文化所赋予的价值理念最大困境不在于语言不通,而是对具体历史事件所处的时代背景、文化理念模糊不清。

(三)对外传播创新力度不够,人文因素不能充分体现

红色旅游景区带火了其附近的农家餐馆、农家旅社等配套设施,但周边景区群众只顾追求经济利益,对该地区红色文化渊源和发展知之甚少,

无法与当地政府部门形成合力，对外推广红色文化。红色旅游文化对外宣传多依赖传统纸质媒体，传播方式单一，缺乏整体规划；大到文化背景缺失、篇章结构混乱，术语选用不当，小到单词拼写错误，专有名词译法不统一，使得红色文化对外宣传可信度降低，缺乏感染力。很大程度上，现代社会的受众不是生活在传统的政治经济环境中，而是生活在媒介所创造的社会环境中；人的因素不可忽略，对外传播者必须意识到自己在传播红色文化过程中的态度和责任，而不仅仅为了经济利益简单低效完成任务；大到红色文化对外传播的宏观风格选择，小到微观层面遣词造句，都是传播责任的体现。

三、红色旅游文化对外传播的原则及策略

（一）原则

唤醒情感共识。红色旅游国际化进程虽与特定民族的历史密不可分，也因具有很高的文化价值而备受青睐；对于那些想了解文化、探明真相、追根溯源的人们，对红色文化的向往是情感上的满足和文化上的交融。不论是对实体的具体感知，还是对思想的抽象感悟，引起情感共鸣对红色文化的对外传播都是至关重要的。没有经历过那段历史的译语游客和读者是无法想象中国革命先驱者的顽强斗志的，也无法想象中国人民是怎样挑战自己的极限、战胜列强的侵略，最终取得艰难的胜利。红色旅游的对外传播在传递真实信息的同时，也在唤起受传者对所传递的红色文化的情感共识。当受传者在情感上与传播主体达成一致，就比较容易接受所传输的信息，就会更倾向于对传播的文化进行内化，那么红色文化的对外传播效应不仅在传播广度上可以得到快速蔓延，在渗透深度上也可以取得更进一步的深化。

情感是人类永恒的主题，旅游是文化传播的最佳途径，红色文化对外传播的效果在于红色旅游英译的品质能否唤醒情感共识；当译语读者和红

色旅游英译本发生情感共鸣时，红色文化就能超越地区、种族、民族的局限获得更广范围的认可度，让原本的精神超越语言的局限而引人深省；中国的红色文化讲述的可歌可泣的英雄事迹、令人敬仰的民族气概，会赢得全世界人民尊重，接受中国这段历史就是世界各民族为获得解放和自由的抗争史的一部分。

传递中国价值。红色旅游的勃勃生机，来源于其蕴涵的价值理念和传播方式。对外传播旨在引领舆论方向，彰显中国价值，加大国际影响。红色旅游文化对外传播不是传递传播者的个人爱好，而是向受众介绍中国的红色文化。中国红色文化是中国文化中不可或缺的一部分，很多西方读者试图了解中国的历史，他们对红色文化也不仅仅怀有猎奇心理，而是一种复杂而矛盾的心态。红色文化所弘扬的那种集体对信念的执着、对理想的追求，对西方社会强调个人英雄主义的价值观有冲击力。一方面，西方社会目睹"利益至上"价值理念不断消解本民族的向心力和凝聚力，渴望得到一剂"良药"来挽救民族文化的迷失；另一方面，西方仍然存在"文化傲慢"，对于所谓"异己文化"，内心深处持排斥态度，他们有意无意地将我们的红色文化等同为"革命文化""暴力文化""专制文化"，从消极的角度给予解释。我们的传播策略不在乎是"归化"还是"异化"，更主要是展现一种大国"淡然处之"的态度，走向文化自信的中国更明白自己需要传播什么，不让自己的核心价值理念在盲从中混乱甚至消失。

（二）策略

传播环境生态策略。红色旅游文化对外传播，其核心和灵魂就是传播中国价值观，但有些历史文化在时间和空间上毕竟离我们相去已远，不仅是译语受众，就是母语受众也需借助文化语境来了解那段历史，此时我们需要重新构建红色旅游文化的媒介生态环境。传播和谐的关键在于传播者提供正确信息时，也会关注信息所产生的影响效力。传播者关注的角度不同，传播方式选择就不同，影响效能也大相径庭。根据"意见领袖"理论的观点，传播者就好比红色文化对外传播的"意见领袖"，掌握着"发言权"，对外所传递的信息会以"先入为主"的方式占据受传者的思维，所以红色文化对外传播是否成功，在很大程度上依赖传播者对文化的整体理解度，这又取决于红色文化所处的整体生态环境。我们需要借助各种媒介，尤其是国外知名个人网站、文化评论家、博主等，将红色文化传递给他们周围普通的受众，实现信息扩散。媒介融入红色旅游文化对外传播的环境，同时又能构成新的生产传播环境。

社会效益优先策略。受众需要借助媒介系统找到自己的需求，媒介系统也需在社会系统中得到应有的资源，受众和媒介良性互动可以使彼此利益最大化。媒介生态系统生存和发展，一方面，要保持各种要素之间的和谐平衡，使传播内容实现语言、文化、交际的多向平衡，就是通过语言表达红色文化的内涵与思想，使受众明白红色旅游景点的背后是血雨腥风、荡气回肠的斗争和中国人民为反奴役、反压迫而进行的无数可歌可泣的战役，实现交际目的。另一方面，要使媒介生态系统的传播要素之间和资源要素之间产生动态合理循环，需要遵循传播规律；很多时候，媒介的特性会刷新受众对特定文化的认识方式；与此相比，这种文化所承载的内容反而处于次要地位；更准确地说，媒介已成为内容的一部分。社会效益的体现不仅在于经济效益，更高的群体认同、谋求红色文化话语权利、提升中国整体形象都是我们传播的目的。媒介生态要求我们对红色文化的叙述不能停止于文字和纸质印刷品，要运用动态的线上音频、视频，改变过去宏大的叙述方式，采用微观描述的叙述方式。

良性竞争循环策略。生态媒介系统体现了和谐社会的本质内涵。要倡导社会和谐发展，媒介良性竞争。各个媒介既能在竞争中共生，又能在竞争中发展；各个媒介既能在红色旅游文化对外传播中发挥个性，也能体现共性。强势媒介未必是最佳适应者，而最佳适应者一定会成为强势媒介，媒介的多样性应是实现媒介与社会发展及二者良性互动的重要途径；中小型媒介应该顺应形势、遵循规律，根据自身特性确立发展思路和运营模式，而不应该盲目跟风，这就要求红色旅游文化对外传播避免同质竞争。中小媒介在传播时需做出特色，明确自己的受众范围，利用"船小好调头"的灵活易变优势抓住细节。同时，红色文化传播涉及意识形态和对外权利话语，这赋予媒介更多的社会责任。媒介有必要建立事后追惩机制，对传播平台上的内容、信息流、视频、短视频进行严格把关，强调人在媒介生态传播中的主体地位，特别对不具备相应从业资格、仅为谋求自身经济利益而不顾国家形象的传播者，应予以再次培训、从业限制等方式事后追惩，使传播者以更大的责任心融入传播语境。

第六节 文化自信语境下我国旅游地形象塑造

文化自信是更基础、更广泛、更深厚的自信。文化自信可以加速我国旅游业的转型升级。旅游地的文化符号，包括资源文化符号、地标文化符号等，是我国旅游业转型升级中应该充分利用的重要资源。旅游可以传播文化自信，文化展示是我国旅游地形象传播的重要内容。

文化推动经济社会的力量不可忽视，旅游产业发展同样需要文化的强有力支撑。多元文化是塑造地方旅游品牌形象的重要条件，起到凝聚和催化的作用，让地方旅游品牌更加具体和形象，更富有内涵，也为提升旅游品牌附加值和竞争力提供不竭动力。

一、文化自信是我国旅游业转型升级的加速器

文化自信是对自身文化在过去、现在和将来价值的充分肯定，是一个民族、一个国家、一个政党理性健康成熟的标志。我们讲的文化自信，是

建立在社会主义先进文化正确方向基础上的自信。中国特色社会主义文化是我党团结带领人民，将马克思列宁主义与中国实际紧密结合，在继承中华优秀传统文化、传承红色文化基因、借鉴全人类先进文化成果的基础上，创造出的一切文化实践的总和，顺应社会发展的必然趋势和文化发展的内在规律，具有鲜明的科学性和强大的生命力。今天，我们强调文化自信，就是要引导干部群众通过树立文化上的自信，坚定对中国特色社会主义道路、理论、制度的信心，奋力投身实现"两个一百年"奋斗目标、实现中华民族伟大复兴中国梦的生动实践。对旅游业来说，这种实践就是旅游产业的转型升级。

英国历史学家汤因比法说，世界上曾存在26个文明形态，唯独中国的文明从未间断。5000年的生生不息直接造就了中国土地上丰富的文化遗存，包括物质形态的文化遗存和非物质形态的文化遗存。据统计，从1961年到2013年，国家先后公布了七批国家重点文物保护单位名录，共计4295处；从2006年到2014年，国家先后发布了四批国家级非物质文化遗产名录，共计1372项。这些都是我国劳动人民创造的珍贵"文化财"，是我国旅游业最具吸引力的宝贵资源，也是我国旅游业实现转型升级的原动力和加速器。

在旅游产业亟待转型的当下，旅游产业需要优化升级、提升产业素质。而文旅融合发展有利于推动旅游产业的优化升级。目前市面上的旅游产品品种依然较为单一，以游览观光为主，缺少一些文化气息浓厚、比较高端的创意旅游产品。如果能推出具有文化附加值的旅游产品，就不仅能进一步满足游客的需求，创造更多的利润，还能够提升旅游行业服务质量，增强服务品质，促进产业的升级转型。具体来说，（1）整合资源，重视文化旅游业品牌建设。企业品牌文化能够体现一个企业的精神风貌和核心理念，其不仅是一种经济现象，更是文化现象。近年来，各地依托自身实际丰富旅游文化资源，结合现代品牌建设理论，不断进行旅游产品的品牌包装，常见的形式有文化旅游节等。（2）提升内涵，推动文化旅游业转型升级。

要实现文化旅游深度融合，促使文化旅游业加快优化升级，需要将我国的优秀文化资源和旅游资源相结合。首先，要做到精确掌握并积极整合历史文化资源，结合自然风光景点，推动文旅融合的进程，规划出以优质文化为主导的新蓝图。其次，制定和完善文化旅游业相关政策，通过优惠政策引导文旅融合发展，出台相关法律法规，规范管理奖惩办法，鼓励各省市建设文化旅游品牌，打造文化旅游精品，促进文化旅游业优化升级。

二、旅游地形象塑造中的文化符号应用

旅游形象感知作为近些年旅游业的热点关注对象，也成为国内外学者研究的重点。由于旅游产品具有不可移动性的特点，因此旅游者根据旅游目的地的本底符号产生动机、做出决策，又依靠旅游目的地的实地符号获得实际形象感知。谢彦君（2006）指出，旅游是由各种符号构成，旅游体验的本质是一种与符号互动的现象，旅游体验的过程实际上是符号解读的过程。谢元鲁（2007）认为旅游文化象征的符号化可以推进旅游形象的宣传营销，有利于旅游景点的集中展示，也便于旅游文化景观形式化、戏剧化，进而发展为文化商品。高红旗（2013）以婺源为研究对象，应用符号学方法，通过解读互联网中的官方旅游宣传信息和旅游者上传的网络游记二者的差异找到影响旅游目的地形象的问题所在。刘欢（2014）以沈阳为研究对象，基于旅游符号学理论和认知——情感模型，调查分析了游客对沈阳市旅游符号的感知情况。这些研究表明，旅游地的形象塑造必须充分应用文化符号，进而展示充分的文化自信。

旅游目的地是文化符号的集合。旅游地是由旅游景区、景点和服务基础设施构成的综合体。旅游者对旅游地形象的感知依赖于旅游地传达出的各种信息的集合，不仅包括旅游地本身所展现的一切景观和设施，还包括用以描述旅游地的文字、图像、声音等各种信息，这些信息的共同所指就

是旅游形象。因此，旅游地可以看作是一个充斥着各种符号的集合体。旅游地的文化符号，包括（1）资源文化符号，即在历史发展进程中形成的代表旅游地特色的文化资源以及自然景观文化资源。比如宗教文化、红色文化等；（2）标语文化符号，即能够准确传播旅游地形象的口号等；（3）地标文化符号，旅游地最具代表性、最能体现当地特色的建筑、景区、雕塑等（比如中国的长城），是旅游中介者对外进行形象宣传时的主要符号，对旅游者也有巨大的吸引力；（4）其他文化符号，比如节事文化等。

旅游地形象塑造中的文化符号应用主要有四个方面：第一是旅游地主题定位。旅游地的主题定位是通过充分评价旅游地的旅游文化，找出本地旅游文化符号与其他旅游地旅游文化符号的差别，立足于本地的旅游文化符号来进行；包括旅游地的景观综合形象和主要形象定位、建筑格调造型设计、标识系统设计、宣传策划等内容。通过以上内容的设计，多维度地展现旅游地的旅游文化，引导旅游者从不同侧面认知旅游地的旅游文化符号。第二是本地特色旅游产品的设计与开发。成功的旅游产品设计既要突出主题文化，又要注重本地特色文化符号的表现形式。常见的表现形式有景静人静的陈列观光型、景动人静的表演欣赏型、人景互动的主体参与型等三种。第三是旅游商品设计与开发，包括旅游纪念品、旅游工艺品、旅游用品以及旅游装备品等。它们是传递旅游地文化信息、推展旅游地文化符号的信息载体。第四是旅游中介的文化塑造，它包括旅游企业的价值观、企业道德、企业精神、企业经营作风等方面，是旅游地文化符号的内在体现。因此，要从不同层面着手，把文化作为主线来统一旅游地的形象塑造、旅游产品设计与开发、旅游商品设计与开发和旅游中介体文化塑造。

三、文化自信与我国旅游地形象传播

坚定文化自信为优化旅游表达提供了价值导向和核心主线。"我们要弘扬社会主义核心价值观，弘扬以爱国主义为核心的民族精神和以改革创新为核心的时代精神，不断增强全党全国各族人民的精神力量。"这既是国家文化建设的价值观，也是旅游业发展的价值导向和核心主线。旅游表达是一种通过实地感知与体验，获得对一个国家、一个地区的深度了解与认知，是一种更为全面、真实、深入、生动而且具有主客在场互动特征的文化表达方式。同时，旅游可以丰富文化表现形式，也可以提高人们对我国优秀文化的认知。近年来红色旅游市场火热，受到游客和社会各界的广泛好评。这与旅游的特性有密切的关系，与传统的通过书籍、会议、报道等宣扬革命精神、民族精神的方式相比，旅游消费现场体验的特点可以使文化传播和认知有更强的真实感和趣味性，能够增加人们对文化的接受度和认可度，从而有助于树立文化自信。

坚定文化自信为优化旅游表达提供了内容标准。坚持中国特色社会主义文化自信中的文化是指"在5000多年文明发展中孕育的中华优秀传统文化，在党和人民伟大斗争中孕育的革命文化和社会主义先进文化，代表着中华民族独特的精神标识。"这为旅游开发、旅游表达提供了文化资源内容标准，有助于防止和克服某些错误倾向。目前，虽然我国已有较多向海外输出的出版物，其影响也在不断提升和优化。相比之下，旅游是更值得重视的文化传播方式，旅游的场景性和体验性使文化传播过程更加生动、富有趣味性，更加容易受到传播对象的认可。我们有必要从旅游者出发前、旅行过程中、旅行结束后三个阶段来研究旅游如何促进文化传播。

当旅游者到达我国旅游时，旅游地形象传播的重心转移到了目的地国家的旅游形象和文化展示方式上。这一文化感知过程是对外文化传播的关键环节。文化内涵大体可以分为外层、中层和内核三个层面。外层是物质文化，即具有象征意义和文化含义的器物；中层是艺术文化，这里的艺术指的是广义，既包括电影、音乐、戏剧、文学等各种传统艺术形式，也包括各种民俗文化；内核是思想文化，主要包括价值观念、道德规范、宗教信仰、思维方式和审美趣味，它是一个民族和国家的文化中最本质和最具有特性的东西。由此大致可以类推，在旅游中，我国旅游目的地的人文景观、旅游商品等是外层的物质文化；当地的民俗风情、文化演出等是中层的艺术文化；而这些人文景观、历史、民俗风情、文化演出中所蕴含的思维方式与审美趣味则是内层的思想文化。因而，目的地要首先在保护景观的原真性、注重旅游商品的文化性、保护民俗文化、开发高水平的文化演出等方面下足功夫，充分展示出我国优秀传统文化、现代文化的独特魅力。

文化自信源于文化理解，旅游则是促进文化理解最好的方式之一，发展旅游能够为文化自信提供充沛的新动能。文化是旅游的灵魂。目前我国已经是最大的国内旅游市场、最大的出境旅游市场和全球第四的入境旅游市场。巨量的旅游人群对于文化传播而言是一个最值得关注和利用的空间和路径。发展旅游的重要目的之一，就是要让厚重的文化变得可以轻松地阅读，就是要通过文化的故事化、文化的科技化、文化的可视化，让文化转变为新时代可以源源不断被消费和吸收的养分，让文化被更广泛的旅游者所领略和理解。当然，无论多么辉煌的文化，只有在有文化的后辈那里才能闪闪发光。如何通过旅游演艺、文创产品以及旅游的主题化体验建构等文化表现形式的进一步创新，将规模巨大、快速流动的旅游人群转化为"慢吞吞地关注各地大量零星风味、琐屑世情的陶醉者和凝思者"，是摆在文化和旅游领域共同的持续的课题。如何通过视角创新、政策创新、渠道创新等方面的努力，用国际的方式来讲述中国故事、用国际的视野来组合中国元素，则是通过旅游方式加快对外文化传播，让"文化自信"进一步在全球范围内形成"文化他信"的重要前提。在相互文化理解的基础上形成友善的国际环境，对我国"日益走近世界舞台中央"的新时代而言，显得至关重要。

第七节　导游人员传播旅游文化的途径

游客没有机会自主地选择对旅游目的地文化的了解，通常是由旅游目的地的旅游中介机构和导游人员安排的。戈夫曼把人生比作一个大舞台，并提出了"前台"与"后台"的观点，这一观点被麦克内尔引用到了旅游业研究中。他认为文化旅游产品被当作"真实"而被搬上了舞台，向游客展示，也就是所谓的"文化商品化"。由此可见，导游的传播方式与传播内容都配合着"舞台化"的设置，传播特点也带上了"舞台化"展示的色彩。谈及旅游传播中的"舞台化"，就要关注旅游的"真实性"。值得一提的是，虽然游客经常面对的是带有"装饰性符号"的前台部分，但这不应断言游客所看到的是"虚伪的事实"。按照美国人类学家萨林斯对"真实"的解释，那是"一只看不见的手"，它既不是由东道主提供的，也不是由游客提供的，而是存在于"展演结构"的"实际行为"与"符号意义"的关系中。即游客所看到是已经被包装好的"事实"，而非真正意义上的"事实"，可恰恰游客需要认知的是真正意义上的"事实"部分。

一、传播途径

导游人员是旅游业中的重要人物，导游人员的讲解是导游服务工作的重心。可以说，导游人员是旅游文化的直接传播者，导游人员的讲解水平关乎旅游文化的传播效果。此外，旅游者与旅游目的地民众的直接接触，还有旅游者购买旅游目的地的旅游文化产品所产生的文化意义也是旅游文化得以传播的主要途径。

导游讲解是旅游文化传播的有效途径。导游讲解是对当年历史事实的一个缩影。历史是存在于古文献之中，停留在古遗迹、古遗址当中的，那么如何让历史活在人们的心中呢？主要途径之一就是通过导游人员的讲解，生动形象的讲解能让人印象深刻，容易使人记住当年的历史人物及发生在他们身上的事情；令现在的人们产生联想，把它与现实联系起来。通过导游讲解，激发人们追忆过去，振奋现在，展望未来。

旅游者与旅游目的地民众的直接接触。包括旅游者所看、所听、所感等感观单方向的接收也可以得到旅游文化的感染与熏陶。旅游者每到达一个旅游目的地，会用眼睛去看，耳朵去听，脑子去想，他们所看到的、听到的、思考过的，就是旅游文化的接收过程。还有旅游者与当地民众的交流与沟通，在这一过程中，通过当地民众的言谈举止来观察与感受他们的文化，而且还可以通过他们的讲解与描述，了解在他们祖辈及自身身上曾经发生的或者是正在发生的相关的人与事情。这也是旅游者用自己的方式获取旅游文化的有效途径。

旅游者通过购买旅游目的地的旅游产品，也可以适当地收获当地的旅游文化。旅游者每到某地旅游景点，大多数人都会或多或少购买一些相关的旅游纪念品、旅游宣传品。在购买这些旅游产品的过程，就是一种文化信息的接收过程；旅行结束后离开旅游景点后，又会把这种文化意义带到别处、带给其他人。这就达到了旅游文化传播的目的。所以说这也是旅游文化传播的一种有效途径。

二、传播方式

文化传播的方式有两种，一种是直接地采借，把外面来的文化要素或文化丛直接接纳过来。另一种是间接传播，即一种文化要素或文化丛传入一个区域，引起那里人们的思索，因此招致传入地的人创立一种新的文化。这种现象被称为"刺激性传播"。导游传播通常包括讲解景区文化设施，组织、引导游客观看参与民俗表演、与游客问题互动三种方式。

讲解景区文化设施。旅游说讲就是为了实现游客、旅游目的地与旅游经营者、旅游管理者等和各类媒介之间的有效联系而进行的信息传播行为。旅游说讲通常需要运用各类媒介传达旅游地的各种自然或文化消息,推进游客和广大公众对自然的认识和对文化的体会。普遍来说,一些图文的旅游宣传资料,往往受空间的限制较大,而且所宣讲的内容在一定的期限内也是固定的,无法得到随时更新并不断充实新内容。而导游人员的说讲是由接受过优良的专业训练和系统培训的导游人员向游客进行积极的、动态的信息传导解说。镜泊湖新十景中,吊水楼观瀑、大孤山、老鸹砬子、道士山、城墙砬子、珍珠门、白石砬子、地下森林红松、小孤山、毛公山,几乎都是宣扬镜泊湖历史人文的主要景点,如果缺少了导游解说,游客在景区(点)的游览除了从景区标识牌获取到的少量知识外,行程纯属走马观花。而且,在旅游过程中,导游员的景点解说常使旅游者不自觉地对景点进行再造想象,产生对景点的兴趣,这样的兴趣能起到更巩固更持久的效果,一个不起眼的景点也就可能在导游员的介绍下变得生机勃勃。

通过组织、引领旅游者观赏参与民俗表演方式获取旅游文化信息,较之其他方式要更生动、更直接。第一,民俗表演是动态展示过程,观赏性很强,能够吸引大多数旅游者长时间驻足欣赏;第二,民俗表演的可参与性较强,容易引起旅游者的共鸣,激起旅游者想参与其中的欲望;第三,一旦旅游者参与到当地民众的民俗表演之中,就可以亲身感受对方的文化氛围,融入对方的文化意境当中,会使旅游者无意识地被感染、被熏陶。镜泊湖幽谷风景区内有朝鲜民俗特征的古井、小桥、鼓楼;有朝鲜族野味餐馆,朝鲜歌舞及民众礼仪和民族体育项目,全方位立体展现了朝鲜族古老而纯朴的风俗民情,朝鲜族热情好客,文明礼貌、尊老爱幼的思想民俗延续到现在,伴着欢乐的长鼓和每晚热闹的篝火晚会,素有"欢快民族"美誉的朝鲜民族演员与旅游者共唱民族歌曲,一起跳民族舞蹈。勇猛激烈的摔跤、凌霄飞荡的高空秋千将竞技与文娱合为一体，风味独特正宗的朝鲜族特征饮食、民居住宿、原汁原味的风俗演出、图腾、神树，淳朴的民风编织成感人的生活长廊，这全部都强烈地吸引着大批的游客。

虽说旅游者参与民俗表演活动使旅游实践活动增色不少，但有些时候旅游者也会产生不满情绪。旅游目的地如果有民俗表演，导游人员也会被感染其中，有时却忽略了对旅游者的组织与引领。旅游者则是驻足观看或独自融入其中，但是对于行为与仪式还是丈二和尚摸不着头脑，原因就是缺乏导游人员的引导与讲解。也就是说好多旅游者是带着疑问参与活动的，自然也就无法真正体会到活动中的旅游文化的真正寓意与内涵了。所以有了导游人员的讲解才是更高效的传播方式。

与旅游者进行互动。在具体的旅游实践活动中，由于旅游者的个体差异，旅游者在接收异域文化的时候必然会产生各种疑惑不解，这个时候就会提出这样或那样的问题，需要导游人员进行解释，给予答案。与此同时，导游人员对某地旅游文化的传播并非都符合旅游者的需求，这时就会出现旅游者的提问与导游人员解答的形式，客观使导游人员做出个性化服务过程。另外，导游人员与旅游者的这种互动交流形式，也会增强游客的记忆，提高旅游文化的传播效果。

参 考 文 献

[1] 马波. 文化旅游学 [M]. 青岛：青岛大学出版社，1998.

[2] 宋彩义，程道营. 中国旅游文化 [M]. 开封：河南大学出版社，1999.

[3] 谢贵安，华国梁. 旅游文化 [M]. 高等教育出版社，1999.

[4] 张国洪. 中国文化旅游——理论、战略、实践 [M]. 天津：南开大学出版社，2001.

[5] 马波. 我国旅游文化研究的回顾与前瞻 [J]. 桂林旅游高等专科学校学报，1999,（02）:8-10.

[6] 肖红根. 国内外旅游文化研究述评 [J]. 华侨大学学报（哲学社会科学版），1994,（01）:69-75+8.

[7] 张国洪. 旅游文化学：研究选位与学科方向 [J]. 旅游学刊，1999,（S1）:20-23.

[8] 王德刚. 试论旅游文化的概念和内涵 [J]. 桂林旅游高等专科学校学报，1999,（04）:39-42.

[9] 谢元鲁. 旅游文化学 [M]. 北京：北京大学出版社，2007.

[10] 马锐. 对中国旅游资源开发的探讨 [J].2005,（06）:225-227.

[11] 韩箐，刘超，颜娜. 旅游文化资源的开发与利用 [J]. 资源开发，2003,（02）:103-105.

[12] 徐菊凤.旅游文化与文化旅游：理论与实践的若干问题[J].旅游学刊，2005，(04):67-72.

[13] 唐若璘.试论我国景区中旅游文化的地位和作用[J].中国商贸，2011，(32):197-198.

[14] 张渊博.论基于地域文化的旅游文化资源开发[J].湖北函授大学学报，2011，24(08):66-67.

[15] 徐秋明.地方文化研究与旅游文化资源开发——以广西桂东南旅游文化为例[J].经济与社会发展，2008，6(11):5-8.

[16] 黄露.旅游文化的传播战略研究[J].中国集体经济，2018，(20):125-126.

[17] 厉建梅.文旅融合下文化遗产与旅游品牌建设研究[D].山东大学，2016.

[18] 刘洋.文化旅游与城市经济协调发展研究[D].西北大学，2016.